LEONARDO

DER MANN,
DER ALLES
WISSEN WOLLTE

达·芬奇传

［德］贝恩德·勒克 ——— 著
（Bernd Roeck）

孙梦———译

湖南文艺出版社
HUNAN LITERATURE AND ART PUBLISHING HOUSE

博集天卷
CS-BOOKY

著作权合同登记号：图字 18-2021-211

图书在版编目（CIP）数据

达·芬奇传 /（德）贝恩德·勒克（Bernd Roeck）著；孙梦译. -- 长沙：湖南文艺出版社，2022.1

ISBN 978-7-5726-0407-2

Ⅰ.①达… Ⅱ.①贝…②孙… Ⅲ.①达·芬奇（Leonardo, da Vinci 1452-1519）—传记 Ⅳ. ①K835.465.72

中国版本图书馆 CIP 数据核字（2021）第 203746 号

上架建议：畅销·名人传记

DA FENQI ZHUAN
达·芬奇传

作　　者：[德]贝恩德·勒克
译　　者：孙　梦
出 版 人：曾赛丰
责任编辑：丁丽丹
监　　制：吴文娟
策划编辑：万巨红　董　卉
特约编辑：周晓宇
版权支持：王媛媛　姚珊珊
营销编辑：闵　婕　傅　丽
装帧设计：利　锐
出　　版：湖南文艺出版社
　　　　　（长沙市雨花区东二环一段 508 号　邮编：410014）
网　　址：www.hnwy.net
印　　刷：三河市兴博印务有限公司
经　　销：新华书店
开　　本：910mm×580mm　1/16
字　　数：330 千字
印　　张：27.5
版　　次：2022 年 1 月第 1 版
印　　次：2022 年 1 月第 1 次印刷
书　　号：ISBN 978-7-5726-0407-2
定　　价：98.00 元

若有质量问题，请致电质量监督电话：010-59096394
团购电话：010-59320018

目 录

第一章
早年生活
芬奇镇和佛罗伦萨，1452—1481　1

目 录

第三章

新的资助人
佛罗伦萨,1500—1506　197

目 录

书中主要人物介绍

"佐罗阿斯特罗"（托马索·马西尼）：据说为达·芬奇在佛罗伦萨附近所进行的飞行试验的亲身参与者，也是达·芬奇信任的好朋友。

阿尔贝耶拉·迪·乔万尼·阿玛多利：瑟·皮耶罗与卡特琳娜分开后所娶的妻子，来自佛罗伦萨最有名望的家族之一。据说这位继母对达·芬奇视如己出。

安德烈·德尔·韦罗基奥：意大利最具影响力的画家和雕塑家之一，达·芬奇、波提切利、佩鲁吉诺等著名画家的老师，对米开朗琪罗也产生了很深的影响。

安东尼奥·博塔费奥：达·芬奇画室里最具个人特色的一位画家，据说也是达·芬奇最有天赋的学生，以肖像画最为出彩。

安东尼奥·德尔·波拉约洛：文艺复兴时期佛罗伦萨著名雕塑家，因《圣塞巴斯蒂安的殉难》这一作品而闻名，他的《大卫像》据说所绘的是达·芬奇的形象，他曾和自己的弟弟一起画过一幅托比亚斯的画像。

贝亚特丽切·德斯特：费拉拉公爵埃尔科莱一世·德斯特的女

儿，卢多维科·斯福尔扎与之举行了盛大的婚礼。

彼得罗·佩鲁吉诺：与达·芬奇同为安德烈·德尔·韦罗基奥的学生，同时也是拉斐尔的老师，因此在意大利文艺复兴绘画史上具有不可取代的地位，对风景、人物和宗教题材都很擅长。

多纳泰罗：文艺复兴时期意大利画家和雕塑家，也被誉为15世纪意大利最杰出的雕塑家，他对雕塑的重要性正如乔托之于绘画，被称为意大利雕刻的复兴之父。

多纳托·布拉曼特：文艺复兴时期意大利杰出的建筑师，也是米开朗琪罗的强劲对手，是文艺复兴时期建筑风格的奠定者。

弗朗西斯卡·兰弗雷迪尼：阿玛多利去世后，瑟·皮耶罗迎娶的妻子。这位新娘的家族中有多位成员在政府中身居高位。

弗朗切斯科·梅尔齐：达·芬奇十分欣赏的学生和得力助手，也是这位大师晚年时的亲密朋友。根据遗嘱，达·芬奇把自己的所有手稿都留给了这位爱徒。

弗朗切斯科·斯福尔扎：斯福尔扎家族的建立者，雇佣兵队长，维斯孔蒂家族最后一位正统继承人菲利波·马里亚·维斯孔蒂（1392—1447）的女婿，最后成为米兰公爵。

弗洛里蒙德·罗伯特：路易十二的财务总管，达·芬奇的重要赞助人之一。

吉安·加莱亚佐·维斯孔蒂：米兰的独裁统治者和公爵，被称为"毒蛇"，维斯孔蒂家族的掌权者。

吉内薇拉·德·班琪：被称为"狂野的老虎"，达·芬奇名作《吉内薇拉·德·班琪》的主人公，美第奇的追随者阿梅里戈·迪·乔瓦尼的女儿，威尼斯外交官贝尔纳多·本博钟情的对象，在还是一个小姑娘时与年长自己15岁的商人路易吉·迪·贝尔纳多·尼科利尼结婚。

卡特琳娜：达·芬奇的母亲。据说是一个名叫梅欧·迪·里波的农夫的女儿。

恺撒·博尔吉亚：教皇亚历山大六世的私生子，据说是尼采心目中的俾斯麦，达·芬奇认为他拥有迷人的面孔和清澈的双眼，但他为人残酷，为达目的不择手段。他虽然臭名昭著，却也是历史上一位影响深远的统治者。

莱昂·巴蒂斯塔·阿尔贝蒂：文艺复兴时期著名的人文主义者，集作家、艺术家、语言学家、诗人等多种身份于一身，著有《论绘画》，系统梳理了透视原理。

老科西莫·德·美第奇：即科西莫·迪·乔凡尼·德·美第奇。文艺复兴时期佛罗伦萨十分重要的艺术庇护者，一位慷慨的艺术赞助人，美第奇家族的实际建立者。

丽莎·焦孔多：格拉迪尼家族成员，出生于佛罗伦萨，嫁给了富商弗朗切斯科·德尔·焦孔多，达·芬奇为其绘制了肖像画。

利奥十世：美第奇家族的族长，伟大的洛伦佐在世的最年长的儿子，即当时的红衣主教乔瓦尼·德·美第奇。该家族的四位教皇之一。

卢多维科·斯福尔扎：弗朗切斯科·斯福尔扎之子，米兰的强势掌权者。因为肤色黝黑，被称为"摩尔人"。他的哥哥加莱亚佐·马里亚于1476年被刺死，卢多维科是不是谋杀的教唆者不得而知。卢多维科还成功架空了合法继承人吉安·加莱亚佐·斯福尔扎（1469—1494）。权倾朝野的宰相奇科·西莫内塔于1480年被"摩尔人"下令斩首。

卢卡·帕乔利：意大利数学家，现代会计学的先驱，被误认为是复式记账法的开创者。代表作为《算术、几何、比及比例概要》《神圣的比例》。达·芬奇的好友。

卢克雷齐娅·博尔吉亚：罗马教皇亚历山大六世私生女，欧洲文艺复兴的重要幕后支持者，长期为艺术家提供赞助。据说因为拥有众多情人而落下了恶名。

卢克雷齐娅·克里薇莉：贝亚特丽切·德斯特身边的一个少女，后来据说也成为卢多维科·斯福尔扎的情人。

洛伦佐·德·美第奇：文艺复兴时期佛罗伦萨共和国的实际统治者，老美第奇的孙子、美第奇家族权力的继承人，被称为"伟大的洛伦佐"。

洛伦佐·迪·克雷蒂：与达·芬奇一同在韦罗基奥的工作室工作过，可以算作达·芬奇的师兄。

皮耶罗·德拉·弗朗西斯卡：文艺复兴时期著名画家，在当时的画家中，作画报酬位居前列，他同时还是一位数学天才，著有《绘画透视学》。

乔尔乔·瓦萨里：文艺复兴时期最著名的艺术史家，兼以建筑家和画家的身份为人们所称道，他也是一位传记作家，著有《艺苑名人传》。

切奇利娅·加莱拉尼：卢多维科·斯福尔扎的情妇，达·芬奇《抱银鼠的女子》所描绘的人物。

琴尼诺·琴尼尼：著有《艺术之书》，对绘画技艺和工具提出了系统的观点。

萨莱：原名吉安·贾可蒙·卡坡蒂·达奥伦诺，达·芬奇的学徒。人称"小恶魔"。

瑟·皮耶罗：达·芬奇的父亲。一位公证员。

查理·德·昂布瓦斯：时任法国在米兰的总督，达·芬奇的赞助人之一。

扬·范·艾克：15世纪尼德兰最杰出的画家之一，哥特式绘画流派的创始人，被誉为"油画之父"。

伊莎贝拉·德斯特：又译作伊莎贝拉·德·埃斯特，曼托瓦侯爵夫人，贝亚特丽切·德斯特的妹妹，文艺复兴时期意大利杰出的女性领袖。

朱利亚诺·德·美第奇：朱利亚诺·迪·皮耶罗·迪·科西莫·德·美第奇（即皮耶罗一世）的次子。

前　言
VORWORT

　　列奥纳多有时候很谦虚。他在自己绘画专著的序言草稿中写道："本人实乃一事无成、毫无建树，前人早已将一切有意义、有价值的问题钻研透彻了。因此，我觉得自己就是那最后一个走进市场的人。我太穷了，只能带走那些价值低廉、遭人嫌弃的东西。"这段话几乎完美描绘了达·芬奇研究的现状，当代的达·芬奇传记作者能耕耘的土地十分有限。他的素描和油画全部公之于众，他的手稿墨迹也被悉数破译，其中许多都被翻译成现代意大利语或其他语言。意大利乃至全世界的学者翻来覆去地解读，甚至有些图书馆全馆收藏的都是相关文献。"达·芬奇市场"被扫荡得遍地狼藉。那么，一位可怜的历史学家还能从中拣出点什么有价值、有意义的东西呢？

　　历史学家还可以对传统观点做出批判性探讨，而这正是本书作者的立足点。本书中的大部分意大利语或拉丁语资料都是重新翻译的，但在文法上并不顺畅（这就造成了词语的重复，偶尔还会出现笨拙的句子结构）。作者的想法是，我们应该倾听文艺复兴时期的人真实的声音。达·芬奇一向不善舞文弄墨，本书并不试图掩饰这一点。这位大师之所以写得磕磕绊绊并不是因为缺乏天赋，而是因为他没有时间或兴趣去精雕细琢，或者两者兼而有之。他留下的大部分遗稿都只是些草图，关于一些想法的草稿和涂鸦。即便如此，我们仍能从那些杂乱的零散片段里发现些许光彩夺目的篇章，在他的时代绽放出独特的璀璨光芒：几首吟咏太阳和眼眸的赞美诗、一些有关风景的速写、对洪水的想象。这些作品虽然以文本形式呈现，但却更类似于绘画。

我们不希望老生常谈，相反，我们更想描绘出一个鲜为人知的达·芬奇。这本书将讨论那些扑朔迷离的经典谜题，如《岩间圣母》双版本之谜、《蒙娜丽莎》的种种疑团。针对达·芬奇传统研究中的缺漏或矛盾之处，历来有人提出大胆甚至荒谬的见解。我们希望向读者说明文艺复兴时期的"外来思潮"，达·芬奇的许多作品都体现了这一思潮的影响。尽管达·芬奇是一个超越了时代的先锋，但他很大程度上仍为时代所塑造。

专业读者们可能会留意到，本书提出了一些崭新的见解，与学界传统观点迥然不同。例如，书中探讨了迄今未受关注的《圣母子与圣安妮》重画之谜，还针对《岩间圣母》双版本之谜提出了一种（我希望是）有说服力的解释。其中，达·芬奇的赞助人之一弗洛里蒙德·罗伯特扮演了重要角色。而更加关键的是，本书力图详细再现达·芬奇的创作过程，包括油画、手稿、草图等形式的创作，此举或能为达·芬奇研究增添新的成果。达·芬奇研究已成显学，历史悠久，故而人们对达·芬奇的了解远甚于其他文艺复兴时期的艺术家，达·芬奇甚至比许多近现代画家更为人熟知。利用现代法医学技术，研究者们模拟出达·芬奇的真实相貌并绘制了复原画像，这也就更便于我们"想象"一个有血有肉的达·芬奇。读者将会在书中邂逅一位英俊的男士，他衣冠楚楚，风流多情，喜好美酒，时常谈笑风生——这些特点可谓与常人无异。

本书当然不会局限于为达·芬奇拍摄"证件照"。我们不仅关注达·芬奇的学者、发明家和艺术家等身份，还将向读者展现达·芬奇的日常生活。阅读本书，你将和达·芬奇一起品尝素食，领会他的健康主张；跟随达·芬奇前往托斯卡纳，度过夏日假期；陪同达·芬奇游览威尼斯、罗马、卢瓦尔河河谷等胜地。到了米兰，在"旧宫"的工作室里，你可以观察达·芬奇如何搅拌颜料、调色，欣赏他用松鼠毛笔作画。你还能细数一番达·芬奇的职业生涯关系网，"八卦"一下达·芬奇赚了多少钱。跟随达·芬奇的脚步，你将出入佛罗伦萨美第奇宫廷、米兰斯福尔扎城堡以及法国昂布瓦斯皇家城堡，亲身体验宫廷宴会和精彩盛事。达·芬奇为这样的活动设计了机器人和其他装置，还一手操办了节庆期间的舞美和服装。

每本列奥纳多传记中的人物名单，都像一本文艺复兴时期的名人录，读者将遇到许多有趣的人，例如公证人瑟·皮耶罗，列奥纳多精力旺盛的父亲，他的老师安德烈·德尔·韦罗基奥，世纪伟人布拉曼特、米开朗琪罗和拉斐尔等人。还有马基雅弗利和文艺复兴时期的狂魔之首恺撒·博尔吉亚。在漫长的文字漫步中，我们还会遇到列奥纳多杰出的赞助者：军事领袖、公爵、两位法国国王和教皇利奥十世。还有美丽而有权势，但有时也会不开心的女人们："狂野的老虎"吉内薇拉·德·班琪，卢多维科·斯福尔扎的情妇切奇利娅·加莱拉尼和卢克雷齐娅·克里薇莉，还有曼托瓦任性的侯爵夫人伊莎贝拉·德斯特。而对于达·芬奇那位鲜为人知的母亲卡特琳娜，我们只能简单带过。但我们将了解到他最著名的模特，来自佛罗伦萨的丽莎·焦孔多，看她如何用蜗牛精华水来护肤美容。最后，这位大师的工匠——或许也是他的床伴——卷发的萨莱，传奇的"佐罗阿斯特罗"托马索·马西尼，以及他晚年最亲密的朋友弗朗切斯科·梅尔齐，都将悉数登场。

与达·芬奇来往，不只等于结交了一位伟大的艺术家，更是贴近了如宇宙般包罗万象的灵魂——达·芬奇是一个渴望知晓一切的人。因此，我们才会看到他不停地进行科学实验、研究几何问题、探索自然规律。本书将回顾达·芬奇的发明——军事武器、制动装置、飞行器……他还曾将目光投向太空，也潜心研究过解剖学。不过，最关键的是，读者将见证达·芬奇创作过程中的重要突破和重大挫折，见证全世界最辉煌的艺术作品的诞生。

在2016年瑞士国家博物馆举办的"欧洲复兴"展览筹备期间，我获得了走近大师达·芬奇真迹的机会。作为策展人之一，我得以进入温莎城堡，参阅此地所藏《安吉亚里之战》草稿，从中挑选展品。我要感谢马丁·克莱顿博士（温莎城堡皇家收藏信托基金会）当时的支持，以及追述列奥纳多创作意图的作者阿尔伯特·波斯顿·斯坦格尔（托伦哥白尼大学）。经阿尔伯特的同意，这一研究首次在本书中发表。我也十分感谢格利特·舒勒博士（苏黎世安全局/法医研究所），她热情而专业地回应了我们奇怪的请求，确认了一个已经"逃亡"了近五百年的人物的外貌特征。她就重塑列奥纳多外貌所用的方法进行了说明，在附录中可以读到。莎拉·施泰因巴赫（苏黎世大学科学可视化和视觉传达系）为我们准备了另一个列奥纳多画像的版本："剃光头的列奥纳多"。此外，我还要感谢雷纳·巴贝尔（巴黎）、西尔维亚·博德纳（布达佩斯）、彼得·伯克（剑桥）、塔蒂亚娜·克里维利和安德烈亚斯·梅克（均为苏黎世）、塞尔吉斯·米哈尔斯基（图宾根）、普里西拉·罗克（布达佩斯）、塔西洛·罗克和克劳斯·F.斯坦因佩（均为苏黎世）的讨论和评论。露西娅·斯塔亚诺–丹尼尔斯（洛杉矶）还授权我引用了其博士论文的观点。苏黎世大学的诺米·贝丝、罗斯玛丽·博尔（她还帮助校对）、何塞·卡塞雷斯·马多内斯和斯蒂芬·桑德·法斯也为此书的出版提供了帮助。何塞还创作了一幅拼贴画，呈现了我对原计划挂在佛罗伦萨旧宫内的《圣母子与圣安妮》的猜想。

　　这仍然是一次与慕尼黑的贝克公司的愉快携手，我们的合作久经考验。同时，我还要感谢德特莱夫·费尔肯、贝特·桑德、克里斯塔·绍尔、苏珊·西莫、卡特琳·玛丽亚·达恩，当然还有乔纳森·贝克的信任，将"列奥纳多"列入其出版社的出版计划中。我还想特别感谢史蒂芬妮·霍舍尔，如果没有她的编辑工作，本书将大打折扣。出版社也接受了本书超出原计划的篇幅，因此当然不属于列奥纳多曾经痛斥过的那些"缩写版"："作品的缩写给知识和爱蒙上了耻辱，因为爱是认识和理解的产物；认识越准确，爱就越浓烈。这种确定性正是源自对各个部分的完整认识，这些部分结合在一起，构成了爱的整体。"列奥纳多这里所说的爱大概是指科学之爱。当然，即使这本书有一千页也无法讲述"完整的列奥纳多"。

就像我的其他一切一样，本书也献给我的妻子。

苏黎世，2018年8月

在巨大的天鹅背上

切切里山在菲耶索莱和马亚诺之间缓缓上升。一条步道穿过松树、柏树和橡树林直达山顶。晴天的时候，从那儿可以望到佛罗伦萨，蓝色的基安蒂山在佛罗伦萨的周围若隐若现。这座山因列奥纳多·达·芬奇而闻名。据说他选择在那里进行飞行尝试。多好的一个主意啊！这位描绘了最美的天使和圣母的大师，世界上最著名的画家之一，一位大胆的思想家和发明家，他在晚风中伸展着巨大的翅膀，面对着缓缓落下的太阳，静静地盘旋在托斯卡纳乡村的上空，而在远处，城市的轮廓在金色的霞光中幻化为剪影……

遗憾的是，没有证据表明这浪漫的一幕曾经真的发生过。同样，列奥纳多派山助手，也就是神秘的、被怀疑是术士的"佐罗阿斯特罗"试飞，他在一次坠落事故中骨折的说法也没有得到证实。确实有资料讲到列奥纳多的一名同事曾摔断了一条腿，但遭遇不幸的并不是刚才提到的"佐罗阿斯特罗"，而是某个安东尼奥——有可能是安东尼奥·博塔费奥（1467—1516），列奥纳多最有天赋的学生。这场事故也没有发生在托斯卡纳，而是发生在1510年9月底的米兰。事故原因不明，也许安东尼奥当时是从画画的脚手架上摔下来了。

但列奥纳多的一篇笔记用几乎没有加密的语言提到了"天鹅山"——"切切里"的意思是"天鹅"："伟大的鸟儿将在巨大的天鹅背上第一次飞翔，将以自己的才华在宇宙写下辉煌篇章，要把永恒的荣耀带到其出生的地方。"这是他就此事所写的全部内容。这句话是列奥纳多于1505年左右在一张纸上的涂鸦，现在还能在通往切切里山顶的路上的石头上看到。这是意味深长的句子，暗藏伟大的抱负。最近，这句话甚至被改编为一首叫作《飞行之梦》的歌，作为电脑游戏《文明6》的主题曲，它启发作曲家创作出了华丽的音乐。毫无疑问，列奥纳多确实设计了可飞行的装置，并深入处理了飞行的机械问题。灵感也许源自他的一次漫步，在春天去菲耶索莱散步时，他观察到一只觅食的大鸟。而在他的脑海中，可能已经浮现出了一个巨大的飞行器，有朝一日，他自己将凭借这个飞行器从眼前升起的切切里山上一跃而起。

关于列奥纳多的讨论总是会引出惊世骇俗的内容。他想创造一座超越一切标准的青铜纪念碑，他想建造连接大陆的桥梁，还想建造巨大的宫殿。除了飞行器，他还发明了潜水器、机器人、摆轮、齿轮和传动装置。他设计出了前所未有的绘画构图，他解剖尸体，他研究云层和水涡。他不停地提出问题。他看着蓝色的夏日天空，想知道天为什么是蓝色的。他看到鸟儿在飞，想知道它们如何飞翔。他比任何一个人都更能体现出文艺复兴时期是一个"最没有耐性的时代"。

　　文艺复兴时期，没有哪位艺术家能像列奥纳多·达·芬奇那样家喻户晓。同时，也没有谁像他那样充满谜团。他的作品都没有署名和日期。关于作品的实际创作者、复制品和创作日期的讨论不绝于耳。列奥纳多著作和画作的遗产，最早都在其学生弗朗切斯科·梅尔齐（1491或1493—约1570）那儿，而他死后便散落于世界各地。至今保存完好，共6000多张。初始数字可能是这个数字的五倍。有些遗稿可以说历经重重磨难，比如17世纪成为米兰盎博罗削图书馆馆藏之一的一部作品，它以《大西洋古抄本》之名而闻名。这一名字源自其规格———张地图或图表的尺寸。它的前任主人是雕塑家庞贝欧·里安尼（1533—1608），他将图画和文字进行剪裁、重新排列和粘贴，让人将481张作品装订成册。经他调整后，共有1119张作品集合成册。成册的作品集，纸的边缘常常挤满了关于机器、建筑、武器的文字和图画，有的还附有计算和几何图形。那时候的纸可是很贵的。有时候，列奥纳多会在十多年后拿出一张以前的画作，加入完全不同的主题。其中一个例子是威尼斯学院美术馆的一个样本。占据画面上半部的是1490年左右列奥纳多用羽毛笔在纸上画出的一个男了头像，这显然是对人体比例的研究；下半部分则是用红粉笔画的两个骑手，大概创作于1503年（图1）。这一作品令今天的我们叹为观止，而这并非画家有意为之。

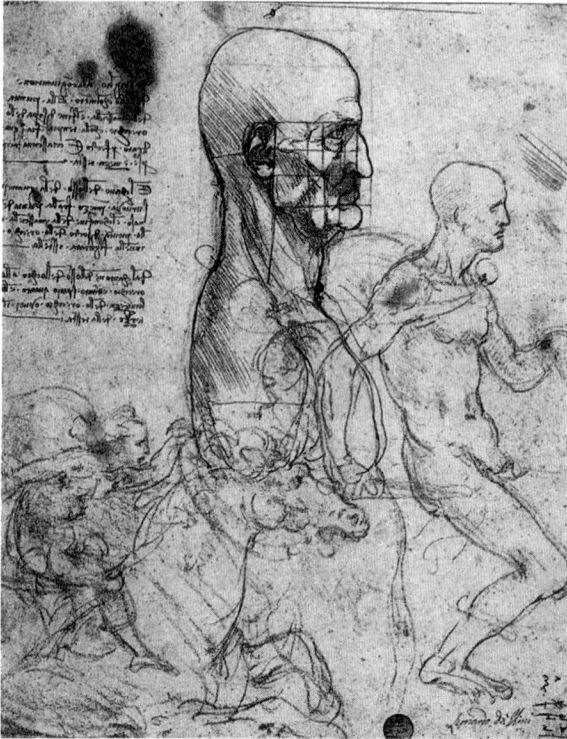

图1：列奥纳多·达·芬奇，《一个男人头部的比例研究》（约1490），
《两个骑士》（约1503），羽毛笔，墨水，红粉笔和金属笔，
28厘米×22.2厘米，威尼斯，学院美术馆

　　众多关于列奥纳多的资料散落于大半个地球。列奥纳多被拿破仑的军队从米兰拿走的笔记本保存在巴黎法兰西学会，另一本《阿伦德尔抄本》则藏于大英图书馆。《莱斯特手稿》中包含了天文学、地质学和关于水的物理学的笔记，它最初可能也是由弗朗切斯科·梅尔

齐保管，1994年被电脑大亨比尔·盖茨购得。温莎城堡的英国皇室所藏作品数量最多，有600张，而《莱斯特手稿》则被装订成三本小册子，收藏于伦敦维多利亚和阿尔伯特博物馆。直到1965年，人们才发现了证明列奥纳多工程师能力最重要的证据之一：两份里安尼遗产中的手稿，这些手稿最初在马德里国家图书馆被错误地归类，如今人们称之为《马德里手稿》。

也就是说，关于列奥纳多的资料和追溯十分丰富，但同时也很混乱。有时候这些资料在源源不断地传达信息，有时又令人绝望地保持沉默——只有寥寥几个日期。他的许多文字，写作目的和写作背景一样不明确。所谓的"列奥纳多神话"与后人通过他的文字制造的谜团有关。各种各样的猜想和假设都像雨后春笋般涌现，多部小说也围绕这位大师的故事展开。从1903年德米特里·梅列日科夫斯基关于列奥纳多的小说到丹·布朗的惊悚小说《达·芬奇密码》，涉及的内容十分广泛，后者作为全球畅销书还被改编成了电影。

布朗借鉴了亨利·林肯、迈克尔·贝金特和理查德·利的《圣血与圣杯》一书。此书讲述的是一个叫"郇山隐修会"的神秘组织。据说，1900年左右在雷恩堡的教堂里发现的文件可以作为其证明。该组织自第一次十字军东征以来一直存在，其目的是使墨洛温王朝的后裔成为欧洲和耶路撒冷的统治者，因为他们的血管里流淌着耶稣基督的血液。有违教会的教导，上帝的儿子娶了抹大拉的玛丽亚为妻，并与她孕育了后代。在曾担任过郇山隐修会首领的人中，除了艾萨克·牛顿等名人外，还有列奥纳多·达·芬奇。这样，列奥纳多《最后的晚餐》中约翰的女性化形象就有了确凿的解释：列奥纳多在此处表现的并不是真实的门徒，而是基督的妻子！这位大师为此在耶稣和这位美人之间开了一个V字，代表的是抹大拉肥沃的子宫，神圣的阴性……如果这个标志反过来，代表的则是男性阳物。即使是这种莫名其妙的胡言乱语，也为那位现在名满世界的切切里山上"大鸟"创造者的传说出了一份力。

列奥纳多生前已经声名大噪，其艺术作品的质量也有目共睹。1503年11月11日，佛罗伦萨共和国的都督卢卡·乌戈利尼给他的上司马基雅弗利写了一封信，在祝贺他的儿子贝尔纳多出生时说："事实上，你的莫娜·玛丽埃塔没有弄错：他像极了您，列奥纳多·达·芬奇画的肖像也不能更像。"人们都在渴求列奥纳多的画作。1500年左右，他就已经像一块巨石一样在工匠世界屹立不倒。这位来自芬奇镇的男人也是出自这个世界，在"机械技艺"领域开启了自己的人生。在晋升为公爵的画家之前，他的社会地位与面包师、屠夫或毛织工别无二致。

据推测，佛罗伦萨人安东尼奥·比利在1516年至1525年之间写下了第一本列奥纳多的简短传记，还有一位不知名的作者"阿诺尼莫·加迪亚诺"或"马格里亚贝奇亚诺"同样被认为是首位为列奥纳多作传的人。来自科莫的受过人文教育的医生保罗·乔维奥（1483—1552）写的传记则更重要，他认识列奥纳多本人。然而，对列奥纳多形象塑造影响最为深远的文字，当数乔尔乔·瓦萨里（1511—1574）所著的《艺苑名人传》。该书于1550年首次出版，1568年再次修订。

这位"艺术史之父"从加迪亚诺、乔维奥等人的旧资料和口述中广泛汲取灵感。虽然他绝不是被有些人描绘成的臭名昭著的说谎者，但确实是一个机智的托斯卡纳人，他熟悉薄伽丘的《十日谈》，也熟悉波焦·布拉乔利尼的一部逸文妙语录，以及弗朗科·萨凯蒂的小说。瓦萨里总是能根据无聊的事实讲出精心构思的逸事。他同时还是一位爱国人士：他热爱意大利胜过一切，尤其是佛罗伦萨。与此相应，他也为自己托斯卡纳故乡的艺术感到骄傲。在他看来，正如他所写的，随着文艺复兴的到来，在契马布埃和乔托点亮了"第一盏灯"之后，托斯卡纳已经达到了一个绝对的巅峰。他心目中的神是米开朗琪罗，但也并没有忽略列奥纳多的伟大（他用"美妙的、天堂般的"一类形容词来赞美他）。"随着他的出生，佛罗伦萨真正得到了最伟大的礼物。"虽然列奥纳多完成的作品不多，而且的确言多于行，但"因为天赋异禀，他将永垂不朽"。瓦萨里将真正的赞美诗献给了达·芬奇的艺术，他曾用"神圣"一词来形容达·芬奇的艺术。在列奥纳多传记的结尾，他引用了乔凡尼·巴蒂斯塔·皮拉内西的颂词："他独自一人击败了所有人，他打败了菲狄亚斯，战胜了阿佩莱斯，以及他们所有胜利的队伍。"

第一章

早年生活
芬奇镇和佛罗伦萨，1452—1481

❖

1.托斯卡纳的少年时代

卡特琳娜、安东尼奥和瑟·皮耶罗

列奥纳多·达·芬奇是一段露水姻缘的果实。他的父亲是公证员瑟·皮耶罗（1427—1504），母亲卡特琳娜是一个名叫梅欧·迪·里波的农夫的女儿。皮耶罗的父亲安东尼奥证实，这个孩子出生于一个周六，"儒略历"1452年4月15日，"夜幕降临3小时后"。按照当时的方法计算，也就是从日落时分或者"万福玛利亚"的晚课结束时算起，应该是晚上10点或者10点多的时候。列奥纳多具体的出生地点并不确切。位于今天的芬奇镇安奇亚诺村那座传说是列奥纳多出生地的房子并不名副其实。因为，在1452年，这座房子并不归达·芬奇的家人所有。皮耶罗在列奥纳多出生几十年后才得到了这座油坊——也就是人们研磨橄榄油的地方。那么，列奥纳多的摇篮是当年瑟·皮耶罗在芬奇镇的房子，也就是今天的罗马街17—19号吗？还是在这个家族的一座乡间别墅呢？他们当时并不用担心邻里的白眼。因为那时候，整体的道德标准要低于虔诚的宗教改革和反宗教改革时期。在芬奇镇的圣克鲁斯郊区教堂里，至少有5名教父和多位教母共同见证了列奥纳多的洗礼仪式。几乎同样可以确定的是，不管出身如何，这个小家伙荣幸地被瑟·皮耶罗的家族纳为一员。

关于列奥纳多的母亲，人们又知道些什么呢？阿诺尼莫·加迪亚诺认为她的出身很好。最近的发现显示，她是一个受洗过的奴隶。这一假设基于对列奥纳多指纹的重建。一位人类学家认为，从列奥纳多的指纹线上呈现出的Y形来看，他具有阿拉伯血统。这简直是一派胡言。但这个说法确实暗合了关于列奥纳多的民间传说，令他的血统之谜蒙上了一层神秘的东方面纱。这位神秘的泰斗真的是一个普通农妇的后代吗？的确，当时在基督教占主导的意大利有不少奴隶。在热那亚有一个规模巨大的奴隶交易市场。至于在芬奇镇，并没有发现有女性奴隶的证据。

在儿子出生后不久，皮耶罗和他的情人又各自结了婚。卡特琳娜嫁给了安东尼奥·迪·皮耶罗·布蒂·瓦卡，一个烧砖和烧石灰的工匠。他身边的人给他起了一个外号"阿卡塔布里加"，大致可以翻译成"闹事鬼"。瑟·皮耶罗和佛罗伦萨姑娘阿尔贝耶拉·迪·乔万尼·阿玛多利结了婚，她来自佛罗伦萨最有名望的家族之一。

芬奇镇当时是一个只有350名居民的小地方。来自小地方的乡下

第一章　早年生活：芬奇镇和佛罗伦萨，1452—1481

人能找到这样的一位伴侣称得上不可思议。早年间，皮耶罗可能就是一个有固定办公地点的公证员。早在1449年，他就在"佛罗伦萨市的波德斯塔宫"——如今的巴杰罗美术馆——做过公证员。他居住过的几个工作室都在巴杰罗美术馆附近。最开始，他的办公地点和住所都位于普洛康索罗大街上，在19世纪大规模的街道建设之前，这条街是佛罗伦萨南北方向上最重要的主干道。后来，他的办公室搬到了几步之遥的吉贝利纳大街上，就在北巴杰罗宫的正对面。

至于瑟·皮耶罗的小私生子的命运，我们可以想到他拥有一个应有尽有的童年。人们普遍认为照顾列奥纳多的是爷爷安东尼奥，他在芬奇镇花了30个佛罗伦萨金币买下了一座小房子和一个菜园。除此之外，他还拥有两座农舍和一片田地，种植着地中海美食的三大精华原料：谷物、葡萄和橄榄。但是并没有确凿的证据表明列奥纳多是在这里，而非佛罗伦萨的父亲家中长大的。但是不管怎样，达·芬奇一家在佛罗伦萨交税，从他们的税务记录明显可以看出。他们一家所在的税收区的纹章以龙为徽。这便是"阿诺河彼岸城区"——阿诺河南岸，西部地区的三分之一。该区域向东一直延伸到圣斯皮里托附近，向南延伸到罗马门。瑟·皮耶罗很有可能主要于酷暑时节在芬奇镇居住。将列奥纳多的出生日期往前推9个月，我们就能知道，这粒天才的种子是在1451年7月播下的。

作为这个家庭最年长的人，安东尼奥是一家之主。所以，代表整个家庭报税的也正是他。报税的基本规则以1427年的一部法律为依据。该法令规定："城市和周边地区的所有不动产、所有现金和有价值的动物"都属于征税对象，除此之外还有"在上述佛罗伦萨辖区内的任何地方拥有和购买的商品、货物、资本等所有财产"。每个区——比如达·芬奇一家居住的区域——由两位税收员负责。安东尼奥必须回答他们的相关问题。在1457年2月28日的纳税申报表中，他列出了自己在芬奇镇的财产。除此之外，他还遵从义务列出了家庭中所有的"bocche"，即"嘴巴"，也就是每一口人。他们分别是他64岁的妻子卢西亚，当时30岁的瑟·皮耶罗和妻子阿尔贝耶拉，以及安东尼奥的小儿子弗朗切斯科——关于他，安东尼奥写道，他每天就在乡间别墅里闲晃，无所事事。最后一位就是我们的主人公："5岁的列奥纳多，前面提到过的瑟·皮耶罗的儿子，皮耶罗和卡特琳娜（现在芬奇镇的闹事鬼迪·皮耶罗·布蒂·瓦卡的妻子）非婚生的。"

列奥纳多的父亲和阿尔贝耶拉·阿玛多利分别拥有200弗罗林[1]的财产。这在当时可是一大笔钱：那时，一个工人如果想要挣200弗罗林，就需要做牛做马地干上2100多天，甚至8到10年。如果我们来看一看这位年轻的公证员的客户，就能看出他事业上的发展十分顺利。他经常为犹太人处理公证文件。而且，他还被任命为佛罗伦萨最重要的修道院的公证员。1458年，他和鲁切拉家族签订了一份合同，这个家族是佛罗伦萨的巨富家族之一，并且和美第奇家族结盟。皮耶罗在佛罗

---

1. 弗罗林是13至16世纪的佛罗伦萨金币，含金量约为3.5克。——译者注（若无特别说明，本书中脚注均为译者注。）

伦萨这座城市相当有地位，这不仅能从他和阿玛多利家族的联姻看出来——文艺复兴时期佛罗伦萨的僭主和巨富科西莫·德·美第奇家族也是他的客户。我们还应看到，和瑟·皮耶罗同名的祖父皮耶罗也是一名公证员，他曾经为佛罗伦萨的执政政府签发公证书。尽管本人并非律师，瑟·皮耶罗的父亲安东尼奥却和一位公证员的女儿结了婚。他凭借这个家族在芬奇镇及其周边地区贩卖货物的收入营生。

1464年，只有28岁的阿尔贝耶拉早早去世了。种种信息表明，在列奥纳多的继母阿尔贝耶拉去世后很长时间，他和继母家族之间还保持着联系。亚历山德罗·德·阿玛多利可能是阿尔贝耶拉的一个兄弟，他一直称列奥纳多为自己的侄子。"家庭"这一概念在文艺复兴时期的佛罗伦萨相当重要。

阿尔贝耶拉去世后两年，瑟·皮耶罗迎娶了当时还非常年轻的弗朗西斯卡·兰弗雷迪尼（1449—1474）。这位新娘的家族通过纺织品贸易发家，自13世纪开始，在史料中就有迹可循。多位兰弗雷迪尼家族的成员都曾在政府中身居高位。和阿玛多利家族一样，兰弗雷迪尼家族也是美第奇家族的盟友，因此，这个家族的领导者在佛罗伦萨当时的"权力游戏"中有一手好牌。他们也居住在安东尼奥·达·芬奇报税的那个地区。

皮耶罗丁1457年将自己的私人住所搬到了博尔戈边上的一栋建筑里，这儿也属于他第一任妻子的家族。后来他和第一任妻子阿尔贝耶拉搬到了归尔甫宫。和第二任妻子弗朗西斯卡·兰弗雷迪尼则在普勒斯坦茨街（今天的贡蒂大街）上每年花24弗罗林租房子住。这在当时可是相当多的一笔钱。在同一时期，画家多梅尼科·韦内齐亚诺在圣保罗区的工作室每年的房租是6里拉。

我们不知道这一家庭中还有哪些成员曾经在那里住过。纳税登记册上提到了当时已丧夫的瑟·皮耶罗的母亲——年迈的安东尼奥于1464年去世，除此之外还有皮耶罗的弟弟，当时已婚的弗朗切斯科和他的妻子，还有"瑟·皮耶罗非婚生的儿子列奥纳多，17岁"。这栋房子属于日后著名的毛织品公会，当时有一半为"达·芬奇"家族所使用。在又搬了几次家之后，1480年，瑟·皮耶罗搬入位于吉贝利纳大街上的一座建筑物里，他在很久以前就继承了这座房子，就在他位于巴杰罗宫对面的工作室附近。

一位有缺陷的天才

列奥纳多可能在佛罗伦萨的一所算盘学校中学习过算术——有可能是由佛罗伦萨的天主圣三桥的"算盘学校"的校长贝内代托所教授，列奥纳多曾经提过他的名字。列奥纳多是个左撇子，他的手写体并非文艺复兴时期优雅的斜体，而是颇为类似商人的书写风格，并且几乎都是镜像书写法。这种反向书写既非病态，也不是左撇子的表现。与之相反，有些人将其视为学习书写过程中的正常阶段。列奥纳多一直使用这种方法来隐藏秘密，这也是其传奇中不可忽视的部分。瓦萨里更清醒地看到了这种特殊性。"他的字迹非常难看，而且每个字母都是用左手反向书写的；不了解镜像书写的人无法看懂他写的内容，因为除了用镜子来看这些字母之外，我们无法阅读这样的文字。"当时，列奥纳多并没有接触更高等教育的机会，尤其是学习那时通用的拉丁语。

"艺术家的传奇故事"中不可缺少的元素之一就是早慧的小男孩形象。最伟大的大师的天才之处必然会尽早显现。文艺复兴时期人们认为天才是上帝的恩赐，而非通过艰苦学习获得的技能。所以，瓦萨里也将列奥纳多的童年和少年时代塑造得和那些早熟早慧的天才的成长经历一样——虽然同样无法避免成年后缺陷便自然显现这一局限。"如果不是那么见异思迁和缺乏耐心，他会在基础教育和科学的入门阶段取得更长足的进步。他总是会同时学习很多方面的内容，但没多久就会放弃。"与此同时，这位传记作家又将他描绘成一个才华横溢的人：列奥纳多懂得测量的艺术，还制作雕像；他会弹奏鲁特琴，并且能够用"天使般"的声音伴唱。"除此之外，他一直保持着画画和制作浮雕的习惯，因为相较于其他，这是与他脑海中的幻想世界最契合的艺术。上帝早已向其无与伦比的灵魂注入无限魅力，以及始终能为其提供帮助的基于理性的记忆力。他能够通过自己的手绘图很好地表达自己的想法，也正是因此，他的深思熟虑总是能占据上风，即使是最睿智的人也会惊叹于他的天才。"瓦萨里在这里提到的"手绘图"指的应该是艺术家的"妙手回春之手"所绘作品，在智慧的引导下脑海中飘忽闪现的灵感现诸纸上。

根据史料所透露的，也许列奥纳多在父亲家中接受的教育要更多。因为公证员这一工作自然要求从业者了解人文学科。瑟·皮耶罗一定精通拉丁语，并且对修辞学也应该有一定的研究。凭借法律从业者最重要的工具民法，他步入令人敬畏的罗马法殿堂，得以学习罗马人最令人赞叹的知识遗产。自然而然，他也将了解到辉煌的罗马帝国文化的其他方方面面。因此，法律从业者——尤其是公证员——成为欧洲中世纪人文主义运动最重要的见证者，并非偶然。比如，人文主义先驱弗兰齐斯科·彼特拉克是一名公证员的儿子，近代政治学之父马基雅弗利的父亲则是一位律师。

在皮耶罗的住所附近，也就是巴迪亚教堂和巴杰罗宫外的阴凉处，正是佛罗伦萨图书交易的中心。在那附近做生意的还有文具商贩，他们的客户也就是图书交易商和公证员。这种共生关系清晰呈现了上文提到的法学和人文主义之间的联系。不难想见，最先来到这儿的一定是为市政当局工作的公证员，随后又吸引来了抄写员、书商和文具交易商。

在瑟·皮耶罗位于普洛康索罗大街的第一个住所附近，"佛罗伦萨书商王子"韦斯帕夏诺·达·比斯蒂奇（1422或1423—1498）身边绕着一大批抄写员、花式字体画师和书籍装订师。作为当时最华丽的手稿的幕后导演，他会蔑视古腾堡发明的铅活字印刷术，也就没什么好令人惊讶了。他的工作室是当时的知识分子和艺术家的云集之处。当然，皮耶罗有时候也会去那里。可惜我们并不知道，皮耶罗财产中的一份清单上列出的22本书涉及哪些主题。但是我们至少可以确定，年轻的列奥纳多显然在家里已经接触过人文主义思想的古典主义形式。无论怎样，史料证明，瑟·皮耶罗曾为许多画家和雕塑家提供过公证服务，其中包括蜡像雕刻师贝宁滕迪、雕塑家安德烈亚·德拉·罗比亚、画家阿莱西奥·博多维纳蒂以及画家和雕塑家安东尼奥·德尔·波拉约洛（1431或1432—1498），最后一位我们在后文中还会经常提到。

从家族传统来看，列奥纳多学习法律之后从事公证人这一职业似乎是顺理成章的事。他没有走上既定道路难道是因为私生子的身份？还是因为这个年轻人更喜欢绘画而不是法律条文呢？不管怎样，列奥纳多的教育由瑟·皮耶罗负责。他设法将列奥纳多安置在金匠、雕塑家和画家安德烈·德尔·韦罗基奥（1435—1488）的工作室里，韦罗基奥是当时佛罗伦萨最好的艺术家之一。如果我们不考虑少年的列奥纳多是一个"乡村小男孩"的猜测，那么，列奥纳多应该是在1465年进入了韦罗基奥的工作室。按照佛罗伦萨的传统，和其他行业一样，绘画学徒期通常从10岁到13岁开始，并无证据表明列奥纳多有何例外。瑟·皮耶罗和韦罗基奥的关系应该相当好，他曾经在1465年到1471年当过他的公证员。皮耶罗服务的人也从韦罗基奥那里订购作品，这样的联系可能非常有帮助。美第奇家族中的任何一个人只要开口知会一下，即使是个盲人，韦罗基奥也会雇用的。况且，用谦虚点的话来说，皮耶罗的小私生子是有才华的，韦罗基奥不会看不出来。而且列奥纳多对此似乎也很适应。

世界上最惊人、最美丽的城市

画家琴尼诺·琴尼尼曾在一本创作于1400年左右的绘画手册中给自己的学徒提了一条建议:"始终努力向你能找到的大师最好的作品学习,并且从中找到乐趣。如果你能进入一个大师云集的地方,那就更好了。"毫无疑问,当时的佛罗伦萨就是这样一个地方,或许是学习绘画和雕刻的天堂。

瓦萨里曾在自己的作品中抛出这样的问题:为什么如此之多敏锐和极富创造力的灵魂都来自托斯卡纳呢?他总结出的最重要原因是托斯卡纳的"空气",也就是气候。这个假设相当大胆,但实际上只能证明,同时代的人也有同样的疑惑,即在当时的托斯卡纳,为何创造力如此空前地爆发?而这种创造力的集中爆发正是我们所知道的"文艺复兴文化"。16世纪出版的被称作"回忆录"的编年史和日记,都反映出人们的自豪,这一时期也被称为文艺复兴早期。佛罗伦萨的执政官和历史学家列奥纳多·布鲁尼[1](约1369—1444)的《佛罗伦萨史》是一部描绘佛罗伦萨辉煌与荣耀的作品,也确定了当时社会的主旋律。其他人也唱响了同样的赞歌。商人乔瓦尼·鲁切莱(1403—1481)感谢上帝,让自己得以出生在"不仅是基督教世界最惊人、最美丽的城市,也是世界上最惊人、最美丽的城市";

---

1. 即利奥纳多·布鲁尼。

第一章　早年生活：芬奇镇和佛罗伦萨，1452—1481

贝内代托·德伊（1418—1492）写道："当时佛罗伦萨的辉煌无与伦比，整个意大利都无比敬畏，只有在米兰，我们才能看到同样的景象。"

确实，佛罗伦萨曾经是地中海的国际性大都市，贸易网络遍及半个欧洲，一直延伸到北非和中东，直接与太平洋世界的经济贸易相连。编年史家戈罗·达蒂（1362—1435）曾记录道，佛罗伦萨人的足迹遍布世界，能够随时获悉来自世界各地的新闻和消息。贸易、银行业和各种各样的手工业吸引了巨大的财富。凭借"中世纪的美元"弗罗林金币这一有力武器，佛罗伦萨发动战争，获得大农场，建造宫殿和别墅。贝内代托曾引用过这样一句俗语："有房及有土地者，可弯腰而不摔倒。"事实上，佛罗伦萨的政治就是金钱政治：在共和国的外表之下，统治着这座城市的其实是金钱和财产。老科西莫·德·美第奇（1389—1464）是美第奇这个庞大家族的实际建立者，也是一位精明的权力操纵者，当协商无法解决问题的时候，决定一切的便是金钱。他的朋友和客户在其羽翼下担任佛罗伦萨市政府的要职。相反，任何对他构成威胁的人都尝到了被流放的痛苦滋味。而在1433年，里纳尔多·德利·阿尔比齐的势力接管佛罗伦萨后，老美第奇自己也被流放了。但又一次政权颠覆后，他得以在第二年回到佛罗伦萨。

佛罗伦萨共和国是当时意大利半岛五大邦国中最小的一个。除了美第奇政权之外，还有威尼斯、米兰、教皇国和那不勒斯王国。1453年，奥斯曼帝国征服了君士坦丁堡，在其影响下于1454年签订的《洛迪和约》才确立了上述五大邦国之间不太稳定的平等关系。这才给意大利带来了长达半个世纪的相对和平时期。

城市社会之间和意大利各个邦国之间的权力斗争不仅通过长矛大炮展开。他们彼此炫耀自己拥有的东西，还铺开一张由艺术、诗歌和学术作品织成的灿烂辉煌的薄纱，讲述残酷的权力争夺和对金钱的贪婪掠夺。对节日、比赛和胜利的描述充斥于那个时代的编年史。从贝内代托·德伊的记录当中，我们可以看出，佛罗伦萨总是充满竞争精神。一位统计学家列举了"佛罗伦萨的斗争"带来的好处：108座教堂、23个宫殿、50个广场、270个羊毛工作坊，以及44个金匠和银匠工作坊、83个丝织工作坊，还有33家能够兑换世界上任何一种货币的银行。他同时还提到了佛罗伦萨的建筑物：圣母百花大教堂、乔托钟楼、主教座堂、巨大的圆顶、人行道、圣母领报堂、美第奇家族和鲁切拉家族的墓群，以及"成千上万其他的建筑"，"简直相当于一个新的罗马"。最后，他还列出了每年佛罗伦萨的大型庆祝节日，并且感叹道："哦！罗马人！哦！那不勒斯人！威尼斯人！热那亚人！锡耶纳人！费拉拉人！卢卡人！还有意大利其他各个地方的人，把你们的城市和我刚才说的辉煌比较一下吧！把你们的城市和我所描述的佛罗伦萨比较一下吧！还有黎凡特人！索里亚人！塞浦路斯人！罗得西亚人！西西里人！马尔凯人！罗马涅人！你们能否说得出另外一个城市，有哪怕佛罗伦萨四分之一的辉煌吗？"

当谈及佛罗伦萨的伟大及其竞争者所建造的别墅和宫殿，美第奇家族、斯特罗齐家族、碧提家族的宫殿，可以用中亚的独裁者帖木儿

（1336—1405）曾经夸奖自己的宫殿的原话来表达："若对我们的伟大有所怀疑，就去看看我们的建筑吧。"艺术作品、建筑和节日场景正是社会地位、权力和荣耀的直接体现。这些作品的拥有者获得了声望，也因此与普通人区别开来。同时，投资艺术品另一个更简单的原因不能被忽视：美让人愉悦，而且也是一种消遣。美第奇家族的一员乔瓦尼·鲁切莱承认，比起挣钱来说，花钱更让人快乐。他也是文艺复兴运动最主要的赞助人之一。

宗教，是委托制作艺术品最重要的原因。黑死病瘟疫爆发以后，在佛罗伦萨，许多人于1347年或1348年死去，街头巷尾都能闻到尸体的臭味。在瘟疫发生之前，佛罗伦萨有9万居民，瘟疫最初就死了将近三分之一。进一步发展的瘟疫对城市人口的恢复构成了阻碍，在1450年的时候，佛罗伦萨的城市规模进一步扩大，但是在这座大都市里只有5万人，他们仿佛迷失在巨大的迷宫之中。大约创作于15世纪最后30年间的第一幅关于佛罗伦萨市景的半写实绘画《链条围绕的城市图景》，描绘了大片鲜有人居住的被植被覆盖的土地，虽然事实上当时从乡下迁入城市的移民已经让佛罗伦萨的人口恢复到了瘟疫前的规模。

佛罗伦萨的经济也遭受了重创。在瘟疫发生之前，佛罗伦萨每年大概能织出6万至8万包布，到了1470年左右每年只有2万包了。流行病虽然杀死了很多人，但是并没有影响到其财产。死者的钱和土地被幸存者继承，不仅被用于贸易和土地投资，还为人的灵魂事业添砖加瓦，他们把财产捐赠给群众，分发给穷人，用来购买艺术品。老科西莫·德·美第奇下令修建了圣老楞佐圣殿的一座小圣堂，并为圣马尔谷圣殿宗主教座堂（简称为圣马可大教堂）的教士们捐赠了一座新的修道院和一个图书馆。根据穆杰洛山谷圣方济会的托钵修士的记录，还有其他教堂也得到了捐赠。就美第奇家族这一系列不设限制的损赠行为背后的原因，认识银行家老科西莫本人的韦斯帕夏诺·达·比斯蒂奇提供了难得的见解。"自从致力于佛罗伦萨的世俗事务以来，像大多数统治国家和渴望站在权力顶端的首领一样，老科西莫不可避免地已经几乎把自己的良知都抛诸脑后……而且他本人也认为，自己拥有的金钱来自并不完全正当的生意。至于这些钱的来源，我并不知道。"通过自己的一系列善行，老科西莫获得了良心上的安慰，以上帝之名洗白了自己的账户。

也就是说，对权力的争夺、对宗教的虔诚，加上生活的无聊，使佛罗伦萨人及其盟友与对手都纷纷投资艺术和学术。文艺复兴的"创作者"从中受益。列奥纳多的职业生涯也将一次又一次地证明这一点。而且，佛罗伦萨也真的成了世界上最美丽的城市之一。

2.上学：松鼠尾巴和鸡骨头

进入现实：理论与实践

众神为所有类型的艺术创作都清楚确立了严格的技艺，绘画技艺则又极其复杂。上文提及的画家琴尼诺·琴尼尼来自托斯卡纳地区的埃尔萨谷口村，他在自己于1400年左右完成的《艺术之书》中用干巴巴的语言描述了这些技巧。列奥纳多就在韦罗基奥那里做学徒时的经历给出了自己的一点想法："艺术的根基和所有手工艺术的开端都是素描和绘画。二者都需要以下几点技能：你必须要知道如何粉碎、研磨颜料"，要知道如何"黏合、拉伸画布、用石膏涂抹、刮擦并使其光滑，为它定型、上红土、上金粉、抛光、混合，准备画面的底色，用木炭为它除尘，还有刀刮法，把颜料做成颗粒状或者点状，雕刻轮廓，画版画或者祭坛画，为它们装饰还有上清漆"。琴尼尼用同样详尽的语言描述了湿壁画，干壁画，用铅笔、羽毛笔和炭笔绘制的手绘画以及用金箔完成的作品。涉及绘画过程的描述，大量的篇幅记录的是颜料、胶水和诸如画笔之类的各种各样的绘画工具。比如，可以用开水煮过的松鼠尾巴制作画笔。猪鬃笔只能用白猪的毛来做，不能用黑猪的。书中还介绍了如何制作铸件、彩色纸张和描图纸——可以被用来描印"大师手中的"画作。这位作者清楚地知道，哪些颜色混合在一起能够经受住日照和氧化的侵袭，哪些最好只用于放置在封闭空间内的板面油画。他最基本的建议是："注意合理性和可行性！"比如，如果暂时不用松鼠尾巴做的画笔，要在湿润的土或者白垩粉里面揉一下，以免受蛀虫的侵害。顺便提一下，瑞士博物学家、目录学家康拉德·格斯纳在出版于1551年的《动物史》中的记录也表明，松鼠尾巴可以用来制作毛笔："尾部可用于画笔。"

　　琴尼尼的《艺术之书》是引人入胜的艺术读物，不仅总结了代代相传的知识，还介绍了各种小技巧。如果想要制作炭笔，先要把干燥的细柳树枝切成几根手指的长度，用铁丝把它们捆起来，然后放入一个密封的陶土锅中。"然后，面包师傅晚上一下班我就会去他那里，把这个锅放进炉子里，一直到第二天早上。要确保木炭被烧焦了，并且完全呈黑色。如果发觉还没有充分燃烧，就留在炉子里直到烧焦为止。"最理想的绘图板采用储存良好的无花果木制成，用和口水混合的磨得细细的骨粉打底——"骨头最好是母鸡或者阉鸡的肋骨或翅膀上的骨头，鸡的年龄越大越好"。随后，他再次详细介绍道："如果你在饭桌下面发现这些骨头，就把它们扔到火里；当你发现它们已经变成白色，比灰烬更白一点的时候，再拿出来，用斑岩磨细。"还有很多其他注意事项，比如，在药剂师那里买昂贵的朱砂时，要买成块的而不是磨好的，因为磨好的朱砂里经常掺有廉价的红铅或者砖灰。

如果还有人相信扬·范·艾克[1]发明油画的传说，那就去看看琴尼尼这部专著中的第89章至94章吧，这部分清楚讲述了油画的技术。他知道"德国人"[2]经常使用这种技术。关于这一技术的知识实际上应该是从弗拉芒引进到佛罗伦萨的，但还是要用到蛋彩画中使用的黏合剂、胶水和鸡蛋。"首先，我要提醒你，在你开始画画前，在你往

---

1. 扬·范·艾克，15世纪尼德兰最杰出的画家之一，哥特式绘画流派的创始人，被誉为"油画之父"。
2. 琴尼尼想说的其实是弗拉芒人，因为那时候还没有"德国人"的概念，琴尼尼对当时欧洲的北方民族不甚清楚。

画布上涂上胭脂红或者其他什么颜色前，除了先拿一块洗干净的海绵之外，其余什么都先不要做。准备好蛋黄和蛋清，混合均匀后放入两个盛有清水的碗中。"每个读了琴尼尼这本书的人，都会了解到画家在画第一笔之前的准备多么烦琐。单单是关于如何用敲碎的青金石制出群青蓝的指南就有好几页。每一滴黏合剂、每一滴清漆都是几代人反复实验、失败和思考的结果。而且，琴尼尼还第一次引入了一种技术，后来因列奥纳多而闻名——"晕涂法"的艺术。用一点点颜料和水一起慢慢地画，然后画面上的阴影就会变得"朦朦胧胧"。

琴尼尼的《艺术之书》可不只是一本绘画技艺手册。比如，他还就人体比例进行了解释，描述了如何正确地画阴影——阴影与一幅画所在位置的自然光源有关。"绘画过程中最可靠的船长和方向舵就是大自然。"但是琴尼尼并不只是希望画家尽力还原自然，这种风格在古典时期相当普遍。除了技巧之外，画家还必须具有想象力，只有这样才能创造出具有开创性的独特事物。画家应将自己的想像"当作自然事物的阴影一样进行捕捉"，用自己的双手记录下来，以证明其存在。他举的一个例子是半人马形象的创作。

琴尼尼将莱昂·巴蒂斯塔·阿尔贝蒂（1404—1472）视为自己杰出的接班人，这位知识渊博的智者主要因建筑师的身份而闻名，他在1436年完成了《论绘画》这本专著。如果说琴尼尼的作品讲述的主要是工作坊中五花八门的技艺，那么阿尔贝蒂的书探讨的则是美学意义上的准则。除此之外，他还首次描述了中心透视法。他的作品中最重要的主题是模仿的艺术和模仿现实的艺术，而这正是亚里士多德《诗学》的主题。

　　阿尔贝蒂将绘画的表层比作一扇敞开的窗扉，"我能够通过它来观察"（列奥纳多则将绘画的表层比作一块玻璃板）。画家应当画自己看到的东西，但是又不应该简单地复制现实。画家应始终保持体面和适度，也就是说，应该合理安排画面的内容，不应呈现过分丑陋的事物，同时还要保证线条的柔和及优雅，过渡要平稳。就像古代修辞学中的观点一样，这正是阿尔贝蒂审美标准的重要来源，他想要在绘画中看到"多样性"。但是画家也不能过度夸张。形状应当柔和，颜色之间应当协调。画面应呈现多样性，但是也不能过于复杂。一个历史场景中最多只能出现9到10个人物。而阿尔贝蒂接下来强调的内容，相对于中世纪的传统听起来则相当现代，他认为，如果画家用画笔而非直接使用金箔来呈现黄金，更有可能收获赞誉。对他而言，艺术性高于物质本身。

　　列奥纳多有可能深受阿尔贝蒂的作品的影响。更有可能的是，列奥纳多是受到《论绘画》的影响才走上了绘画这条道路，这部作品一开始就讲述了画家这一职业的崇高地位。绘画艺术能够重现缺席的人和事物，能够让死者在去世几个世纪后仍然生动地出现在画面里。正因为绘画这门艺术拥有如此声望，所以绘画大师会发现"自己因作品受到崇拜而被视为第二个上帝"。阿尔贝蒂心目中理想的画家并不只是工匠。相反，这位作者将画家提升至学者的高度，不仅精通几何算法，而且也通晓其他人文学科。如果说琴尼尼的《艺术之书》散发着颜料和胶水的气味，那么阿尔贝蒂的著作则满溢着乳香的味道。[1]

与此同时，工作坊的从业者实际上已经开始征服现实了。早在林堡兄弟[2]的泥金装饰手抄本和"弗莱马勒大师"（据猜测是弗拉芒人罗伯特·康平）的画作中，我们就已经能看到征服现实的尝试了。随着扬·范·艾克的出现，一位杰出的艺术家登上了历史的舞台。在弗拉芒的各个城市中，他和各种手工业者及其富有的买主合作，这和宫廷里的情况一样：因为勃艮第的公爵们最富有，所以艺术家们也就对与他们的合作最感兴趣。范·艾克在自己的画作中几乎实现了对现实场景显微镜般的真实呈现。作为欧洲艺术的第一位大师，他掌握了空气透视法的原理——也就是描绘远处物体的能力，这种透视法使山丘、平原和森林蒙上了一层蓝色或灰色的薄雾，看起来就像隔了很远的距离。他的绘画一定对同时代的画家产生了深远影响，对他们而言，这种"超现实主义"是全新的风格。在特殊的节日庆典上，当范·艾克的《根特祭坛画》的两翼被打开时，内层的12幅杰作呈现出来，人群一下子骚动起来，眼前呈现的场景是："年轻的、年老的画家还有各路艺术爱好者都蜂拥而至，渴望一睹其面貌，就像夏天的蜜蜂和苍蝇渴望甘甜，紧紧地贴在无花果籽和葡萄籽上一样。"

---

1. 乳香在西方历史上经常被用于宗教用途，而宗教和教会曾是学术研究的中心。
2. 林堡兄弟，赫尔曼·德·林堡、让·德·林堡和保罗·德·林堡，14世纪末15世纪初法国著名泥金装饰手抄本画家。

而意大利人则将阿尔贝蒂所描述的那扇窗向世界又敞开了一点。甚至在15世纪中叶之前，南方绘画也开始以这种如薄雾笼罩的远方景致作为描绘对象。中心透视法的先驱马萨乔（1401—1428）也尝试了这种技法。列奥纳多盛赞这位"姓马萨乔的佛罗伦萨的托马索"，其完美画作似乎表明，其他人的努力都是徒劳，因为这些人没有以"大师中的大师"，也就是大自然为原型来创作。文艺复兴早期，开始创作逼真的风景画的意大利画家有皮耶罗·德拉·弗朗西斯卡（约1412—1492）和安托内罗·达·梅西那（约1430—1479），这两位都是荷兰绘画技术的引进者。除此之外，阿莱西奥·博多维纳蒂（1425—1499）和后文将提到的波拉约洛兄弟也是其中的代表。意大利人对北方绘画中的现实主义的补充包括中心透视法以及对古典艺术的援引：古人的纹饰艺术和建筑美学，以及雕塑中（尤其是裸体雕像中）表现出的肉体形态。

因此，在职业生涯的开始阶段，列奥纳多可以说成长于"南北大融合"的艺术土壤中。这一阶段，各种各样的风格都对他产生了影响。和弗拉芒人不同的是，由于受到古典时期作家的启发，意大利的许多文学作品一直在反复讨论何谓艺术之美，阿尔贝蒂在他另外两部关于雕塑和建筑的重要作品中曾经讨论过美的本质。不仅如此，图书馆中也藏有大量古典时期的著作，内容涉及学术、技术、寓言和神话。人文学科的语言使之能为读者阅读和接受。列奥纳多将从这一切中汲取灵感。如果没有书籍（没有佛罗伦萨的财富），就不可能有"伟大的列奥纳多"，没有松鼠尾巴和鸡骨头也同样不可能。

　　我们并不知道这位学徒当时能赚多少钱。最开始他可能什么也挣不到，然后慢慢能挣到一点，在第二年和第三年的时候每年挣28个索尔多[1]。至少内里·迪·比奇（1418或1420—1492）是挣这么多的，他是一个勤奋的画家，但是在学徒里只能算是二流，到了第四年，他每年大概能赚32到48个索尔多。其中是否还包括住宿费和伙食费，我们并不清楚。而一位体面的大师很容易就能赚到相当于助手十倍的收入。

　　一些人变得富裕起来。人们会因为纳税单上的数据满心焦虑。哭穷自古以来都是纳税人的把戏。锡耶纳画家本韦努托·迪·乔凡尼声称，自己的收入之所以少，是因为产出少就挣得少，列奥纳多的老师韦罗基奥更是强调，工作坊赚的钱都不够给自己买裤子。除了工作坊的收入之外，他在佛罗伦萨的圣安波罗修区还有一栋房子，他以每年10个弗罗林金币的价格进行出租；双方合同的公证员正是列奥纳多的父亲。在1471年之前，他在一个相当有名的地方租了一间工作室，就在圣米歇尔维斯多米尼教堂边上。之前租用这间工作室的是雕刻家多纳泰罗[2]和老科西莫·美第奇的建筑师米开罗佐。而现在，列奥纳多也每天出入这里。

---

1. 索尔多，一种在12至18世纪使用的意大利货币。
2. 多纳泰罗，文艺复兴时期意大利画家和雕塑家，也被誉为15世纪意大利最杰出的雕塑家。

在韦罗基奥身边

韦罗基奥的老师德斯德里奥·达·塞蒂尼奥诺于1464年去世，同一年去世的还有建筑师、雕刻家伯纳多·罗塞利诺，他是一位通过古典形式引领新风格的先驱。1466年，伟大的多纳泰罗也离开人世。这些大师的相继去世恰恰为韦罗基奥事业的进一步发展提供了空间。1466年，韦罗基奥收到了佛罗伦萨商业法院的光荣委托：为佛罗伦萨圣弥额尔教堂外立面上的一个壁龛制作放置其中的《耶稣与圣托马斯》青铜雕塑。

韦罗基奥是作为金匠开始自己的职业生涯的。在此过程中他很可能学过混合合金的技术。除此之外，制作雕塑时，金匠还须用双手来雕凿生石膏像，给雕像抛光。对一位青铜雕刻家而言，掌握含金量极高的金匠技艺无疑至关重要。从1457年的报税单来看，韦罗基奥很快就放弃了金匠这一职业，也许是因为缺乏订单。在圣路加行会[1]的账簿中，我们可以看到他称自己为"画家和雕刻家"。

在列奥纳多的多幅画作中，我们都可以看到一件珠宝——一颗椭圆形的胸针，中心的宝石由周围的珍珠包裹着，它也许就代表了韦罗基奥的金匠技艺，列奥纳多早期的圣母像身上的长袍也扣有这枚胸针，而且就像经X射线检测后看到的那样，列奥纳多的第一幅独

----

1. 佛罗伦萨画家协会。

立作品《圣母领报》（彩图5—7）中的圣母玛利亚身上原本也有这颗胸针。我们可以视之为韦罗基奥工作坊的一个标志，因为在洛伦佐·迪·克雷蒂（约1459—1537）和多梅尼科·吉兰达约（1449—1494）的圣母玛利亚像中，我们也能看到这颗胸针，二人也都曾在韦罗基奥的工作室工作过。

　　除了洛伦佐·迪·克雷蒂和吉兰达约之外，列奥纳多在韦罗基奥的工作室还可能碰到过波提切利和雕塑家弗朗切斯科·西蒙尼·费鲁奇，还有彼得罗·佩鲁吉诺（约1450—1523）——拉斐尔的老师。拉斐尔的父亲乔凡尼·桑蒂曾在提到自己儿子的老师的时候同时提到过列奥纳多。在所著的韵律编年史中，桑蒂说他们是"两个年龄和爱好都相仿的年轻人"。比亚乔·德·安东尼奥和弗朗切斯科·博蒂奇尼则更像是韦罗基奥的助手，而非他的学生。除此之外，雕塑家乔万尼·弗朗切斯科·鲁斯蒂奇很有可能与这些人有往来。

　　在韦罗基奥的工作室中，列奥纳多熟悉了各种技术和材料。他的笔记不仅提到对宇宙和飞行的想法，还讲到用鱼骨和其他骨头以及大米制成的胶水。因此，我们可以想象，列奥纳多在佛罗伦萨的鱼市上为他的老师购买几公斤的墨鱼壳，把它们磨成粉末，然后用幸运兔脚[1]涂在画板的底漆上。也许他经常在韦罗基奥的午餐桌下面爬来爬去，寻找鸡骨头的踪迹，收集起来，以便制作以着色骨粉为原料的纸张。

---

1. 幸运兔脚在很多文化中都被视为护身符，民间认为它能带来吉祥和好运。

说到列奥纳多为准备颜料所付出的努力，我们就不得不提到他的发明之一，也就是一个基于油磨原理制造出的研磨颜料的"机器"。"穆利诺的多西亚瓷器"正是这一发明的原型。就像琴尼尼在自己的著作中提出的建议，列奥纳多也希望能够在坚硬的斑岩表面上捣碎颜料。

列奥纳多细心观察了圣弥额尔教堂雕塑的制作过程。他一生都痴迷于铸造的艺术。除此之外，他还会练习素描。琴尼尼说："你知道在学习钢笔画之后会发生什么奇妙的事吗？你能熟练而富有技巧地画出脑海中浮现的各种画面。"成长中的画家应该不停地画素描。但是，根据保罗·乔维奥的说法，列奥纳多不允许自己的学生在20岁之前接触画笔和颜料。

列奥纳多从韦罗基奥那里学到了很多。据说，在其所绘美丽形象的启发下，列奥纳多临摹的女性肖像也都拥有"漂亮的外表和发型"。事实上，列奥纳多的早期作品《持康乃馨的圣母》中漂亮的辫子可能就是韦罗基奥发型艺术的体现。除此之外，列奥纳多还从韦罗基奥的雕塑中获得了灵感。韦罗基奥为美第奇家族位于佛罗伦萨的卡勒基别墅制作的红陶浮雕《复活》中觉醒的士兵这一形象，后经列奥纳多之手，被转换成了亚里士多德的形象。他的素描展示了美丽的菲莉斯如何让饱受爱情折磨的老人亚里士多德趴在地上，虐待他，把他当成自己的坐骑。这幅素描传达的信息是：即使是最伟大的智者也会被爱神弄得晕头转向，最终沦为笑柄……

"衣褶写生"是韦罗基奥工作坊的一项练习，其中有的是列奥纳多的画作，有的出自韦罗基奥的同事之手。其中一些作品看起来像照片一般真实。之所以会有如此出人意料的立体效果，可能是因为绘图过程是在烛光下完成的，这会让物体的轮廓显得更加突出，也有可能是因为他们练习时使用的是木制人像或石膏、黏土制成的模型，直接将画布铺在上面来描绘。瓦萨里在他的多本传记中都讨论了这一练习方法。他在书中关于列奥纳多的一章中说道："他很重视反复练习临摹。有时候他先用黏土制作人物模型，再把蘸过石灰水的软布覆盖在上面。随后，他会非常耐心地在薄薄的画布或者用过的亚麻布上开始作画。他作画的笔尖蘸取了黑白两色，这样作画是非常了不起的事。随书的图册里有几幅描绘列奥纳多作画双手的图画，可以证明他独特的工作方式。"列奥纳多建议在冬天的夜晚绘画。几幅被认为出自列奥纳多之手的画作可以作为这一工作方式的直接佐证。画面上的黑色是油灯留下的污渍。除此之外，就像阿尔贝蒂建议的，这位画家还研究古代雕像上的衣褶。

"伟大的洛伦佐"[1]（1449—1492），老美第奇的孙子、美第奇家族权力的继承人，为列奥纳多在自己位于圣马可附近的花园里的工作支付薪水，但是我们并不清楚具体的工作是什么。他还让这位年轻人在位于托斯卡纳乡间的美第奇花园的学校里学习古典雕刻艺术。这样一来，美第奇花园就成为了图文并茂的创意和文献资料的天然样

---

1. 即洛伦佐·德·美第奇，被称为"伟大的洛伦佐"，文艺复兴时期，即黄金时代的佛罗伦萨的实际统治者。

本库。其中一些被保存了下来，比如雅科波·贝利尼和弗拉·巴尔托洛梅奥的画册。至于其中是否包含"作坊的秘密"，还是一个谜。但是，比如吉兰达约就曾禁止自己当时的学徒米开朗琪罗看自己样本画册里的内容，所以，我们有理由怀疑，这背后也许隐藏着什么秘密。

列奥纳多一次又一次地为托斯卡纳乡村五彩斑斓的色彩所吸引：未开垦的田野的赭石色、春日牧场和草地的嫩绿色，还有白色和蓝色的银莲花、血红色的罂粟花和明黄色的金雀花共同编织的夏日图景。但是他从来不在户外作画。"露天派"[1]兴起于19世纪。如果一位文艺复兴时期的画家真的想要露天作画，必须得带着一整车的颜料、研钵、碗、油、鸡蛋和画笔才行。无论怎样，列奥纳多在大自然中留下了无数的素描作品。一些作品当时只是习作、学习资料或者模板库的一部分，我们如今都当成艺术品来欣赏，比如一幅只是描绘了阳光下的树木的作品（彩图1）。

列奥纳多早期的一件作品——一幅缂织壁毯的设计图——的很多细节很可能都源自他郊游时的灵感。除了亚当和夏娃以及旁边的无花果树之外，画面上还有一片长满了各种香草的草地，各种动物以及一棵描绘得近乎完美、极富艺术性的棕榈树。瓦萨里似乎已经在奥塔维亚诺·德·美第奇的宫殿里欣赏过这幅作品。设计图的原作已经遗失，而据瓦萨里所言，这一原本为葡萄牙王位继承者而作的缂织壁毯

---

1. 露天派即西方绘画史中所说的印象主义，指在户外直接作画，表现光的自然效果。

的设计图最终并没有化为实物。那么，梵蒂冈签字厅天花板上的那幅拉斐尔之作——《亚当和夏娃》——是否借鉴了列奥纳多的这幅水彩画设计图呢？

列奥纳多的学徒阶段——通常是六年——大约在1470年结束了。之后的他不再是韦罗基奥的助手，而是其合伙人。在文艺复兴时期的工作室中，这种从一种身份到另外一种身份之间的平稳过渡早已司空见惯。有些合伙人能够从较大型的项目中分到一半的利润。以贝诺佐·戈佐利为例，在1444年至1447年，因参与创作《天堂之门》的第二扇门，他从吉贝尔蒂那儿先后收到了60个和80个弗罗林金币。当时一个工作坊的平均年租金约为6到7个弗罗林，因此戈佐利可以说收获颇丰。

赝品佛洛拉、龙和一条鱼

1909年，柏林博物馆的总负责人威廉·冯·博德的一次收购震惊了世人。他以185 000金马克的巨款，从英国艺术交易商的手里买下了一个胸部裸露、头戴花冠的女人的半身蜡像，从脸上的微笑来看，这似乎是列奥纳多的作品（图2）。当这位美人出现在公众视野中时，英国媒体却透露这件作品实际上是赝品。雕塑家理查德·科克尔·卢卡斯声称这是他的作品。德国和英国就这一半身像真伪的新闻宣传铺天盖地，双方旗帜鲜明地站在了支持和反对的立场上，这也成为第一次世界大战在文化政治战场上的预热。然而，化学分析表明，《佛洛拉》不可能是文艺复兴时期的作品。其创作者可能受到了列奥纳多的一幅绘画的启发。又或许创作者以18世纪一件蜡像的部件为基础创作了这尊雕像。

图2：理查德·科克尔·卢卡斯（？），《佛洛拉》（约1845），蜡像，颜料，高67.5厘米，柏林，博德博物馆

一尊出自列奥纳多之手的半身雕像，这样的假设或许过于美好，似乎不可能是真的。迄今为止并没有人发现过经证实出自列奥纳多之手的雕塑。但无论如何，瓦萨里宣称，列奥纳多在青年时期曾经用陶土制作过面带微笑的女性半身像。就像他精心制作的孩童头像一样，这些都是用石膏重现的作品。列奥纳多自己也在1492年左右写道，他对雕塑的兴趣丝毫不亚于绘画。

年轻的芬奇大概也从韦罗基奥的工作中分得一杯羹：或许因为他设计了"痛风者"皮耶罗（1416—1469，也就是老美第奇的接班人）坟墓上的一些装饰，比如说，极其逼真的龟背石棺的底座，还有花环、莨苕藤蔓和丰裕之角等。也许，环绕着棺材和棺盖上的绳索网也是他设计的。绘制此类物品是他的爱好之一。此外，他可能还为圣洛伦佐教堂的一个洗脸盆设计了装饰品：龙、海豚，还有一个狮子的头。用琴尼尼的话来说，上面的龙"明明并不是真的存在，但看起来却像真的一样"。这都是些奇怪的物种：长着狗头的长尾爬行动物，虽然部分符合"自然生长规律"，但整体而言则是纯粹的幻想产物。如果想让这样的怪物看起来很自然，就必须以真实的动物为原型来塑造身体的各个部分，列奥纳多后来这样建议："寻血猎犬或者勃拉克猎犬的头，猫的眼睛，豪猪的耳朵，意大利灰狗的鼻子，狮子的眉毛，老山羊的太阳穴，还有乌龟的脖子。"

据瓦萨里说，当列奥纳多的父亲请他在一个无花果木制成的圆盘上创作一幅画时，列奥纳多的依据正是自己的以上建议。列奥纳多构思出了一个恐怖的主题，恐怖的效果甚至类似于美杜莎蛇头给人的感受。作为设计参考样本，他收集了蜥蜴、蝗虫、蛇、蝙蝠等各种小型动物。他对艺术充满热情，以至于达到了忘我的境界。在怪物的身体上涂抹绘画时，他甚至忽略了腐烂的尸体散发出的恶臭。"他让这个怪物从一块黝黑嶙峋的悬崖峭壁里钻出来，它张开的喉咙里吐着毒气，眼睛里喷出火焰，鼻子里喷出烟雾——如此诡异，以至于确实看起来让人毛骨悚然。"去取这幅画的时候，瑟·皮耶罗一开始被吓了一大跳，仿佛眼前的怪物真实存在。

我们不该把瓦萨里描述的这段趣事当真。事实上，瓦萨里在此运用了一个古典意象。他想传达的意思是，伟大的艺术家不必因循自然。老普林尼（23或24—79）在《自然史》中讲述了画家宙克西斯和帕拉西乌斯之间的竞争：宙克西斯曾如此逼真地再现了葡萄的样子，以至于画布引来了一群鸽子的啄食。随后，宙克西斯自信满满地要求他的竞争者帕拉西乌斯拉开"幕布"让自己看一看他的画。这时帕拉西乌斯以胜利的姿态指出，这块"幕布"其实是他自己的画作。他成功骗过的可不是一群愚蠢的鸟类，而是一位有经验的艺术家。就这样，他成了胜利者。列奥纳多自己则给出了这件逸事的一个最佳的改写版。他曾经看到一只狗在看到自己主人的画像时热情洋溢——"简直就像是在举办大型庆祝活动一样开心"。他还讲道，狗会对着画面上的狗狂吠，而且想要发动攻击。养狗的人能证明列奥纳多其实是在吹牛：狗看到一幅画的时候闻到的是油的味道，而不是其他狗或者主人的气味，所以只会保持冷静而不是过于激动。

即便列奥纳多真的完成了前文提到的怪物作品，原稿最终也遗失了。他最早的涂绘痕迹可以在韦罗基奥的作品中找到，韦罗基奥以雕塑家的身份而闻名，但就绘画而言只能算得上二流。瓦萨里认为，韦罗基奥的艺术形态是"一种相当费力且粗犷的风格，仿佛只能通过无止境的学习来掌握，而不能得自天赋造化"。换句话来说，在这位内行传记作家看来，韦罗基奥虽勤奋，却无才华可言。

即使是那些抱着合理的怀疑态度试图通过画面来区分不同的手的人也会发现，韦罗基奥的《耶稣受洗》（彩图2）实则由一位更有天赋的画家所作。瓦萨里也记录了我们双眼所证实的这种想法：其中一个手持神之子[1]衣服的天使，其实出自列奥纳多之手。就绘画的精彩程度而言，这一形象似乎已远远超过了他老师的作品。同样，这幅画上似薄雾般的油画山水背景显然也出自列奥纳多之手。相比之下，这幅画的其他部分大多是用蛋彩画法完成的，从这一点来看，这位画家本质上是一位雕塑家，很容易让人想起韦罗基奥。比如画面左侧边缘的棕榈树，看起来就像是用染过的金属板制成的。

我们的第二个例子是一条鱼，同样能说明问题，这便是藏于伦敦国家美术馆，同样被认为出自韦罗基奥之手的《托比亚斯和天使拉斐尔》（彩图4）。精湛的技艺让画面中的部分细节脱颖而出：一只白色的小卷毛犬和托比亚斯手中提着的鱼。这条鱼的原型可能是欧鲢，看起来仿佛还在阿诺河[2]中游来游去，是技艺精湛的杰作（图3）。这

---

1. 神之子，即上帝之子耶稣。
2. 阿诺河，意大利托斯卡纳地区的河流，佛罗伦萨就在阿诺河河畔。

位画家目标明确地让光投射到这条鱼身上，它的眼睛闪闪发亮，全身富有光泽，甚至连鳃鳍下面都投上了淡淡的阴影。不会有比这更逼真的呈现了。和传说一样，托比亚斯在用从鱼身上提取的胆汁奇迹般地治好了父亲的眼疾后，就剖开了这条鱼的肚子。伤口中滴出了黏稠的血液。我们从鱼和小狗略显半透明这点就可以知道，二者是在画的大部分已经完成后才被加进去的。不仅如此，托比亚斯的鬈发和一只抬起的袖子都是用黄赭色——而非仿金铜箔——绘制的，这都表明绘制此二者的应该另有其人。一个相当明显的假设就是：这个人是列奥纳多。

图3：彩图4局部

有了列奥纳多在韦罗基奥的《托比亚斯和天使拉斐尔》和《耶稣受洗》中的神来之笔，我们得以在同一画面中欣赏到非同一时期的两种艺术风格：艺术史上的两个时代的特点，一是文艺复兴早期锐利的轮廓和鲜艳的色彩，一是文艺复兴鼎盛时期光与色之间的柔顺过渡。列奥纳多是帮助新风格取得突破的最重要的革命者，他对稍早一点的风格并不感冒，这一点能从他对波提切利的风景画的评价看出来——那简直"可悲"。

教会列奥纳多画出托比亚斯手中那栩栩如生的鱼和《耶稣受洗》背景中美妙风景的人绝不是韦罗基奥。上文提到过的洛伦佐·迪·克雷蒂也许更明白这一点。就如何创作鱼和远景而言，列奥纳多最有可能学习的大师是安东尼奥·德尔·波拉约洛。安东尼奥曾经和自己的弟弟一起画过一幅托比亚斯的画像——很明显与韦罗基奥工作室的作品形成对话关系。

安东尼奥·德尔·波拉约洛的本名是安东尼奥·本奇——他的绰号"德尔·波拉约洛"源自他父亲家禽商人的职业[1]身份，他是列奥纳多前一代人中杰出的大师之一。他因《圣塞巴斯蒂安的殉难》这一作品而闻名，这幅画足足有2米宽近3米高（彩图3）。波拉约洛通过画中的多个人物从各个角度展现了人类的躯体，根据透视法的原则，有几个人物的身体缩短了。他或是呈现人物收缩的肌肉，或

---

1. 波拉约洛（Pollaiuolo），意大利语中pollaio一词是鸡舍的意思。

是刻画主角身上的长袍层次丰富的褶皱。前景中的一个施刑者正在拉动手中的弩箭。他的脸因为使劲而变得通红，脸上满是深深的皱纹。稍远一点，我们可以看到披着盔甲的骑兵和反抗的战马，我们甚至还能看到湍急的河流中浪花拍打产生的白沫。在画面左侧的边缘，我们能看到文艺复兴的印记：象征罗马凯旋门的建筑。在它后面，一幅典型的托斯卡纳风景画铺展开来。我们能看到广阔平原上的柏树和灌木丛，后面是丘陵和群山，上方是一片蔚蓝的天空，退向远方时化为闪闪发亮的银色，一直延伸到地平线的尽头。委托创作这幅杰作的是安东尼奥·普奇，他向画家支付了高达300斯库多银币的费用。

通过其他作品也可以看出，安东尼奥确实是一位风景画和人物画的大师。他所绘的关于大力士事迹的三个画板曾经装饰了美第奇宫的大殿。除此之外，他所画的一些女性人物肖像也是文艺复兴早期作品中最优美的。也许他和后来的列奥纳多一样，曾经解剖尸体来研究肌肉和肌腱。他的一幅巨型铜版画描绘了十名赤身裸体战斗的青年男子——这一题材在当时非常新颖，但是寓意不明，这幅画当时传遍了整个欧洲。[1]另一幅同样独特的作品则展现了安东尼奥在人体解剖学方面的知识。这幅位于佛罗伦萨近郊城镇阿切特里山丘上伽利略别墅里的壁画创作于1471年至1475年，呈现了赤身裸体的人酒后放荡不羁的

---

1. 这里指的是藏于德国汉堡美术馆的铜版画《裸体男子战斗像》（1460—1475）。

舞姿。其中一人的原型可能是古代羊男。[1]

　　我们可以非常确定地说，列奥纳多对这幅壁画也赞叹不已。伽利略别墅为兰弗雷迪尼家族所有，也就是列奥纳多的父亲在1466年新婚的妻子的家族。直至1897年，人们才在白色的涂料下重新发现了这幅画作，而这一幅有那么点不正经的圆圈舞画作的委托者，是雅各伯和乔瓦尼·奥尔西诺·兰弗雷迪尼兄弟，他们是安东尼奥·德尔·波拉约洛热情的赞助者。雅各伯是哥哥，他当时对"自己"的这位画家极尽赞美之词。"他是这个城市的第一位大师，"他评价道，"并且也许是这里有史以来最好的画家。更重要的是，所有对绘画稍有点了解的人也持有这样的看法。"

　　列奥纳多能够顺利进入安东尼奥的工作室，很可能是通过自己家族与兰弗雷迪尼家族的关系实现的。此外，二者之间的关系还有一个极其微妙的证据：在列奥纳多著名的、第一幅标注了创作日期的风景全景图《阿诺河谷风景》（图4）上，他用镜像体写下"1473年8月5日，雪地圣母日"。至今还没有人找到和这幅画所描绘的一模一样的地方。也许这位画家展示的是芬奇镇以北的蒙苏马诺那座圆锥形的山、富切基奥的草沼地、瓦尔迪尼沃莱地区周围的山丘，他也可能是把自己在韦罗基奥工作室研究的成果与自己的所见结合在了一起。列奥纳多还在这幅全景画中加入了陡峭的山坡

---

1. 羊男，即萨蒂尔，又译萨提儿、萨提洛斯，被视为森林之神，是希腊神话中的精灵，同时拥有人的身体和山羊的特征。

和奔涌的瀑布，以及画面左边高耸的城墙以及中景展示的河流。在纸的背面有一句话："我，莫兰多·德·安东尼奥，很满意。"这是列奥纳多与一位名叫莫兰多的客户签订的一份合同中的第一句话吗？

图4：列奥纳多·达·芬奇，《阿诺河谷风景》（1473），羽毛笔和棕色墨水，19厘米×28.5厘米，佛罗伦萨，乌菲兹美术馆

还是说，这句话不应该这么翻译，而是应该像其他一些人建议的这样解释："我，和安东尼奥在一起，很幸福？"如果按照第二种解释来看，这段文字应该和推测的一样，指的是列奥纳多和自己的继父安东尼奥·布蒂在芬奇镇度过的一段夏日时光。第三种可能

性至今还没有人考虑过：也就是"安东尼奥"指的不是别人，正是安东尼奥·德尔·波拉约洛。那时，他正在创作那幅《圣塞巴斯蒂安的殉难》。列奥纳多的素描画中所描绘的风景与波拉约洛的这幅重要作品的背景之间的相似性惊人，很容易就能引起人的注意。我们可以想象列奥纳多和安东尼奥在八月的托斯卡纳丝绒般的天空下漫步，画风景画，虽然我们无法证明这一切，但是这也并非完全不可能。

3.早期作品

科莱奥尼的目光

我们想象中的列奥纳多和安东尼奥远足的前一年，也就是1472年，列奥纳多的名字出现在"圣路加行会"的成员名单中：画家列奥纳多·迪·皮耶罗·达·芬奇。"圣路加行会"成立于1330年或1335年，据说，其守护神圣路加曾经描绘过圣母的形象。成员们会一起祷告，关心照顾有需要的成员，还会一起开怀畅饮。每位成员都要在圣烛节献上蜡烛。为了检查成员是否履行了这项义务，行会设定了那份提到列奥纳多名字的名单。这一行会的年会费为10个索尔多，这差不多是一个辅助工一天的工资。它的入会费为6个弗罗林。

除了较为简单的工种金箔工之外，这份行会1472年的文件中还提到了韦罗基奥、皮耶罗·德尔·波拉约洛和波提切利的名字。其中，佩鲁吉诺已被冠上"大师"的称号，而列奥纳多当时还没有享受到这一殊荣。从这份名单来看，当时在佛罗伦萨工作的画家有42名，其中约有30名人物画家——金匠、银匠的数量几乎相当，此外还有270个羊毛工坊和83名丝织工。在文艺复兴时的佛罗伦萨，共有84名雕塑家和镶嵌匠，屠户却只有70个，可见手工艺品在当时的重要性。

这份名单中提到的绝大多数雕塑家和画家，我们似乎只是知道名字而已，几乎找不到相对应的作品。画家内里·迪·比奇则通过其日记作品《回忆》为我们讲述了自己的日常工作。这段对佛罗伦萨来说独一无二的记录其实就是当时各个工作坊的编年史，其中提到了各种创作过程：板面绘画、湿壁画、祭坛天花板、帷幕，还有家中祷告时用的宗教绘画以及各种储物柜子和箱子。除此之外，该作品还提到了现存作品的修复和加工。文艺复兴时期的大师们作画时不加选择：他们在墙壁、蜡烛、匣子上作画，甚至还会以充满活力的佛罗伦萨女人的脸庞为画布。当时如果有佛罗伦萨人想要化装也可以去找画家，他们在需要的时候会用上浓重的油画颜料。

当时佛罗伦萨的手工艺人并没有组建一个自己的大型行会，因此也就难以判断年轻的列奥纳多在当时的地位。但是，他们所运用的材料则表明了纳入不同类别行会的标准。画家属于"医生、药剂师和商人"行会，从名字可以看出，除了医生和药剂师之外，商人和香料商也属于这一类别。"丝绸艺术"行会，即丝织协会，金匠、金箔匠和金线纺织工都包含其中。木雕师和石雕师人数众多，因此，拥有自己专属的"石匠和木匠艺术"行会。木匠也属于这一行会。从实际情况来看，当时进入不同行会的标准已经比较宽松，这样就避免了所有艺术家都进入同一个行会的情况。列奥纳多是否也进入了某个行会呢？如果这样的话，那么是哪个行会呢？可惜我们并不知道这些问题的答案。他最有可能是"医生、药剂师和商人"行会的成员，但这一行会在1444年停止了会员的登记注册，直到1490年才恢复，这时的列奥纳多却身在米兰。

文艺复兴时期的艺术家工作室是"组织不稳定的行会"。如果有大的订单，工作室的大师傅就会雇用额外的工作人员——不仅仅作为"学徒"或者"工人"，这些初级帮手还会协助搅拌颜料和上底漆。工作室还会雇用手头暂时没有订单的能够独立工作的大师。这样，一个绘画团体就会在一段时间内形成，通过签合同的方式来管理成本和利润的分配，或者决定哪位合伙人来完成作品的哪部分。艺术家和客户之间的协议往往也会就绘画材料的质量和价格进行商定，尤其是涉及黄金和极其昂贵的群青的时候。而制作这种颜料的原料——青金石——当时必须要从阿富汗采购。有时合同中的协议还会规定，画中的某一形象或者至少画中的重要部分必须由大师亲自完成。这并不是为了让行会留下传说中天才的遗迹，而纯粹是出于"专业技艺"的考虑，向"大师的精湛技艺"致敬。

列奥纳多的早期画作到底是为韦罗基奥工作室而作，还是接受订单任务委托而作，尚无定论。鉴于佛罗伦萨画家工作坊的开放性组织形式，两种可能性都有。同样，这幅用银尖笔完成的战士肖像据推测是列奥纳多的作品，但没有人知道这位战士的名字（图6）。这幅画创作于1470年至1483年间，原型很有可能是韦罗基奥那尊遗失了的青铜浮雕。除此之外，这名男子的相貌和韦罗基奥作于威尼斯的骑士雕像上的巴托罗米奥·科莱奥尼[1]的面部表情极为相似（图5）。事实上，这幅素描和这尊文艺复兴时期最著名的雕像之一确实有联系，这可以从一个迄今为止很少有人注意的细节中看出：在列奥纳多的作品中，战士的盔甲上有一只长着翅膀的狮子，这是威尼斯的象征，正是这座城市委托制作了这位雇佣兵队长的雕像，并负责保管这一财产。这个大项目的合同签订于1483年。在这之前人们还为这一项目展开竞争。列奥纳多正是在这样的情况下给自己的老师提供了一个设计方案，也就是这位全副武装的士兵的素描，随后，韦罗基奥是否根据这一方案完成了雕像的建造呢？这么说来，这位青铜男性挑战似的检视世界的目光，其实就是列奥纳多的目光吗？在列奥纳多的作品中，这类"有着钢铁决心"的人物还会出现，比如《最后的晚餐》中的人物形象。在这幅画中，列奥纳多赋予了耶稣十二门徒中的一位这种特点——不是别人，正是巴多罗买（Bartholomew），科莱奥尼（Bartolomeo Colleoni）的名字也是为了纪念这位圣人。

韦罗基奥于1488年逝世。巴托罗米奥·科莱奥尼的骑马雕像由亚

---

1. 巴托罗米奥·科莱奥尼，文艺复兴时期威尼斯军事将领与风云人物，因治军有方而闻名遐迩。

历山德罗·莱奥帕尔迪继续完成，并于1496年揭开面纱。铜像的镀金工作一直持续到最后，但是今天那些镀金表层已经不复存在。

图5：由安德烈·德尔·韦罗基奥创作设计，亚历山德罗·莱奥帕尔迪铸造的《巴托罗米奥雕像》（1480—1492），青铜，曾镀金，威尼斯，圣若望及保禄广场

图6：列奥纳多·达·芬奇，《战士》（据推测为巴托罗米奥·科莱奥尼，1470或1480? 1483? ），银尖笔，奶油色纸，28.7厘米×21.2厘米，伦敦，大英博物馆

褪色的庆典

当然，佛罗伦萨的大型艺术家工作室并不总以创作不朽的作品为

宗旨。例如，卢凯塞画家马勒·巴托罗米奥·普奇尼在1468年的一份合同中保证，用于制作一幅祭坛画的材料的使用期是20年。韦罗基奥也承接过一些委托，并不需要技艺精湛的艺术大师，只需要有经验的技师。前文提到过的圣母百花圣殿的穹顶由工匠布鲁内莱斯基制造完成，韦罗基奥的一项委托任务就是负责穹顶上方悬浮的镀金球，并且把它及其上方的十字架固定好。通过这一项目，韦罗基奥进一步提高了自己的声望。从1468年至1471年的3年时间里，他的团队一直专注于这一项目的工作。多年后，年迈的列奥纳多依然难忘这段刻骨铭心的工作经历。然而，1601年，镀金球被闪电击落后成了碎片，后来又被修复好了。所以，迄今为止，列奥纳多的老师的这一金色作品依然是佛罗伦萨一道亮丽的风景线。

　　用诗人安杰洛·波利齐亚诺的话来说，这样的佛罗伦萨是一座"辉煌灿烂、生机盎然"的城市。庆典上的装饰品、狂欢节花车、列队的旗帜、舞台布景和军队的小四方旗等装点着这座城市，与韦罗基奥工作坊相类似的团队会承接这样的业务。这些装饰物大多由廉价材料制成，用过之后便不见踪迹，当时的人感到眼花缭乱，但干巴巴的编年史对之却几乎一笔带过。不过，承接这类型的工作确实能赚不少钱。锡耶纳画派画家彼得罗·德·乔瓦尼设计一面庆祝活动的列队旗帜挣了55个弗罗林，路加·西诺雷利[1]制作一幅较小但人物装饰丰富得

---

1. 路加·西诺雷利，意大利文艺复兴时期的重要画家之一。

多的旗帜挣了20个弗罗林。这些收入中的一半以上可能都花在了制作所用的金子、木头和颜料上。事实上，这类实用艺术品的价格取决于材料，还有作品上人物的数量以及加工面积的大小。除此之外，艺术家的级别也是一个因素，不同画家的收入就可以证明这一点。位居首位的画家皮耶罗·德拉·弗朗西斯卡制作一面游行队伍的旗帜可以挣多少钱呢？32个弗罗林大金币。如果换作内里·迪·比奇，则只需要花两三个金币。

在这类艺术品中，只有一件能够多少反映出一些1475年1月底的一场美第奇家族庆典场景的情况，这是一幅三角形构图的作品，被绘制在一张14.8厘米×25.9厘米的纸上，如今保存在佛罗伦萨乌菲兹美术馆。画面上，爱神正要唤醒一位沉睡中的仙女——或者说她就是维纳斯（图7）？这幅作品体现了韦罗基奥工作室的风格。绘制画面左边和爱神下方植物的人应该是列奥纳多。这幅作品的附注信息写明了美第奇家族从韦罗基奥那里订购的作品。其中提到了一面绘有"挥舞着翅膀的天使"的小四方旗，这是为"朱利亚诺的旋转木马"准备的。这里指的是节日期间在圣十字圣殿前的广场上举行的骑士比武。这一热闹轰动的场面最终由艺术家转变为以外交为目的的艺术品。在前一年，也就是1474年11月，佛罗伦萨、威尼斯和米兰结成联盟，与教皇及那不勒斯形成对抗之势。意大利的权力分配终于重新获得了平衡。

图7：安德烈·德尔·韦罗基奥/列奥纳多·达·芬奇（？），
《维纳斯或宁芙和丘比特》（1475），铅笔，羽毛笔，轻微以棕色晕染，
14.8厘米×25.9厘米，佛罗伦萨，乌菲兹美术馆

事实上，美第奇家族自己也在庆祝。骑士比武让我们想起了过往辉煌的骑士文化和勃艮第宫廷文化，其风潮当时吸引了整个欧洲宫廷。积极参与中世纪骑士比武一直以来都是贵族令人艳美的特权。对美第奇家族来说，这样的轰动场面意味着迈向更高的社会阶层。美第奇家族缺少的是自己的传统。这个家族对艺术不计成本的赞助有更深层的原因。他们的城市宫殿和别墅规模巨大，服饰极度奢华，马匹都有高贵的血统。他们所付出的一切都是为了让人忘记这一事实：现在占领佛罗伦萨的并不是一个有千年历史的家族，而仅仅是货币商贩的后代。1469年，伟大的洛伦佐与罗马贵族之女克拉丽丝·奥尔西尼结

婚，这标志着他向蓝血贵族的特权阶级迈了一大步。这场婚姻实质上是金钱和贵族传统的联姻。在当时，对一场婚宴而言，一场华丽的骑士比武可谓是重头戏。

1475年，那场庆典中的"骑士比武"要归功于美第奇家族的"签约"诗人安杰洛·波利齐亚诺。游行队伍的旗帜展现了他的诗篇《比武篇》的主题。这一作品的背景是朱利亚诺·德·美第奇向美人西蒙内塔·韦斯普奇（1453—1476）求爱的故事。这位热那亚女人被朱利亚诺誉为"美人中的女王"，他为了这位美人参加了骑士比武，并且赢得了比赛的胜利。

文艺复兴时期的柏拉图主义讴歌天堂与世俗的爱情，波利齐亚诺据此写成了诗歌。诗中的主人公朱利奥的原型实际上就是朱利亚诺。爱神丘比特用一头白色的牝鹿引诱猎人朱利奥进入了森林，让他邂逅妖娆美丽的仙女。就这样，朱利奥（朱利亚诺）承受了"爱神丘比特种下的甜蜜又痛苦的负担"。波利齐亚诺通过这个故事用史诗般的描述呈现了自然和维纳斯的宫殿，同时还赞美了资助者"劳罗"，也就是洛伦佐·德·美第奇，"在他的保护伞下，幸福的佛罗伦萨沐浴着和平"。而诗中的仙女不是别人，正是西蒙内塔，她以"优雅的形象"出现。她的白裙上装点着花朵，眼中满溢着甜美的宁静，明亮的脸庞上弥漫着一丝玫瑰的气息。"她用白皙明净的手撩起裙子/裙子被提起来/裙角上沾满了花朵。"波利齐亚诺的这一诗篇是否为波提切利的两幅名作《春》和《维纳斯的诞生》提供了创作灵感尚有争议，但毋庸置疑的是，和波提切利的画作一样，波利齐亚诺的诗篇将我们带至一个远离尘世邪恶的和平世界。诗中的一段讲道："这周围的空气无比温和，到处都闪烁着爱的光芒。"

与韦罗基奥和列奥纳多一样，波提切利也为朱利亚诺·德·美第奇的骑士比武场景创作了一面旗帜，描绘了帕拉斯·雅典娜的形象，原型很有可能是西蒙内塔·韦斯普奇——也被视为波提切利的《维纳斯的诞生》中维纳斯的原型。现藏于法兰克福施泰德博物馆的一幅画像，如果展现的确实是朱利亚诺·德·美第奇所崇拜的这位女士[1]，那么说她是佛罗伦萨最美的人完全不过分——当然也是已婚女子，并且最终遗憾地因病离世。

波提切利画作中的"时尚"元素尤其可以从女性精心设计的发型上看出来——她们的"ghirlande"（辫子）。意大利画家吉兰达约的本名是多梅尼科·比戈尔迪，据说将发型时尚引入佛罗伦萨绘画的人就是他，这也为他赢得了"吉兰达约"的外号。即使是一个心灵手巧的发型师也要花上几小时才能完成像施泰德博物馆中的那幅肖像画中的精致漂亮的发型。辫子要编起来，珍珠串和红丝带要绑在一起，发饰要加进去，还要再插上用苍鹭羽毛做成的羽饰。列奥纳多对这种展现女性美的配饰及其"情色吸引力"并不是特别感兴趣。用波利齐亚诺的话来说，他画笔下的大多数女性都有一头自然下垂的头发，他早期

---

1. 这里指的是德国法兰克福施泰德博物馆收藏的波提切利的作品《年轻女子肖像》（1480—1485）。

的圣母像就能证明这一点。直至开始研究勒达[1]的头像，也就是1505年左右开始，他才再次开始关注当时女士的发型风格（图8）。

图8：列奥纳多·达·芬奇，《勒达头部研究》（1505—1510?），羽毛笔，墨水笔和黑色粉笔，20厘米×16.2厘米，温莎城堡，皇家图书馆

---

1. 希腊神话中斯巴达的美人。

圣母玛利亚肖像

　　列奥纳多在佛罗伦萨接到的最早一批委托订单应该要归功于他父亲的关系网。《圣母领报》可能是他独立完成的第一幅作品，这幅画在1867年进入乌菲兹美术馆之前藏于奥利韦托山的圣巴托洛米奥教堂。瑟·皮耶罗曾经担任这所小教堂里修士的公证员。这所教堂于1472年被翻修一新。所以可能的情况是，修士们想用新的画作来装饰祭坛，就把这一任务委托给了列奥纳多。这幅画究竟是在列奥纳多参与制作韦罗基奥的《耶稣受洗》时同时创作的，还是在那之后完成的，尚无定论。

　　很长一段时间，就《圣母领报》是否真的完全由列奥纳多一人所作这一点，人们争议颇多。画中的一些缺陷和错误引发了这些怀疑，人们不愿意把这些错误归咎于列奥纳多。根据透视法和玛利亚的姿态来看，她的右手应该要再"往后"一点，也就是往左移——看一看右膝的位置就知道了！另外，左上方风景中的一些树木看起来则像是出自同时代一个中规中矩的画师之手，比如平图里乔（约1452—1513）。然而，在下方，一幅无与伦比的"列奥纳多式风景画"却赫然铺开，天使加百列的双翼之下是蒙苏马诺式的风景。这位大天使肩膀上长出的翅膀"逼真"得仿佛就是鸟的翅膀。他跪在一片非常写实的草地上，而不是像波提切利所绘《春》中的美人们脚下铺展开的百花地毯。天使的左手中握着一枝白色的百合花，象征着这位纯洁的女人将会以处女之身迎接自己的儿子。从诵经台和大理石上倾泻下来的薄纱是如此轻柔，当时能画出这种效果的人寥寥无几。

圣母是以年轻貌美的女子形象出现的。按照当时的风尚，她的眉毛都被拔掉了。根据传统，她的手势表现出对天使现身的惊讶乃至惊愕，这与她平静的姿态和放松的表情形成了鲜明的对比。画家是想通过这一对比表现出玛利亚对这一历史救赎之重要性的预见吗？证明这幅画是列奥纳多亲笔之作的证据之一是：有些地方的色彩是用手指和鱼际部位涂抹的，已达到平滑过渡的效果。这是典型的列奥纳多式画法。同时，他还在蛋彩画里混入了油。

列奥纳多对各种并不陌生但仍然不同寻常的黏合剂的实验并不总是能达到最佳效果。他的另一幅早期作品《持康乃馨的圣母》干瘪的表面就能证明这一点（彩图6）。也许是为了争取更多的创作时间，列奥纳多在颜料中加入了大量的油，可惜他的用心并没有得到好报。佛罗伦萨建筑师和建筑理论家安东尼奥·迪·皮耶罗·阿韦利诺（约1400—1465，另一个更广为人知的名字是"菲拉雷特"，也就是"美德之友"的意思）认为：对懂得油画的画家而言，油画是美好的艺术。而列奥纳多在创作《持康乃馨的圣母》这幅小画的时候，显然还没有完全熟悉油画的技术。现在，人们普遍认为这幅画确实是列奥纳多的作品，精心绘制的风景背景和右下角同样设计精巧的水晶花瓶都说明了这一点。只有弗拉芒人同样懂得如何用油脂表现出如玻璃般剔透的透明度。这幅画中的圣母在韦罗基奥的肖像画中有对应的形象，同时，它与皮斯托亚主教座堂里的洛伦佐·迪·克雷蒂的《广场上的圣母》也有明显的相似之处。至于究竟是谁效仿谁的作品就不得而知了。

　　《持康乃馨的圣母》今天保存于慕尼黑，像这样的室内圣母像[1]在文艺复兴时期的佛罗伦萨就有几千幅。这种绘画在中世纪后期出现得越来越频繁，说明人们对救赎的渴望越来越强烈，就像宗教改革前的欧洲一样。佛罗伦萨到处都有圣母的祭坛。圣母以湿壁画的形式出现在建筑立面上，或者被神龛包围着，就这样守望着佛罗伦萨的街道和广场。作为上帝旨意最重要的传递者，圣母玛利亚也出现在每一个佛罗伦萨的家庭中，其中也包括列奥纳多的父亲瑟·皮耶罗的家中。圣母像通常放置于卧室中，当时的卧室不像今天这样注重个人隐私。它对客人敞开，同时会辅之以一定的装饰。老美第奇自己的卧室里有两件圣母像作品，其中一件是绘画，另一件是一个陶土像。内里·迪·比奇甚至向一位客户承诺，在完成一件刚刚订购的圣母神龛之前可以先借给这位客户一幅参考图片——一幅特地为寝室准备的圣母玛利亚的画像。显然，客户一天都无法离开圣母玛利亚的身影！不仅仅只有内里在批量订制圣母像。"大师"的作品也是经常被模仿的对象，比如韦罗基奥或者吉兰达约的作品，如果是雕塑，可能就会用安东尼奥·罗塞利诺和德斯德里奥·达·塞蒂尼奥诺的作品。列奥纳多《持康乃馨的圣母》的构思也受到了后者浮雕作品

---

1. 室内圣母像是一种特殊类型的玛利亚画像，挂在房子的墙角或房子的门廊上面，也可以挂在教堂的门廊、公共建筑和城门上。

的启发。

很多这样的画作都是直接针对市场创作的，在画家的工作室里就可以买到。列奥纳多自己也建议，手边要一直备一些这一类型不同价位的优质作品。像内里·迪·比奇这样的大客户通常会订购几十件石膏浮雕，然后再让自己的雇员在工作室里设计上色。雕塑家们则会委托画家为雕塑上色。朱利亚诺·达·马亚诺（1432—1490）就请诸如阿莱西奥·博多维纳蒂这样的顶级艺术家来完成这样的"低级"工作。如今存世的著名的大型圣母绘画都是接受订单委托所作。

不仅是不知名的小艺术家，赫赫有名的大师也会对自己的作品进行重新审视，彼此之间还会互相抄袭。因为难以将波提切利圣母画的真迹与其他风格相似的作品区分开来，艺术品鉴赏家和商人伯纳德·贝伦森（1865—1959）感到十分沮丧。于是他干脆虚构了一个形象：一位"桑德罗的朋友"[1]。这位无名的艺术家应该在波提切利这位大师的身边工作过，同时在自己的作品中还娴熟地借鉴了大师的各种风格。就像列奥纳多的"朋友们"一样，人们也只是想以此来挽救列奥纳多偶尔"被困"的不知所谓的艺术尝试、衣褶研究，或者希望世人忘记，这些不那么精彩的作品是出自列奥纳多之手。据瓦萨里说，列奥纳多在工作室的同事洛伦佐·迪·克雷蒂的第一幅作品是参照韦罗基奥的一幅素描完成的，是一幅有圣母形象的圆形

---

1. 即桑德罗·波提切利。

图画，后来还有一幅圣母圆形图画是参照列奥纳多的一件作品完成的。洛伦佐的作品和原作几乎无法区分。瓦萨里的这种评论并不是在批评洛伦佐，而是赞美：能媲美艺术大师的作品，即便是模仿也并不羞耻。通过这样的评价可以看出，在人们眼中，艺术家仍然是掌握精湛技艺的工匠。

一些顶级艺术家制作的圣母像，乃至一些简单的小型圣像，也能超出一般的平均价格，这说明人们越来越注重作品的原创性，或者说是对艺术作品的欣赏能力越来越强。列奥纳多认为："没有超越自己老师的学生是不幸的。"他的许多绘画都打破了传统，现藏于艾尔米塔什博物馆[1]的《柏诺瓦的圣母》（彩图7）就能证明这一点。圣婴耶稣用严肃的目光审视着一朵白色的花——有可能是芝麻菜花，十字形花朵预示着基督受难。圣母玛利亚在一旁微笑着。当时的人们一定会赞赏这幅画和谐的色调，柔和的阴影和褶裥，但最出彩之处莫过于通过面部表情和手势展现出的母子间的交流。正是因为这一特点，列奥纳多的肖像画得以与前辈的作品相区分开来。和《持康乃馨的圣母》一样，这幅藏于圣彼得堡的画属于小幅作品，也就是画幅最大值约为88厘米的作品。这类作品一般都不贵。通过这样一幅画作，列奥纳多有可能赚得几百个索尔多。

有些人会想，为什么从1470年到1480年的整整十年间，列奥纳

---

1. 艾尔米塔什博物馆，又译为隐士庐博物馆，位于圣彼得堡，是世界四大博物馆之一。

多的画作只有少量得以保存下来，这就要说到15世纪佛罗伦萨的分工了。韦罗基奥的工作室是当时佛罗伦萨的带头者之一，订单总是源源不断。仅仅是1475年的美第奇庆典活动，就有大量的作品需要设计和绘制。即使是训练有素的团队也不可能在几天内完成全部作品。1444年，彼得罗·德·乔瓦尼为博戈圣塞波克罗市的一个教会团体绘制了一面游行旗帜，面积差不多有6平方米，工作期限是5个月。皮耶罗·德拉·弗朗西斯卡创作一件类似作品的工作期限是一年。除了忙着画骑士比武旗帜之外，列奥纳多很有可能还得为他的老师和其他雕塑家给雕塑上色。虽然没有资料能直接证明这一点，但这也说明了事情的部分真相。也就是说列奥纳多并没有为这种小订单任务签过合同，口头协商就足够了。

列奥纳多应该是一个相当勤奋的工匠，他的技能也许为他在韦罗基奥的团队中赢得了一席之地。然而，在1476年4月，列奥纳多平静的职业生涯突然被打断了。在一个可以匿名告发他人，被称为"真相洞"的小箱子里，有人发现了一份爆炸性的检举信。信的内容涉及列奥纳多的同性恋丑闻，在此暂不赘述。

4.为大亨和僧侣作画
列奥纳多的奇袭

1478年1月10日，佛罗伦萨政府交给列奥纳多一项重要的委托任务，而他也借由这一任务成为受国家重视的核心人物。他要为政府宫殿（也就是今天的维奇奥宫，又称旧宫）的修道院小教堂画一幅祭坛画。这个献给圣伯尔纳铎[1]的小礼拜堂是为"艺术行会"而设的。很不寻常的是，在这一任务交给列奥纳多前不到两星期，它被交给了皮耶罗·德尔·波拉约洛，也就是安东尼奥·德尔·波拉约洛的弟弟。就像经常出现的情况那样，"皮耶罗"也被提醒要"尽可能快地"用珠宝和黄金完成这幅画，一幅"符合拥有它的佛罗伦萨共和国形象"的作品。在画作被放置在祭坛上的时候，委托方就会付清费用。

可是接下来，负责这个项目的建筑委员的突然决定让人十分意外。新的决议用烦琐的法律术语编写而成："不管到今天为止已经缔结过什么条约，不管以什么方式与谁缔结了条约，上述佛罗伦萨政府的人民宫殿圣伯尔纳铎祈祷堂中的祭坛画将交由画家列奥纳多·瑟·皮埃里·德·芬奇奥[2]重新完成，作品必须达到上述宫殿建筑委员会对装饰、质地、风格、形式、价格等方面的要求。"1478年3月16日，作为首付款，25个弗罗林金币被交到了列奥纳多手中，这是一笔数额不小的钱。对比一下，1485年，波提切利创作《巴尔迪祭坛画》并没有得到多少回报——35个弗罗林。除此之外还有40个弗罗林用于材料的支出。

---

1. 圣伯尔纳铎，法国修士，改革派僧侣组织发起者之一，是一位神秘主义者。
2. 即列奥纳多·达·芬奇。

　　将委托合同授予列奥纳多，这非比寻常，当时的列奥纳多，是一位在艺术上还完全没有出人头地的画家，但他不仅获得了一笔可观的报酬，还从一位大师的手里抢得了这份宝贵的合同。从刚才引用的合同中的条款就可以看出，委托方和皮耶罗取消前一合同的过程并不十分让人愉快，但最后经商定还是一致同意将这一任务委托给列奥纳多。人们推测，列奥纳多的父亲瑟·皮耶罗的人脉发挥了作用。事实上也确实可能有这个原因，就在1477年，列奥纳多继母的家族兰弗雷迪尼的一位成员就担任了佛罗伦萨一家小修道院的院长。但是波拉约洛家族也和芬奇家族一样，和洛伦佐保持着往来。反正，这位同样也是建筑委员会成员的美第奇家族成员在任何事情上都有最终决定权。

　　对于委托任务的改变，最有可能的解释是，列奥纳多在最后时刻递交了一份与皮耶罗·德尔·波拉约洛提供的"草案"不同的另一种设计。他的方案一定相当有说服力，因此最终已经达成的协议才被取消。那么列奥纳多提供的另一种设计究竟如何呢？列奥纳多最终并没有交付这幅祭坛画，因此，这最终只存在于人们的假想中。

　　其中一个假设源自一个引人注目的事实。在这个小礼拜堂的正面墙上——列奥纳多的作品本来应该悬挂的地方，我们今天看到的画作对这个位置来说似乎有点夸张了。圣母玛利亚、以利沙伯、婴儿耶稣和小约翰同时出现在画面上。这幅画是在1514年左右由一名较为平庸的工匠马里亚诺·佩夏·"格拉齐亚代伊"（1491—1518）

完成的。在这之前，这面墙上并没有"神圣家族"[1]的身影，而是一幅圣伯尔纳铎祈祷堂内的画，很有可能是由"大师伯纳多"，即伯纳多·达迪所作。就连与波拉约洛的合同中也规定，他的画要以圣伯尔纳铎祈祷堂内的画为基础。波拉约洛须参照原作进行绘制。他们必定是在最后放弃了之前的题材。有可能是列奥纳多的参与导致的吗？

　　列奥纳多曾经深入研究过"神圣家族"这一主题。然而，关于这一主题研究的记载直到他晚年时期，也就是1500年左右才出现。诞生于这一时期的列奥纳多的名作《伯林顿府草图》（彩图8），描绘了抱着圣子的圣母玛利亚，还有圣约翰，但是并没有圣以利沙伯，另一个出现的形象是圣安妮。差不多与此同时或者稍晚一点的时候，列奥纳多创作了卢浮宫的那幅《圣母子与圣安妮》（彩图22）。如果说列奥纳多真的用一幅"神圣家族"的草图打败了皮耶罗·德尔·波拉约洛，那么列奥纳多应该很早就该开始研究这一主题了。不得不提的是，文艺复兴早期的佛罗伦萨十分崇拜圣安妮。在瓦萨里所写的列奥纳多的生平中，有一则逸事表明了列奥纳多为这一主题设计的画作草稿引发的轰动。究竟是《伯林顿府草图》在1478年已有了"先行者"，还是这幅画本身就创作于1478年？这个问题还没有答案。同样悬而未决的问题是，为什么最后列奥纳多放

1."神圣家族"是宗教艺术中的流行主题，常表现圣母、耶稣等形象。

弃了佛罗伦萨领主政府的这一荣誉委托呢？

可能的原因是，此时的列奥纳多在佛罗伦萨附近的皮斯托亚市找到了一个新的工作机会。韦罗基奥的工作室在1477年和1478年于皮斯托亚开始了两个大项目：一是为1473年在罗马去世的红衣主教尼科洛·福尔泰圭里制作大理石衣冠冢，二是为纪念红衣主教多纳托·德·美第奇（1436—1474）绘制在广场圣母小礼堂里摆放的祭坛画。有资料证明，这幅祭坛画基本完成于1485年，但实际在1479年之前就已经开始创作了。在签订合同时，韦罗基奥像往常一样提供了一份设计好的艺术品草图。这幅草图是洛伦佐·迪·克雷蒂独自设计完成的。究竟是否像其他作品那样，列奥纳多也参与了这幅作品的设计，尚有争议。同样不能确定的是，创作皮斯托亚附近的圣雅纳略教堂中的彩色陶土天使形象的人是否也是他。

一句隐晦的话表明了列奥纳多和一位来自皮斯托亚的"费拉万特·迪·多梅尼科"关系良好。更有意思的是，同一页纸上的注释表明，在1478年的9月或者12月，列奥纳多开始了新的创作工作，也就是两幅圣母像的制作："……从1478年起，我开始创作两个圣母玛利亚。"但是我们并不清楚他说的是哪一幅"圣母"。不能排除列奥纳多这个时候才开始创作《持康乃馨的圣母》和《柏诺瓦的圣母》，他指的就是这两幅圣母画像。一些素描作品显示，列奥纳多曾经构思过一个圣母的形象，她的膝盖上坐着抱着一只猫的男孩耶稣。最后，一份威尼斯的资料也提到了一件马塞洛·康塔里尼收藏馆收藏的列奥纳多的圣母像。画中的她正把乳房凑向耶稣，想要给他喂奶。但是，这里指的有可能是《哺乳圣母》这幅画，更多人认为它是博塔费奥的作品。但同样有可能的是，列奥纳多在这个时候不得不去完成伟大的洛伦佐委托的一项紧急任务，所以才忽略了圣伯尔纳铎的小礼堂中的那幅画。

被吊死的人和三个洛伦佐蜡像

卢卡·兰杜奇（1437—1516）是一个杂货商，他在自己的年谱里写道："1478年4月15日15时许，在圣母百花圣殿举行的盛大弥撒庆祝活动中，当圣体被举起时，朱利亚诺·迪·皮耶罗·迪·科西莫·德·美第奇[1]死于教堂的圣坛里，就在通往圣母忠仆会的那扇门的边上；洛伦佐·德·美第奇颈部受伤。"后者拔出剑，用裹着手臂的斗篷来保护自己，两个侍从在他的身边。安杰洛·波利齐亚诺用力关上了他身后由卢卡·德拉·罗比亚制作的沉重的青铜大门。洛伦佐得救了。

这里向美第奇家族寻仇的不是"人民"，而是一个敌对的氏族：古老而强大的帕齐家族，这个家族曾经在美第奇家族面前蒙羞。他们的盟友是教皇西克斯图斯四世（1471—1484在位），他帮助自己的侄

---

1. 此处指的应该是皮耶罗一世·德·美第奇。

子枢机[1]吉罗拉莫·里亚利奥抵御了美第奇的激烈对抗，赢得了具有重要战略意义的伊莫拉城。但是由于洛伦佐在刺杀计划中幸免于难，颠覆政权的计划以失败告终。帕齐家族的追随者表达获胜希望的"人民与自由"的呼喊声，在领主广场的上方逐渐散去。"球，球！"的呼喊迎面传来，盖过了密谋者的声音——这里指的是美第奇家族纹章上的六个金球。接下来的场景展现了这座文艺复兴发端城市野蛮的一面。洛伦佐的手下占领了佛罗伦萨旧宫。他们把密谋者从窗户里扔出去，把他们吊在窗外的柱子上。参与了这场阴谋的比萨大主教弗朗切斯科·萨尔维亚蒂同样落得如此下场。萨尔维亚蒂的一个祭司被人群一分为四；这群暴民带着他被叉起的头颅在城中游行，并高呼："叛徒去死吧！"就连死去的雅各布·德·帕齐也没被放过，他先是被安葬在帕齐家族的坟墓里，然后又被挖出草草埋在佛罗伦萨的城墙外。暗杀过了三周后，他的尸体又被挖了出来。即便尸体散发着恶臭，尖叫着的孩子们还是拉着刽子手缠在尸体脖子上的绳子，在小巷子里拖着奔跑，百般凌辱。最后，他们把他扔进了阿诺河里。"雅各布先生沉入阿诺河啦！"人们朝着漂向比萨城方向的尸体吟唱道。这一切都与列奥纳多微笑的圣母、《蒙娜丽莎》和波提切利的梦幻美人同在一个世界……

伟大的洛伦佐这时就像一个带着古老复仇欲望的恐怖公爵，想借势彻底消灭自己的敌人。洛伦佐的祖父科西莫早就注意到，并不是一

---

1. 枢机是天主教中最高职务之一，任命教皇的侄儿和外甥为枢机是一种惯例。

定要通过天父来掌控国家。美第奇家族的权力——现在他被称为"佛罗伦萨的首领"——这时就像"青铜之石"一样稳固。美第奇家族的敌人不是死了就是流亡在外。洛伦佐"大帝"的势力范围之广，或许可以通过杀害朱利亚诺的凶手贝尔纳多·迪·班迪诺·巴隆塞利的下场知晓一二。尽管他一路逃到了伊斯坦布尔，并且向奥斯曼帝国的苏丹穆罕默德二世寻求庇护，洛伦佐的间谍还是找到了他。美第奇家族的使节满载着礼物抵达金角湾，成功引渡了巴隆塞利。他被带到了佛罗伦萨，在经历了审讯和折磨后，于1478年12月29日凌晨被吊死在佛罗伦萨旧宫的一扇窗户上。

就是在这样一个相当混乱的时期，列奥纳多接到了那份委托任务，并且动笔创作了那两幅神秘的圣母像。从他的作品中，我们也能找到这段纷纭往事留下的一丝踪迹：出自他之手的一幅钢笔画描绘了被吊死的巴隆塞利（图9）。从所绘死人的模样来看，眼睛已经深深地陷了下去，这幅画完成的时间应该是行刑后一段时间，即1479年1月的前几天。

也许，这幅画源自针对巴隆塞利的"诽谤性绘画"的委托任务。在公共建筑上贴上这样的图画，是意大利和当时意大利以北的欧洲地区广泛采用的一种谴责方式，用来表达对违约的债务人、罪犯和敌人的不满。也许，在这些人还在逃亡的时候，人们就用这种绘画的形式对他们"执行死刑"。在1478年的大教堂刺杀事件发生后，波提切利立刻将帕齐阴谋的8名主要参与者画在巴杰罗宫的外墙上和旧宫的海关门上面。波提切利还因此得到了40个弗罗林的报酬，也就是每幅肖

图9：列奥纳多·达·芬奇，《贝尔纳多·迪·班迪诺·巴隆塞利》
（1479或1480），棕色墨水，19.2厘米×7.3厘米，巴约讷，博纳博物馆

像的报酬是5个弗罗林。巴隆塞利当时还在逃亡中，所以这8幅肖像不包括他的。也许列奥纳多是稍晚一点才不得已接受了这一任务的，因为波提切利这时候正忙于其他创作。此事对洛伦佐·德·美第奇来说如此重要，以至于他拿起笔在被吊死的班迪诺的图画上加了一首讽刺诗作为补充："我是贝尔纳多·迪·班迪诺，新的犹大/我是教堂里一个致命的叛徒/我叛变是期待着更加残酷的死亡。"

除了这幅画作本身，从列奥纳多的笔记也能看出，他计划要完成一幅这位被行刑者的画像。笔记一丝不苟地记录下了班迪诺衣服的颜色和材质，也就是说，很有可能他正在为一幅彩色绘画做准备："一顶栗色的小贝雷帽，一件缎子制成的黑色短上衣，一顶黑边的风帽，一件用狐狸皮毛做内衬的蓝色斗篷。斗篷的领口处用天鹅绒包裹着，还镶有红黑相间的纽扣。贝尔纳多·迪·班迪诺·巴隆塞利。黑色长裤。"即便列奥纳多真的完成了这样一幅画，那也已经遗失了，因为在1494年，美第奇家族倒台的时候，那些让人联想到帕齐刺杀阴谋事件的画作都被销毁了。

这起谋杀案也为韦罗基奥的工作室带来了订单。朱利亚诺·德·美第奇的临终遗言"阿门"的声音在大教堂的拱顶下尚未消逝，韦罗基奥的工作室就接到了为伟大的洛伦佐制作蜡质还愿像的委托。这一切都是为了感谢上帝拯救了佛罗伦萨的主人。在创作这些人物肖像画的时候，韦罗基奥和他的团队与奥尔西诺·贝宁滕迪（约1425—1498）合作，他也是被称为"造像师"的蜡像雕塑家家族的一名成员。奥尔西诺制作好形象后用油彩给它们上色，再用在蜡里面浸过的布料覆盖在人物上面。提供原型并负责最后上色的也许是韦罗基奥的团队。安德烈应该向美第奇家族交付了三件这样的雕塑作品。洛伦佐在自己的居室内疗伤的时候，其中一件被展示在美第奇宫的一个窗口上。这样做的目的是让人们觉得，在刺杀中受伤的主人身体健康。第二件作品被悬挂在佛罗伦萨圣母领报大殿的门口上方，而第三件则被带到了中部的阿西西市。在阿西西的天使之后圣殿里，蜡质的洛伦佐像在一尊圣母雕像前祷告的画面曾长久定格。

蜡在当时是一种廉价的材料，可以用来替代大理石或青铜等昂贵的材料，还被用以创作有惊人逼真效果的雕塑。从这些还愿物来看，仿佛人们对物化的形象敬若神明，塑造得十分模糊的形象似乎十分高贵。文艺复兴时期的现实主义艺术大概也有两面性。

意大利的大部分教堂里必定都有蜡质还愿像的身影。佛罗伦萨的圣母领报大殿里面就挤满了这些蜡质还愿像，它们都被系在教堂内的天花板上，就像被吊死的人一样，在编织绳上晃来晃去。如果绑着它们的绳子腐烂断掉，蜡像就会掉下来砸伤参观者。因此，这些如幽灵般存在的人像在18世纪就都被清除掉了。也许列奥纳多的作品就在其中，但最终也被扔进了垃圾堆里。

画一幅画，获得一片耕地

1476年后的某个时候，列奥纳多成立了自己的工作室。从1480年的地籍记录来看，他当时已经不再是其父亲家庭的户籍成员了。在瑟·皮耶罗的户籍中，除了他的第三任夫人，22岁的玛格丽塔·朱莉之外，还有他们的两个儿子，以祖父名字命名的安东尼奥和一岁的朱利亚诺。也许后者的名字会让人们想到伟大的洛伦佐被刺杀的弟弟，他也曾是列奥纳多的客户。

当时列奥纳多的工作室究竟有哪些成员并不是特别清楚。在博洛尼亚领主乔瓦尼·本蒂沃利奥（1443—1508）写给洛伦佐·德·美第奇的一封信中，他提到了一位"来自佛罗伦萨的保罗·德·列奥纳多·德·芬奇"，也许当时在列奥纳多的工作室工作。从一封写于1479年2月4日的信中可以看出，由于美第奇家族的干预，这位保罗在博洛尼亚被囚禁了6个月。囚禁的原因是"不良生活方式"——也许指的是同性恋行为。本蒂沃利奥提到，保罗之所以被监禁，是因为人们想让他好起来，让他远离给他带来不良影响的生活环境。囚禁结束后，保罗想在本蒂沃利奥那里工作，希望做镶嵌工的活，想再次入籍佛罗伦萨，同时还通过本蒂沃利奥向洛伦佐求情。我们不知道本蒂沃利奥的请求有没有被批准。可以肯定的是，列奥纳多这时雇用了一名工匠。也许这位工匠像波提切利或者皮耶罗·德拉·弗朗西斯卡一样，先设计出镶嵌细工的草图，然后由保罗根据草图进行制作。

作为独立工匠，列奥纳多最早的一批订单中可能就有《圣哲罗姆》（彩图9）。可以想象，这幅画是为巴迪亚的一个小教堂而作的；1478年，瑟·皮耶罗向巴迪亚教堂的修士们发放了一笔高达364个弗罗林的贷款。所以，他很有可能强烈推荐自己的儿子承接委托。这幅画如何到达罗马，被当时的梵蒂冈绘画陈列馆收藏在哪里，现在都无人知道。

在之前的安德烈·德尔·卡斯塔尼奥的一幅湿壁画和韦罗基奥的创作圈子里，都能找到没有胡子的哲罗姆形象。同样不清楚的是，这幅《圣哲罗姆》的初步设计图是否出自列奥纳多，也许，列奥纳多是在研究了韦罗基奥所作的圣哲罗姆像后才创作了自己的作品。从这幅未完成的画作上人物的颈部可以看出，列奥纳多在这期间对解剖学知识肯定已经相当了解。这幅画呈现的故事的"剧本"是《黄金传说》——中世纪晚期被广泛阅读和使用的基督教圣人传记集——中的一个段落，此书讲述了教皇达马苏斯一世传召哲罗姆到圣地罗马，希望他改革教会。列奥纳多呈现了这位教父苦行修炼的画面，并希望借此消灭所有的肉欲。也许像传说中的那样，这幅流传至今的素描勾画出了耶稣曾经被埋葬的洞穴，在他逝世近一个世纪之后，哲罗姆自己也被埋葬在这个洞穴的入口处。在圣人的面前躺着一头狮子，根据《黄金传说》中的讲述，圣人曾从这只狮子的爪子里拔出了一根刺。在那之后，这头狮子就变得温驯了。

1481年7月，列奥纳多的工作室终于迎来了一丝光亮。当时，他与圣多纳托的奥古斯丁修士签订了为他们的教堂创作一幅主祭坛画的合同。合同虽然没有涉及这幅画的主题，但肯定提到了乌菲兹美术馆中的那幅《三博士来朝》（彩图10）。从合同内容来看，我们可以得出结论，列奥纳多在1481年3月就已经开始创作这幅画了。协议规定，这幅作品应在两年内完成，但交付日期可以略微延长，最晚不能迟于30个月。如果画家没能按期完成，那么修士有权按自己的意愿处理。作为报酬，列奥纳多会得到埃尔萨谷三分之一的地产。

这些地产是弗朗切斯科兄弟的父亲西莫内留给修道院的捐赠。西莫内在他的遗赠中附加了一个条件，即僧侣们可以在这项工作完成三年后以"300个密封弗罗林"的价格买回转让给列奥纳多的地产份额。在此期间，列奥纳多不能转让自己的地产。他必须自己负责颜料和金料，还必须支付其他相关费用。此外，他还必须为名叫萨尔韦斯特罗·迪·乔瓦尼的人的"小女儿"提供150个弗罗林嫁妆中的28个弗罗林。这笔钱要投资于"礼品山"，这是对佛罗伦萨公共财政很重要的一项基金，因其高额的利息而受到欢迎。

这一复杂的合同在当时并无独特之处。当需要筹集大量资金用以支付顶尖的艺术家们的佣金时，使用不动产的形式十分普遍。以皮耶罗·德拉·弗朗西斯卡在他的家乡博戈圣塞波克罗的一项意义重大的项目为例——也就是奥古斯丁教堂里的一个多联画屏——1454年，他应从这一项目中获得320个弗罗林金币的报酬，其中150个以现金支付，其余则由委托者以一块耕地的形式支付。在另外一个例子中，列奥纳多的一项工作报酬是一个葡萄园，他也因此成了一名葡萄园主。

起初，列奥纳多满怀热情地投入《三博士来朝》这一作品的创作中，他用钢笔画出草图，让人给一块面积超过6平方米，用10块木板黏合在一起的画板上底漆。但是，他并没有让人用煤灰将草图绘制在画板上，而只是勾勒出了一些想法，还为局部画面提供了备选方案。这样一来，我们不仅可以观察到他的作画过程，还能看到他的思考轨迹。寥寥几笔，他就在背景中规划出了一道道崎岖的山间风景。在画面最右边的边缘处，可以隐约看到原本应该位于画面中央的畜栏和必不可少的牛。只有树木的枝条是用清晰的轮廓描画出来的。大卫宫殿的废墟看起来是按照透视法精心描绘的，这些废墟让人想起《旧约》中的先驱。在前景中可以看到耶稣是如何接受博士的第二件礼物乳香的。包括蹲着的约瑟夫在内的观众，都和男孩耶稣保持着距离，仿佛害怕圣人的法术似的。一个男孩似乎是为了遮挡住神光而伸出双手，基督右边老者的额头被遮住。几个人的手指着那颗指引三位王者的星星，有的人双眼正在寻找那颗星星。阿尔贝蒂要求这幅画必须要表现出多样性，这一点，列奥纳多当然已经做到了。他的作品完全符合他那个时代的审美标准。他不满足于只完成要描绘的人物数量，同时也注意精心安排好每个人的形象和位置，从而使人物众多的画面显得庄重而有节制。

虽然这幅画的有些细节遵循的可能是传统的方式，也有可能提炼自前人的作品，比如，波提切利在半个世纪前完成的这一主题画作。站在前景左边沉思的老者让人想起马萨乔绘画中雕塑般的人物，比如《纳税银》中的彼得。但列奥纳多构思的这幅画看起来描绘的像一个他的同时代人从未留意过的神圣剧院。虔诚的主题似乎只是一面为了展示手势和身体姿态而设的屏障，只是为了呈现中心的马儿形象——安东尼奥·德尔·波拉约洛曾经示范过，列奥纳多也做了大胆简化。即使是在未完成的状态下，这幅画也是绘画艺术的一个奇迹。这下大家就可以理解，为什么这位画家还不到30岁，就已经能够得到行业中最出类拔萃的人才能获得的薪酬。

　　从与圣多纳托的修士们缔结的复杂协议中可以看出，瑟·皮耶罗十分有法律头脑，他为其他人经办的协议也能体现这一点。显然，在协商付款条件时，他会考虑双方的需求。事实上，列奥纳多还没有能力履行合同中规定的资金上的义务。从档案中的一条记录可以看出，修道院不得不借给他28个弗罗林，这样他才能预留出款项用于"礼品山"。这条记录的撰写者记录道："时间一晃而过，我们有可能处于劣势。"除此之外，修道院还花了一个半弗罗林从耶稣会"玫瑰圣母堂"那里买了颜料：一盎司的群青和另外一种用锑和铅制成的淡黄色调的"那不勒斯黄"，也就是"铅锡黄"。

　　这里提到的"玫瑰圣母堂"是一个按照宗教规则生活的平信徒团体。他们在圣朱斯托生产彩色玻璃花窗并频繁进行着颜料交易。根据瓦萨里的说法，佩鲁吉诺曾应修道院院长的委托在修道院的十字形回廊中绘制了一幅《三博士来朝》湿壁画。"这座修道院里有无数不同的头像，还有不少画得十分逼真的肖像画，其中就有他的老师安德烈·德尔·韦罗基奥的作品。"由于该修道院在1529年西班牙军队围攻佛罗伦萨时被拆除了，我们也就无从考证列奥纳多《三博士来朝》的构思是否为这幅湿壁画提供了灵感。

　　从与佛罗伦萨领主和圣多纳托修士签订的高薪合同来看，这时的列奥纳多——无论是出于什么原因——已是一位享有声望的画家了。与此同时，圣多纳托的修士还在等待着祭坛画的交付。瓦萨里写道："他为吉内薇拉·德·班琪作了一幅肖像画，这是一幅非常漂亮的画作，因为他把修士们的委托任务抛在了脑后，所以这份工作又回到了菲利皮诺的手上。有可能是因为死亡，这幅画没有完成。"这段话中的最后一个说法是不正确的。事实上，菲利皮诺·利皮直到1496年才完成了他的《三博士来朝》，得到的报酬和之前答应给列奥纳多的一样多，300个弗罗林。与这一错误说法相反，列奥纳多很有可能是在1478年至1480年收到了为吉内薇拉创作肖像画的委托，并把这一任务排在了其他工作前面。这幅肖像画（彩图11）一直由列支敦士登王室收藏，直到1967年出售给了华盛顿国家美术馆。

美国的《蒙娜丽莎》：吉内薇拉·德·班琪

这幅肖像画最终以500万美元成交，在交易过程中，吉内薇拉得到了"鸟"的代号。生意进行顺利，艺术品修复家马里奥·莫代斯蒂尼带着这位女士前往美国，出发前，他发出了一封电报，上面只写着一句话："鸟儿飞了。"他把装有"价值连城之宝"的恒温箱放在了自己一等舱的座位旁，而这个位置原本是预留给"马里奥·莫代斯蒂尼夫人"的。

这幅美国的《蒙娜丽莎》的肖像画应该出自列奥纳多一人之手。然而，不知何时，这幅画却被裁剪过了。无论如何，就像后来的《蒙娜丽莎》一样，该画依然让我们看到了一个双手交叉的年轻女子的影像。列奥纳多的一幅素描也许与之相关，同时也为上述推测提供了佐证，类似的作品还有被认为是韦罗基奥之作的那尊戴花环的半身女子大理石雕像——她那只扣了一个扣子的衬衫，还有发型，看起来就像立体版的《吉内薇拉》。吉内薇拉的四分之三侧面像打破了佛罗伦萨的传统，此前的女性肖像画都是侧面像。只有一些荷兰画家，如扬·范·艾克、罗希尔·范德魏登和彼得鲁斯·克里斯蒂，曾经画过类似角度的作品。

画中描绘的吉内薇拉·德·班琪出生于佛罗伦萨最富有的家族之一。就像列奥纳多其他的赞助人和朋友一样，她的父亲阿梅里戈·迪·乔瓦尼（1432—1468）也是美第奇的追随者。大约在1463年之前，他一直担任美第奇家族银行日内瓦分行的行长：吉内薇拉（Ginevra）[1]的名字就会让人想到这一点。画面的背景上，列奥纳多绘制了一根杜松枝（意大利语为ginepro），暗指画中描绘的人的身份，也就是吉内薇拉的名字，除此之外，还有一株彩绘的杜松树的小树枝。文献记录还会进一步帮助我们揭示画中人物的身份。安东尼奥·比利说，列奥纳多为吉内薇拉·迪·阿梅里戈·班琪绘制的肖像画如此出神入化，仿佛"画面上的人物只能是她"。画像背面的题词对她的脸部进行了评论："VIRTUTEM FORMA DECORAT"（"美装饰道德"），或者可以翻译成"她通过美装饰道德"。这句话让人想起了对于美与善关系的讨论，也就是佛罗伦萨新柏拉图主

----

1. 日内瓦在意大利语中为"Ginevra"，和吉内薇拉（Ginevra）一样。

义者马尔西利奥·费奇诺（1433—1499）所写的《论爱或柏拉图的飨宴》中的核心主题。爱神在其中作为一位极乐之神出现，象征着美丽和善良的完美结合。吉内薇拉的父亲和另一位姓班琪的人——托马索·班琪（1427—1470）——一样，也和费奇诺的圈子有联系。费奇诺甚至让托马索参与了柏拉图《飨宴篇》的翻译工作。不过，他们两个人都不可能是这幅画作的委托人，因为在这幅画创作的时候，两人都已经不在人世了。背后的题词只表明了这幅画表现的主旨。

用X光射线检查写有这句题词的横幅后，一个原本看不见的第三方也被带入了我们的视野中。根据显示的内容，这条横幅上之前曾写有"VIRTUS ET HONOR"的字样，即"美德与荣誉"。这句话很可能是威尼斯外交官贝尔纳多·本博（1433—1519）的座右铭。但是，这句话的背后究竟有着怎样的故事呢？

在1475年年初，本博就已经进入以马尔西利奥·费奇诺和洛伦佐·德·美第奇为中心的圈子。他之所以留在佛罗伦萨，是因为我们之前已经提到过的与那不勒斯及教皇形成权力对峙的联盟谈判。当然，他当时也是朱利亚诺·德·美第奇那场骑士比武的观众之一。当朱利亚诺向美丽的西蒙内塔献殷勤的时候，贝尔纳多的小女朋友不是别人，正是吉内薇拉·班琪。对这个威尼斯人来说，这种追逐游戏也只是一种愉快的消遣。带动这一风气的是诗人。其中一位名叫亚历山德罗·布拉切西，他描述了这位美人在去佛罗伦萨圣母领报大殿做礼拜的时候故意把她的紫罗兰花束掉在地上，这样诗人就可以捡起花束，把它送到她希望送到的人手中，也就是那位贝尔纳多。不知道被列奥纳多裁掉的吉内薇拉的手中是否也曾握着一束紫罗兰呢？

本博也是一位柏拉图哲学的爱好者，他在费奇诺作品的一份手稿的边缘从自己的角度写道：吉内薇拉是"最美丽的女人，并且以美德和谦逊著称"。在另外一处，他记下了克里斯托弗罗·兰迪诺的诗句。这些诗句让人觉得诗人想到了吉内薇拉的那幅肖像画："爱……爱着美丽之物，对美丽之形感到愉悦／凡是善良的，都是美丽的／凡是可耻的，都是邪恶的／所以爱神要求美好之物，避开邪恶之物。"

吉内薇拉的画像很有可能是本博在1478年至1480年又一次在阿诺河畔停留的时候委托制作的。在列奥纳多的所有作品中，这幅画是最受"弗拉芒风格"触动的画作。因此，它应该完全符合本博的口味。1471年，本博曾以"威尼斯大使"的身份入住查理一世的宫廷，在那儿感受到了勃艮第宫廷"秋日的华丽"。他得到了汉斯·梅姆林（约1433—1494）的画作，自己还成功藏身于梅姆林的《持罗马硬币的男子肖像》身后：画面下方边缘处的两片月桂叶和一棵棕榈树在欧洲中部的风景中展开自己的枝叶——正是同样装饰了本博座右铭的美德与荣誉的象征。这都为画中人物的身份提供了最有力的证据。

吉内薇拉的肖像画看起来抓住了美和触不可及的神秘之间的一种张力，她的表情让这种张力弥漫在自己身边。杜松树丛中的刺包围着她清晰分梳着的头发下的脸庞，传达出她的防御性的拒绝意愿。这样的常青树丛被视为贞洁的象征。吉内薇拉的样子就像诗人阿兰·夏尔蒂埃（1385—1430）创作的形象一样：一个对所有求爱者都冷酷无情的美人。然而，真正的吉内薇拉却在1474年和商人路易吉·迪·贝尔纳多·尼科利尼结了婚，当时的她还只是个小姑娘。她随带的嫁妆高达1400弗罗林，相较于新郎比她年长15岁的事实，这或许多少有点安慰。吉内薇拉应该是一位可敬的女诗人，但奇怪的是，她唯一流传下来的一首六行诗的开头，却展示了这位苍白、娇艳的美女完全不同的一个侧面："我求饶，我是一头狂野的老虎。"

　　看来，1480年本博离开威尼斯的时候，列奥纳多的吉内薇拉肖像画似乎还没有完成。因此，这也就解释了后来背面题词改动的原因——吉内薇拉家族的介入。这一家族和达·芬奇家族早就结下了不解之缘。瑟·皮耶罗在1458年至1465年期间担任他们的公证员，其中就包括吉内薇拉的父亲阿梅里戈。但是，这幅肖像画的新赞助人是哪位班琪家族的成员呢？最有可能的是乔瓦尼（1456—1523），他是阿梅里戈的长子，即吉内薇拉的一个哥哥。他似乎是一个多面的，似乎还有点奢侈的先生。作为佛罗伦萨最令人瞩目的财富继承人之一，他花费600弗罗林买了一匹价值不菲的马。这笔钱在当时可以买到两栋豪宅。列奥纳多显然和他培养了良好的友谊。他们交换书籍，列奥纳多还提到了"乔瓦尼·班琪拥有的世界地图"，以及他手里的一块碧玉。

　　很少有资料提到吉内薇拉之后的命运。在1480年的地籍登记中，她的丈夫提到"因为她的疾病"必须支付的昂贵费用。她到底得了什么病就不得而知了。洛伦佐大帝将他的两首十四行诗献给了她，诗中没有任何轻浮的语句。这位美第奇家族的成员写到了这位"伯大尼[1]新公民"被唤醒的虔诚热心，还有牧羊人甜美地呼唤"小羊羔"的声音。"你逃出来了，这是多么伟大的奇迹啊/罪恶始终在这座城市上空燃烧着/你要知道，温柔的灵魂啊，这是你的责任/永远不要再回头看这座城市。"不知道曾经"狂野的老虎"是否真的逃过了"佛罗伦萨"的喧嚣呢？我们只知道她在1520年孤独地死去，没有子女并且丧偶。她指定乔瓦尼·班琪为自己的遗产继承人。她被安葬在穆拉特修道院里，一直以来，这座修道院都享有班琪家族的资助。为了赞美她的谦恭，她的遗体还穿着修女的衣服。

---

1. 伯大尼，约旦河岸离耶路撒冷不远的一个小地方，《圣经》记载耶稣在此地受膏。

第二章
高空飞行
米兰，1481—1500

❖❖❖❖❖❖❖

1.佛罗伦萨，米兰：文化传播

寰宇风景

在帕齐刺杀阴谋失败后，教皇西克斯图斯四世试图通过战争来实现阴谋没有实现的目的。他与那不勒斯国王斐迪南一世（1458—1494）一起对佛罗伦萨发动进攻，并禁止那里的一切宗教活动。伟大的洛伦佐大胆出手还击。在没有任何人保护的情况下，他独自一人去找斐迪南一世——雅各布·伯克哈特在《意大利文艺复兴时期的文化》中饶有兴致地以冷静的笔触描述过的"怪物"之一。据说，这位阿拉贡人希望看到的是，他的敌人要么被囚禁在地牢里，要么死了，尸体经防腐处理并穿戴好后葬在自己知道的地方。为此，在阴森的那不勒斯新堡里，一间独立的木乃伊陈列室被设立起来。洛伦佐的勇气得到了回报：他成功使斐迪南一世与教皇疏远了。于是，局势暂时稳定了下来。教皇西克斯图斯四世也就不得不同意缔结和约。

在他和洛伦佐·德·美第奇谈判的时候，一些佛罗伦萨画家已经开始被吸纳进来，他们将为梵蒂冈宫内以西克斯图斯四世命名的小教堂绘制湿壁画。1481年的夏天，列奥纳多也许还在创作吉内薇拉·班琪的肖像画。此时，一个现有佛罗伦萨画家中的精英所组成的团队来到了台伯河河畔，有吉兰达约、波提切利、佩鲁吉诺、菲利皮诺·利皮。列奥纳多并不在其中。

或许他对这项委托任务并不感兴趣。涂抹颜料的潮湿石膏很快就会变干，因此，从技术角度考虑，西斯廷教堂中的湿壁画需要快速完成。也就是说，在炎炎夏日，画家们必须要勾出人物的轮廓并且快速完成——这对完美主义者列奥纳多来说，是一件可恶的事情。他很有可能既没有兴趣也没有精力来这样作画。他的老师韦罗基奥似乎从来没有从事过湿壁画的工作，因此列奥纳多很有可能并没有接受过这种复杂工艺的训练。终其一生，他的壁画技艺都很笨拙。

此外，他更加深入地开始研究技术和科学问题。大约在1478年，他第一次在一张纸上画满了技术图样，填满了各种注释。在同一张纸上，他还记录了绘制"两个圣母玛利亚"的工作，他画出了齿轮、绞盘和一个巨大的可以绷紧弓弩的机器。他苦苦思索如何建造一台自动装置和一个用来研磨凹透镜的装置。他想用阿基米德的螺旋泵将水向上输送。这张纸上还记录了他最初对建造飞行器的一些思考。在他的一幅素描的左侧边缘，你可以看到一个潜水设备的草图。除此之外，他还试图弄清楚一艘古战舰的结构。他还出于好玩用金属和黏土做了一个蒸汽喷吹人头形象。这样的蒸汽喷吹人形，在古典时期就已经为人们所熟知。

从列奥纳多的众多早期技术研究中，我们还了解到：他不仅研究了自己知道的所有仪器的运作原理，还阅读了大量文献，例如，弗朗西斯科·迪·乔吉奥（1439—1501）和"锡耶纳的阿基米德"，即被人们称为"塔科拉"的马里亚诺·迪·雅各布（1382—约1453）的文章。在这位工匠的"创意"中，战士使用的呼吸管为列奥纳多提供了灵感。

大约在1480年，列奥纳多列了一份名单，但我们并不知道他是打算和这些人会面，还是计划阅读与他们有关的书籍和资料。其中有些人的身份我们可以知道。名单中会提到这些人至少表明，1480年左右的列奥纳多将目光投向了更广阔的知识天地。这其中的第一条"马尔莫奇的象限仪"，指的是天文学方面的兴趣：马尔莫奇[1]是佛罗伦萨时间的见证人。他负责设定领主宫大钟的时间并修理它。在公证人贝内代托和画家多梅尼科·迪·米切利诺之后，还出现了一位弗朗切斯科·"阿拉尔多"先生，他也许是一位朗诵家或者歌唱家，因为宴会和戏剧表演中曾有过他的身影。"算盘贝内代托"这一条目指的是数学家贝内代托大师，前文提到的算盘学校的校长。1440年至1463年的一本算术教科书的编撰者可能就是列奥纳多的这位算术老师。

---

1. 卡尔罗·马尔莫奇，列奥纳多十分崇拜的天文学家。

　　名单上还出现了两个著名的名字：一个是"帕格霍洛大师"，另一位是乔瓦尼·阿吉罗波洛。后者指的是1453年奥斯曼人征服拜占庭时的难民，希腊人约翰内斯·阿尔吉罗波洛斯（1415—1487），在佛罗伦萨柏拉图学院教授希腊哲学和自然科学。他是这一时期研究柏拉图学说十分杰出的专家之一。他将亚里士多德的众多著作翻译成了拉丁文。列奥纳多提到的另外一位，即"帕格霍洛大师"，是指物理学家、数学家和天文学家保罗·达尔·波佐·托斯卡内利（1397—1482），他著有一篇关于透视学的论文。从一些笔记来看，列奥纳多对这篇著作也有所了解。几年前，保罗曾用针孔相机从佛罗伦萨大教堂圆顶上的塔式天窗进行过天文学观测。列奥纳多的一幅素描展示的正是这一仪器（图10）。他将这一仪器和透视法绘图器一同描

图10：列奥纳多·达·芬奇，《一位画家在用针孔仪器画浑天仪》（约1480），红粉笔，《大西洋古抄本》，第5r页（截图大小约为12.2厘米×8厘米），米兰，盎博罗削图书馆

绘出来，以此来展示一位画家（或许就是他自己）是如何画出一个浑天仪的。我们能从这幅画看出列奥纳多的野心：将目光投向宇宙并且准确地进行描绘。为此，这位画家还运用了几何学的"自由主义"。科学与实践似乎总是紧密相连。列奥纳多曾写道："一个爱好实践但是没有掌握理论的人，就像一个没有船桨和指南针就登船的水手。"

当列奥纳多还在思考技术问题，只画了几笔的时候，罗马西斯廷教堂的画家团队已经开始以一种列奥纳多的客户只有做梦才能如愿的速度开工了。最晚在1482年5月底的时候，这些佛罗伦萨画家回到了阿诺河畔。当时的教皇西克斯图斯四世对科隆纳家族发动了一场小规模的战争，这一罗马贵族家族同教皇的家族德拉罗韦雷家族敌对。同时，教皇还在策划一场大的战争以赢得费拉拉[1]。在位的最后几年里，为了抵抗威尼斯，这位教皇与那不勒斯、米兰、佛罗伦萨和其他封候结为联盟，因为他自己对威尼斯这座在波河沿岸的城市抱有野心。他的盟友们厌倦了这场战争，在没有考虑西克斯图斯四世的情况下与"最尊贵的威尼斯共和国"[2]，也就是威尼斯，达成了休战协议，教皇西克斯图斯四世则由于癫狂症发作诱发中风。"他是一个坏教皇，"一位罗马编年史家评判说，"他在位的整整13年，我们始终处于战争

---

1. 费拉拉，位于意大利北部，文艺复兴时期为费拉拉公国。
2. 威尼斯共和国全称为"Serenissima Repubblica di Venezia"，即最尊贵的威尼斯共和国。

和物质匮乏状态，完全没有正义可言。"战争还消耗了原本计划付给画家的钱。直到委托任务完成的7年后，佩鲁吉诺才终于获得了180个弗罗林金币。

尽管教廷正在经历财政困难，罗马还是逐渐取代佛罗伦萨成为文艺复兴时期的艺术中心。原因之一在于，所有客户的大客户，美第奇家族，最终也耗尽了自己的财产。作为一位权力政治家，伟大的洛伦佐智慧超群，但作为银行家的他却十分无能。经济形势的恶化加速了美第奇集团的衰落。除此之外，还有一些意想不到的事，比如，1477年在南锡附近的战役中，美第奇家族的一个大债务人"大胆查理"[1]阵亡了。更具戏剧性的是针对罗马和那不勒斯发动的战争。美第奇家族在那里的财产被没收，更不用说利息了。洛伦佐甚至不得不暂时悄悄地把手伸向国库以求周转。

前往米兰

列奥纳多实际上还要履行自己在佛罗伦萨接受的委托工作。圣多纳托修道院的修士们对《三博士来朝》已经完成的部分激动万分，所以他们没有坚持一定要遵守合同的条款，而是将本为萨尔韦斯特

---

1. 大胆查理，是瓦卢瓦勃艮第王朝的末代勃艮第公爵，人们用这一绰号来总结他在1477年鲁莽战死的遗憾。

罗·迪·乔瓦尼女儿筹集的嫁妆预支给了列奥纳多。为此，列奥纳多在1481年以优惠的价格为他们装饰了修道院的时钟。另一方面，修士们还送来了一车烧火用的枯树枝和木片。除此之外，埃尔萨谷那块供列奥纳多使用的土地还产生了一点收益。8月的时候，一桶谷物被送到列奥纳多的家中。

也就是说，列奥纳多不用忍冻挨饿。手头没有现金这一事实，与他未能完成手头的订单有关，他没能完成其中的任意一单。从1478年9月（也许是12月）开始，他创作了两幅玛利亚的肖像，这也许足以养活他。可以肯定的是，在1481年年底或者1482年，他并没有回佛罗伦萨，而是去了米兰。圣多纳托的修士们在1481年9月28日最后一次将那片土地的收益，45.6升左右的红葡萄酒，送给了列奥纳多。

根据瓦萨里的说法，未完成的《三博士来朝》似乎在阿梅里戈·班琪位于"佩鲁齐家凉廊对面"的房子里停留过一段时间。这位阿梅里戈当然不是吉内薇拉的父亲，而是列奥纳多的朋友乔瓦尼·班琪的同名长子。很可能是阿梅里戈从乔瓦尼那里继承了这幅画——这进一步表明，乔瓦尼在那时替代了贝尔纳多·本博，成为吉内薇拉肖像的新买家。

但是，列奥纳多为什么没有完成《三博士来朝》？也许他被自己的完美主义挡住了去路。瓦萨里称赞说，这幅未完成的画作的长处在于，画面呈现了"众多人物"。更准确地说，列奥纳多必须至少要画出66个形象，其中包括11个动物。在这种情况下，如果想达到预期效果，就必须煞费苦心。画面上薄雾似的色调需要渲染出每个角色独一无二的情绪。除此之外，还有建筑、风景以及喂马的场景……此时，可想而知，面对两个选项，继续画三博士，或者前往米兰，要做出决定十分容易。

伟大的洛伦佐提供了一个机会，一项能与当时意大利最富有的宫廷建立关系的委托。"阿诺尼莫·加迪亚诺"指出，在列奥纳多"30岁的时候"，美第奇派他前往米兰，将一把鲁特琴交给米兰大公。和他同行的是阿塔兰特·米廖罗蒂[1]，他感觉到"列奥纳多是演奏这一乐器独一无二的人选"。在列奥纳多的行李中，除了洛伦佐的推荐信外，也许还有素描和油画。一份可能和米兰之行有关的记录，就提到了一张"已完成的"圣母像和另外一幅几乎完成的同样描绘了圣母形象的画作。也许这就是列奥纳多在1478年年底开始创作的那两幅圣母像。此外，记录里还提到了一些素描，包括一些工艺性的画作，比如，炉子、"船舶中用到的某些工具"和水利工程。其他还有一些可能是为之后的画作准备的素材，比如，"各种各样自然界的花朵""多个天使形象"，裸体人物，以及手臂、腿、脚和体态的创作尝试。此外，还有比例素描、透视构图和其他一些人物画。其中提到的"公爵之首"和一幅性别不明的、"抬着头的""阿塔兰特"像可能指的是计划中的画作或者已经丢失的画作。"希罗尼穆斯[2]的某些形象"或许指的是对未完成的祭坛画的研究。2016年的一

---

1. 阿塔兰特·米廖罗蒂，文艺复兴时期佛罗伦萨音乐家，列奥纳多曾指点过他。
2. 希罗尼穆斯·博斯，又译作耶罗尼米斯·博斯，一位充满想象力的荷兰画家。

幅素描描绘了圣塞巴斯蒂安，其估价为1600万美元，这幅画是否与名单中提到的意大利画家拉扎洛·巴斯提安尼有关呢？

"摩尔人"之城

15世纪末，法国外交官菲利普·德·科米纳对伦巴第地区赞叹不已，认为它是世界上最美丽富饶，人口最密集的地区之一。那里虽然地势平坦，但骑马穿过还是有点困难，因为伦巴第和弗拉芒地区一样，甚至比弗拉芒地区有更多的水沟。"但那里要好得多，也肥沃得多，那里既有好的粮食，也有上好的酒和果子，而且那里的田地似乎永远生生不息。"15世纪末，米兰大都市约有12.5万人，是佛罗伦萨人口的3倍。在游人眼里，这座城市仿佛没有城墙，周边的郊区紧密围绕着城市分布开来。

米兰的繁荣——尽管只有少数上层人士才能享有——不仅得益于贸易，更重要的是来自丝绸生产、军火工艺和为宫廷供应的奢侈品的收益。统治这座城市的斯福尔扎家族是权力的新贵。这个王朝的建立者弗朗切斯科·斯福尔扎（1401—1466）是一个农民出身的雇佣兵头目和一个乡下姑娘的私生子，作为雇佣兵队长，维斯孔蒂家族最后一位正统继承人菲利波·马里亚·维斯孔蒂（1392—1447）的女婿，他开创了自己辉煌的崛起之路，最终一跃成为米兰公爵。在菲利波·马里亚·维斯孔蒂死后，弗朗切斯科凭借个人超群的政治智慧掌控了国家。他在权力斗争中最亲密的盟友就是科西莫·德·美第奇，包括他的金钱。从这位佛罗伦萨人的角度来看，威尼斯人的威胁似乎远大于老对手米兰的威胁，而在更早之前的1402年，米兰公爵吉安·加莱亚佐·维斯孔蒂几乎夺取了佛罗伦萨这座城市。伦巴第地区的动荡成为当时"最尊贵的"威尼斯扩张意大利北部领地的动因。这遭到了美第奇政权与其新盟友的反对。

当列奥纳多到达米兰时，米兰的强势掌权者是卢多维科·斯福尔扎（1452—1508），他也是弗朗切斯科之子，因为肤色黝黑，被称为"摩尔人"。他的哥哥加莱亚佐·马里亚于1476年被刺死，卢多维科是不是谋杀的教唆者不得而知。两年后的帕齐阴谋似乎是这起发生在圣斯特凡大教堂的暗杀事件的再现。卢多维科还成功架空了合法继承人吉安·加莱亚佐·斯福尔扎（1469—1494）。之前权倾朝野的宰相奇科·西莫内塔于1480年被"摩尔人"下令斩首。

如果说这时的佛罗伦萨很像古典时期的雅典，米兰就是意大利的斯巴达。阴森的斯福尔扎城堡建在破旧建筑的残迹上，与其说是一座城堡，不如说更像是一座堡垒。相较于防御外敌侵扰的目的，四方城墙似乎更多地是在防御内部的敌人。这里的宫廷气氛不像佛罗伦萨那样受柏拉图学派作家和信徒的影响，更多时候的主角是实践家、工程师、数学家、建筑师，其中多纳托·布拉曼特（1444—1514）[1]影响力

---

1. 多纳托·布拉曼特是文艺复兴时期意大利极为重要的建筑师，对世界建筑的发展也有深远影响。

最大，除此之外还有占星家。历史学家或多或少总喜欢改写历史。他们为斯福尔扎家族设定了基调。人文学家乔治·梅鲁拉受命撰写了一部关于维斯孔蒂家族的历史，也就是卢多维科母系祖先的历史，从而令这一家族的后代更添荣耀。在文士的帮助下，卢多维科成功将自己塑造成一个叫安古斯的伦巴第人的后裔，神话中罗马城的创始人埃涅阿斯的孙子。弗朗切斯科·斯福尔扎采用了维斯孔蒂家族的蛇形卷冠纹章，这样也就建立起了与维斯孔蒂家族的联系。他最引以为傲的头衔是继承自一位巴里公爵的爵位。1464年，那不勒斯的费兰特，也就是斐迪南一世，将这一称号赐予弗朗切斯科·斯福尔扎的一个儿子。

早在弗朗切斯科·斯福尔扎的时代，佛罗伦萨和米兰之间的文化交流就已经相当频繁。米兰在文艺复兴时期留下的最重要的财产就是为穷人建立的一所医院，当地人称之为"大房子"，由佛罗伦萨的"美德之友"菲拉雷特所建造，而这要感谢中间人科西莫·德·美第奇。菲拉雷特还设计了斯福尔扎城堡的优雅塔楼，这座塔楼在1521年的一次火药爆炸中被毁，现在我们看到的是重建后的形制。

米兰也留下了美第奇家族的光辉足迹。科西莫建造了一座宫殿，被威尼斯人马尔坎托尼奥·米希尔称为全城最美的宫殿。这座建筑的主人是美第奇家族驻米兰财政代表皮杰罗·波尔蒂纳里，建筑师很有可能也是菲拉雷特，建筑物的长宽都足有50米。里面有一个大院子，由拱廊包围起来，另外还有一个较小的院子，中央有一个喷泉。除此之外，还有一个提供茶点的花园，展示出托斯卡纳和伦巴第元素的奇妙融合。佛罗伦萨的文艺复兴艺术还出现在圣欧斯托焦圣殿中的一个小祈祷室中，它的湿壁画是由文森佐·福帕（约1427—约1515）绘制的，也由波尔蒂纳里委托制作。不言而喻，佛罗伦萨人的支配地位并没有让米兰人感觉到竞争的意味。当暴雨冲刷了菲拉雷特的建筑和圣贝内代托修道院的四壁后，弗朗切斯科·斯福尔扎的宫廷建筑师巴尔托洛梅奥·加迪奥抱怨道："这些佛罗伦萨人什么都想自行其是，有时候都不知道自己在做什么。"现在保留下来的只有18世纪末未被拆除的美第奇家族银行遗迹。斯福尔扎城堡的博物馆则还保留着雕刻有皇帝半身像的圆形浮雕和一个类似凯旋门的入口。

文艺复兴时期所有的画家、雕塑家、学者和诗人都渴望跻身宫廷，因为这样就能摆脱行会的影响。为王侯们服务赚钱最多，俸禄和特权都十分吸引人，同时还有免于惩罚和赋税的权利。他们甚至还能获得贵族特权。宫廷艺术家可以生活在一种智识上让人兴奋的氛围中，对庆祝活动，可以同时作为组织者和参与者体验这一切。当时的宫廷演奏的都是真正的音乐。对大多数艺术家来说，这都是幻想中的职业，但对像列奥纳多这样的一流艺术家来说可不是。他从佛罗伦萨来到米兰靠的是两个王朝之间良好的政治关系。他衣冠楚楚的外表，幽默的个性和魅力或许也为他进入卢多维科·斯福尔扎的圈子提供了帮助，而他最终也站稳了脚跟。米兰成为他近20年的家乡。

人们经常引用的一封列奥纳多写给"摩尔人"的类似于求职简历的信，时间大约可以追溯到他在米兰的早期岁月。然而，这封信并没有标注日期，笔迹似乎也非出自他之手。也许这封信从来都没有被寄出去。在这封信中，列奥纳多强调了自己作为武器发明家的能力。他提出让斯福尔扎看一看自己的"秘密"。在下方的一份长长的清单里，列奥纳多说明了自己的创造能力。其中有轻巧、便于运输但又稳定的桥梁，攻城武器以及经得住最大威力的射石炮袭击的船舶。他善于从包围圈中挖出水来。他知道如何能够无声无息地开辟出隐蔽的隧道，即使是在沟渠和河道下面他也能做到。他还写到了可以突破任何防御圈的装甲车。如果有必要，他还可以制造大型火炮、迫击炮和轻步枪，以及弹射器、攻城槌和其他"效果极佳"的武器。

此外，他还知道公共和私人建筑的奥秘，并且完全不害怕与专业建筑师进行比较，他还能把水流从一个地方引到另一个地方去。直到信的最后，执笔人才开始夸耀自己的艺术才能。"我能够用大理石、青铜或黏土来雕刻；在绘画方面，我可以让所有的想象成为现实，而且和其他任何人做得一样好。"信的最后，列奥纳多讲到了斯福尔扎宫廷十年来一直苦心经营的艺术项目，也就是青铜骑马雕像。"这将是对王侯，对你们的父亲，还有斯福尔扎这一光辉家族不朽荣耀的永恒纪念。"关于这一点，后面还会有更详细的论述。

在米兰的初期，列奥纳多手头的工作是一件祭坛作品，也就是那幅《岩间圣母》。这一次，列奥纳多终于完成了这项任务。我们看到这幅画有两个版本：一件在卢浮宫，另一件藏于伦敦国家美术馆（彩图12、13）。关于这两个版本作品的文字记录比列奥纳多其他任何作品的都要丰富。但是这些记录彼此之间相互矛盾，而且关于两幅画的创作缘由以及后续的辗转命运也有多个不同版本的说法。

《岩间圣母》：第一幕

1483年4月25日，达·芬奇来到米兰圣弗朗西斯科大教堂的招待花园，也就是这座教堂里接待来访者的地方。和他一起的还有两位画家，他们是同父异母的两兄弟乔瓦尼·安布罗焦和埃万杰利斯塔·德·普雷迪斯。他们此行的目的是为圣母无染原罪小堂的祭坛画签署一套完整的协议。该项目由这座小教堂下属的一个宗教团体负责。这座教堂的院长、圣方济各修士巴尔托洛梅奥·斯嘉利欧尼和其他几位宗教团体成员也在场。我们的脑海中会浮现这样的画面：在花园里，所有人都到齐后，公证员安东尼奥·德·卡皮塔尼宣读了合同文本。三名见证人为程序的正确执行做证：负责一方的见证人是达尼埃莱·德·克里和阿邦迪奥·德·卡拉贝利。列奥纳多和他的同行者任命的见证人是来自克雷马的雕塑家和建筑师阿戈斯蒂诺·迪丰杜蒂。

列奥纳多通过在修道院花园中的这一仪式得到的委托合同可不是无关紧要的任务。该宗教团体在米兰享有尊贵的地位。圣弗朗西斯科大教堂的建筑主体在1806年被毁之前是米兰城中仅次于米兰主教座堂的第二大教堂。除了米兰贵族家族的陵墓之外，这座教堂还保存着著名的雇佣兵队长弗朗切斯科·布索内·"卡尔马尼奥拉"[1]的遗体。他作为威尼斯的雇佣兵队长，曾与米兰合谋，并因此于1432年在圣马可广场前的柱子之间被处决。

礼拜堂中祭坛上的装饰屏已经由雕塑家贾科莫·德尔·马伊诺完成。从贾科莫的一贯风格来看，这也是一幅精心制作、装饰丰富的作品。合同中规定，"下一个"圣母无染原罪节，即1483年12月8日，就是列奥纳多的画作要完成的日期。但是，按照此类合同的惯例，它也对未能按时交付成品的情况做出了规定。万一"列奥纳多大师"——他在这期间获得了这一头衔——要提早离开米兰，教会确保了可以委托他人完成祭坛作品的权利。委托人保证10年内会支付协商好的800"帝国里拉"。在1483年5月中旬前要支付100里拉，其余的每月分期付款，每期40里拉。此外，委托方还承诺在工作完成后会支付一笔奖金。金额由教会自行决定。这一条款后来还引起了很多麻烦。

800里拉虽然不算高的报酬，但也不是小数目，比制作装饰屏的花费——710里拉——稍微多一点点。按照约定的交付日期来看，这幅画作的计划用时是7个半月的时间，与其他此类订单相比，这是一个很实际的估计。去除掉无数的宗教节日，按时完成这项工作大约需要160个工作日，3个画家也就是480天——这还不算帮工的工作。那

---

1. 意大利的卡尔马尼奥拉是他的出生地，因此他被大家称为"卡尔马尼奥拉"。

时，一位优秀的工匠每天最多可以挣17个索尔多；一个帝国里拉相当于20个索尔多。这样算来，列奥纳多他们每人的日工资就是约33个索尔多。扣除掉花费也许达到总报酬一半的材料的成本，最终得到的款项和任何一位优秀工匠的薪酬一样。

在列奥纳多的祭坛画两侧，安布罗焦原本就创作了两位天使，随后由埃万杰利斯塔进行了装饰。列奥纳多在创作团队中占据主导地位。合同最先提到的人总是他，而且只有他一人被冠以"大师"的称号。如今埃万杰利斯塔的艺术家身份已无从考证，但乔瓦尼·安布罗焦无疑是米兰最优秀的画家之一。列奥纳多本就擅长肖像画，他所绘的最美的画作《戴珍珠头饰的夫人像》描绘了一位身份不明的女性。

合同用拉丁语拟定，加入了一些法律术语。画家们肯定是不太看得懂的。因此，合同的最后附上了一份文件，用意大利语写明了协议中最重要的内容。除此之外，合同中的条款还对绘制材料的质量进行了规范。"首先，整幅祭坛画，也就是雕刻的部分，除了头部之外，都要用价格为每100张3里拉10索尔多的精金装饰。与之相类似，位于中间部分圣母的长袍须用群青色夹金线的锦缎。同样，她的斗篷须用胭脂红漆面油彩的夹金线锦缎。圣父的长袍也用群青色的夹金线锦缎。天使们也需以黄金装饰，衣衫应用油彩画成希腊风格的式样。无可争议，山石也要用油彩绘制，以多种颜色调色。"合同对材料的要求将以此种风格延续下去，同时还明确规定，画师要直接从教会购买金箔。合同上注明的金箔价格要略高于佛罗伦萨的市价——高出了两个索尔多。大概是为了防止金箔被侵吞，画师不得不待在修道院里进行镀金的工作。其他工作画师可以"在自己家里或者自己希望的地方"进行。很显然，列奥纳多与德·普雷迪斯两兄弟共用位于普拉托市城墙内圣文森佐教区的公寓和工作坊。

对"天才"列奥纳多的崇拜者来说，这份合同以及"光荣圣母玛利亚无染原罪祭坛画装饰品清单"的内容值得认真阅读。该文件就像一份对话记录，没有系统地尽可能记下所有客户的要求。最终创作出的画作与合同的要求有一定距离，这一文件也设想到了这一点。比如说，按照要求，画作应呈现四个不同的天使形象，但最后只有两个。自由发挥艺术想象的空间仍十分有限。即使是像修复损坏的雕刻品这样专业性的工作，也须依照合同的规定进行。后来，一个由于修改而被划伤的撒拉弗天使，也不得不被涂成朱砂色。

让人疑惑的是，清单中的描述涉及列奥纳多负责的版面，同时包括了两翼版面上的内容和装饰屏上的雕塑。因此，圣父、先知和女先知西比拉也出现在清单上。除此之外，按照计划，列奥纳多画作的后面须藏有一个供人礼拜时膜拜的形象，且仅在圣母无染原罪节的时候才出现在公众面前。因此，列奥纳多的画作就起到了幕布的功能，将更有价值的物品遮盖起来———一种神奇的拜物教崇拜形式。礼拜形象中圣母的外衣需以深红色绘制。合同反复说明，手、脸、裸露的双腿和其他身体部位要用油画颜料描绘，这就提醒了我们，油画这一绘画技艺的使用在当时并非理所当然。合同中提到的"我们的圣母"和其他"希腊人物"大概指的都是礼拜用的神物。他们都将以不同颜色，通过"希腊式"的或现代式的风格来呈现，也就是说可以以带金质背景的圣像形式出现，又或者，也可以以同时代的文艺复兴风格出现在人们面前。

《岩间圣母》的两个版本描绘的都是一片奇异山林中的天主圣母、圣约翰，还有圣母左手边被天使温柔地抱着的耶稣童子。在巴黎版本的《岩间圣母》中，天使用食指指着圣约翰，这个手势在伦敦版本中是没有的。伦敦版的天使穿着蓝色的衣服，巴黎版本的衣服则是红色的。在这两幅作品中，相较于圣约翰和右边的天使，圣母和基督都显得有点过大了。在此，如果我们不愿把错误归因于列奥纳多，且让我们留意中世纪绘画中的人物比例：和自然比例不符，画面中重要人物比次要人物所占的比例要大。波提切利在1500年完成的《基督的诞生》仍然沿袭了这一传统。列奥纳多画中的圣母似乎非常年轻，也许是为了表明她是个处女，或许还有神学方面的考虑。米开朗琪罗的《哀悼基督》中的圣母玛利亚也非常年轻，而非一个失去儿子的已婚妇女形象。列奥纳多在《柏诺瓦的圣母》中已经公然向生物学规律发起挑战（彩图7）。与其说画面中的圣母像男孩耶稣的母亲，不如说更像坐在自己腿上的胖宝宝的姐姐。

在这两幅《岩间圣母》的清漆之下，或许还隐藏着更多的神学理论。小约翰可以被理解为"老方济各"，也就是圣方济各的前身。这能够帮助得出圣弗朗西斯科修道院中圣人称号的关系。也许画面背景中的山峦还会让我们想到韦尔纳圣所——据说就是方济各接受圣伤的地方。14世纪上半叶编纂的《圣方济各的花》告诉我们，这位圣人看到巨大的岩石上的裂缝感到很是惊奇，同时也让我们想起《圣经》：主受难的时候岩石裂开了。

　　我们不知道的是，列奥纳多是如何在抵达米兰后不久就得到了《岩间圣母》这样一个大手笔的订单。当然，他的试画作品十分有说服力。一幅描绘一位年轻女子的素描被肯尼思·克拉克赞为世界上最美的画作之一，画中女子很像《岩间圣母》这幅祭坛画上的天使（图11）。就像巴黎版本的《岩间圣母》一样，这位年轻女子也寻求与观者的眼神接触。列奥纳多进入宫廷世界和米兰贵族阶层的引路人很有可能是布拉曼特，他已经为斯福尔扎工作了很多年，列奥纳多很快就亲切地称呼这位建筑师为"多尼诺"（布拉曼特的爱称），并最终与之建立起终生的友谊。也许将列奥纳多介绍给雕塑家阿戈斯蒂诺·迪丰杜蒂的人也是布拉曼特，而这位雕塑家最终也成了列奥纳多与圣母无染原罪堂签订合约的见证人。在圣沙弟乐圣母堂圣器室的建造过程中，迪丰杜蒂与布拉曼特有过紧密合作，他后期的作品也显现出列奥纳多风格的影响。

　　1484年12月底，列奥纳多和普雷迪斯两兄弟从教会那里收到了730里拉。这并不符合约定的付款方式，但至少说明了祭坛工作的进展。如果我们相信一个更晚的消息来源，卡洛·托雷在1674年对米兰的描述中讲道，列奥纳多的画板没有立刻到达目的地米兰。这里讲到的是圣母无染原罪教堂："祭坛上有一个圣母玛利亚的形象，由列奥纳多·达·芬奇绘制，两侧有两个被认为出自同一画家的天使，而最终只有一个被认定由列奥纳多所作。列奥纳多的这幅画位于圣戈

图11：列奥纳多·达·芬奇，《女孩的头像》（约1483），银尖笔，
浅褐色纸，18.2厘米×15.9厘米，都灵，皇家图书馆

塔尔多教堂。"根据这一点来看，应该是卢多维科·斯福尔扎先得
到这幅画，并把它安置在紧挨着自己家的教堂里。阿佐·维斯孔蒂
（1302—1339）于1336年在他位于米兰市中心的住所旁建造了圣戈塔
尔多教堂。该建筑因此也获得了宫殿教堂的功能。这座教堂里有一个
捐赠的祭坛。阿佐患有痛风病（"gotta"），根据名字的相似性，他
希望这位主保圣人戈塔尔多（Gottardo）能够治愈他的病痛。但这座
教堂原本其实是献给圣母玛利亚的。根据14世纪的一份描述，我们在

一幅闪着金光的三联画上看到接受礼敬的圣母。从画面看，完全没有节省群青颜料的意思。

这座教堂的建立者的陵墓使圣戈塔尔多教堂成为维斯孔蒂的纪念地。因此，卢多维科送出列奥纳多的画作不仅对祭拜圣母有好处，也有利于维斯孔蒂的传统。据托雷所说，只有在阿佐·维斯孔蒂的命令下，方济会的人才可以使用公爵的诸所教堂。但在卢多维科的统治下，修士都撤走了。"之所以会有这一措施，是因为统治者斯福尔扎生性多疑，不想在自己的宫殿里招待陌生人，他害怕毒蛇会在自己的腿上咬上一口，更害怕自己会死于非命。做贼心虚的人总是会和恐惧同床共枕。"与此同时，列奥纳多的画作已经被转移至圣母无染原罪教堂。在15世纪末时，它就应该物归原主了。但是，这幅圣母像是怎么到达巴黎的呢？又是什么时候到的？它又是如何寻找自己那位伦敦的妹妹的呢？我们在后面还将面对这些问题。

2.新权力帝国

争夺"穹顶塔楼"

1485年3月16日，德国南部的编年史学家报道了一次令人不安的天文事件。下午3点，天色变得阴暗，如同夜晚一样，天空中星子若隐若现。鸟儿仿佛从天空掉下，小牛崽们纷纷放声大叫，大黄牛惊恐地咆哮着跑向自己的牛棚。对于有宗教信仰的亲历者来说，这仿佛就是上帝在用地震、彩虹、彗星等现象对世界大事进行评论，或者说上帝在让太阳黯然失色。于是，整个世界犹如一本巨大的书，读者仿佛能一览而尽。

就米兰而言，日食现象仿佛是对充满危机的10年的回应。在1483年至1486年期间，瘟疫夺去了米兰十分之一的人口。列奥纳多当时也在仰望天空。但是，对于日食的象征意义和可能的暗示，他并没有过多考虑。几年后，他想到了一种方法，让自己的眼睛在观察日食中闪闪发亮的天体时也能免受伤害。只需要拿一张纸，用针在上面戳一个洞，在阳光下看过去就可以了！同样的方法还可以用于观察星星（图12）。

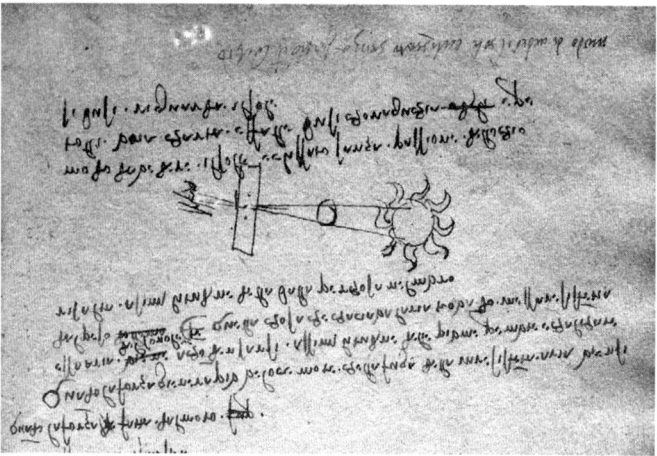

图12：列奥纳多·达·芬奇，《研究日食观测技术》（1487或1490），
黑色墨水，14厘米×20.5厘米（整张纸尺寸），米兰，特里武尔齐奥图书馆

彩图 1：列奥纳多·达·芬奇，《树木》（1500—1510），红粉笔，
19.1 厘米 × 15.3 厘米，温莎城堡，皇家图书馆

彩图 2：安德烈·德尔·韦罗基奥和列奥纳多·达·芬奇，《耶稣受洗》
（约 1470 或 1475），油彩和蛋彩，白杨木木板，180 厘米 ×152 厘米，
佛罗伦萨，乌菲兹美术馆

彩图 3: 安东尼奥·德尔·波拉约洛和皮耶罗·德尔·波拉约洛,
《圣塞巴斯蒂安的殉难》,1475 年完成,油彩,木板,291.5 厘米 ×202.6 厘米,
伦敦,国家美术馆

彩图4: 安德烈·德尔·韦罗基奥和列奥纳多·达·芬奇,《托比亚斯和天使拉斐尔》(约 1470 或 1475), 蛋彩, 白杨木木板, 83.6 厘米 ×66 厘米, 伦敦, 国家美术馆

彩图 5：列奥纳多·达·芬奇，《圣母领报》（1472—1475？），油彩，蛋彩，白杨木木板，100 厘米 ×221.5 厘米，佛罗伦萨，乌菲兹美术馆

彩图 6：列奥纳多·达·芬奇，《持康乃馨的圣母》（约 1475），油彩，蛋彩，
白杨木木板，62 厘米 ×48.5 厘米，慕尼黑，老绘画陈列馆

彩图 7：列奥纳多·达·芬奇，《柏诺瓦的圣母》（约 1478 或 1480），油彩，亚麻布，木板，49.5 厘米 ×33 厘米，圣彼得堡，艾尔米塔什博物馆

彩图 8: 列奥纳多·达·芬奇,《伯林顿府草图》(约 1500),木炭,纸上白粉笔,平铺在亚麻布上,141.5 厘米 × 104.6 厘米,伦敦,国家美术馆

彩图9: 列奥纳多·达·芬奇,《圣哲罗姆》(约1480或1482),油彩,蛋彩,核桃木,103厘米×75厘米,罗马,梵蒂冈博物馆

彩图 10：列奥纳多·达·芬奇，《三博士来朝》（1480—1482），油彩，蛋彩，木板，243 厘米 ×246 厘米，佛罗伦萨，乌菲兹美术馆

彩图 11：列奥纳多·达·芬奇，《吉内薇拉·德·班琪》（约 1474—1478），油彩，蛋彩，白杨木木板，38.1 厘米 ×37 厘米，华盛顿，国家美术馆

彩图 12：列奥纳多·达·芬奇，《岩间圣母》（1483—1485？），油彩，木板，描摹至亚麻布，197 厘米 × 120 厘米，巴黎，卢浮宫博物馆

彩图 13：安布罗焦·德·普雷迪斯/列奥纳多·达·芬奇，《岩间圣母》（1500—1509？），油彩，白杨木木板，189.5 厘米 × 120 厘米，伦敦，国家美术馆

彩图 14：列奥纳多·达·芬奇，《抱银鼠的女子》（切奇利娅·加莱拉尼？约 1490），油彩，核桃木，55 厘米 ×40.5 厘米，克拉科夫，国家博物馆

彩图 15: 列奥纳多·达·芬奇,《美丽的费隆妮叶夫人》(卢克雷齐娅·克里薇莉?
约 1495),油彩,核桃木,63 厘米 ×45 厘米,巴黎,卢浮宫博物馆

彩图 16：列奥纳多·达·芬奇，《为一个骑马纪念碑所作的研究》
（约 1485 或 1490），金属笔，蓝色纸，
15.2 厘米 × 18.8 厘米，温莎城堡，皇家图书馆

第二章　高空飞行：米兰，1481—1500

1485年的天文现象提供了一条线索来说明列奥纳多开始对天文产生兴趣的时间。4年后，他又以解剖学家的身份出现在了我们的面前。他当时在绘制一系列人体头骨的素描画，用以作为一本叫作《论人的形体》的书的开篇。就准确性而言，这些素描作品超越了前后几个世纪以来所有关于这一主题的创作，其中也包括安德雷亚斯·维萨里于1543年创作的解剖学开创性作品。很容易被忽略的是，列奥纳多偶尔会巧妙地将多个视角组合在一起，以便呈现出头骨内部的细节（图13）。这些用银尖笔绘制在蓝色浸渍纸上的素描作品解释了大脑的结构，同时也证明了他对隐藏于皮肤和头发下的东西的兴趣。

一个相当诙谐的猜测是，为了熟悉"轻质骨骼结构的构造"，利用自己的发现来解决静力学的问题，列奥纳多曾将人的头骨锯开来研究，但这种推测尚未得到证实。事实上，在对人体解剖学的研究开始有所斩获的同时，他也在研究建筑学。斯福尔扎的一项相当有威望的工程提供了这一契机：在米兰大教堂的交叉甬道上建造一个圆顶，一个"穹顶塔楼"。这是人们能想象到的最艰巨的任务了。穹顶作为一种"尊贵的形式"，让人联想到古典时期的大型建筑。同时，它也象征着苍穹。因此，除了教堂中的陵墓之外，只有在供奉圣母玛利亚的教堂才会建有穹顶。布鲁内莱斯基在佛罗伦萨的出色作品就是一个壮观的典范。和佛罗伦萨大教堂一样，米兰大教堂也是献给圣母玛利亚的。

作为斯福尔扎的宫廷建筑师，菲拉雷特的继任者桂尼佛特·索拉里为米兰大教堂的穹顶设计出了第一个方案。1481年他去世时，这个项目还处于起步阶段。虽然公爵府显然希望桂尼佛特的儿子成

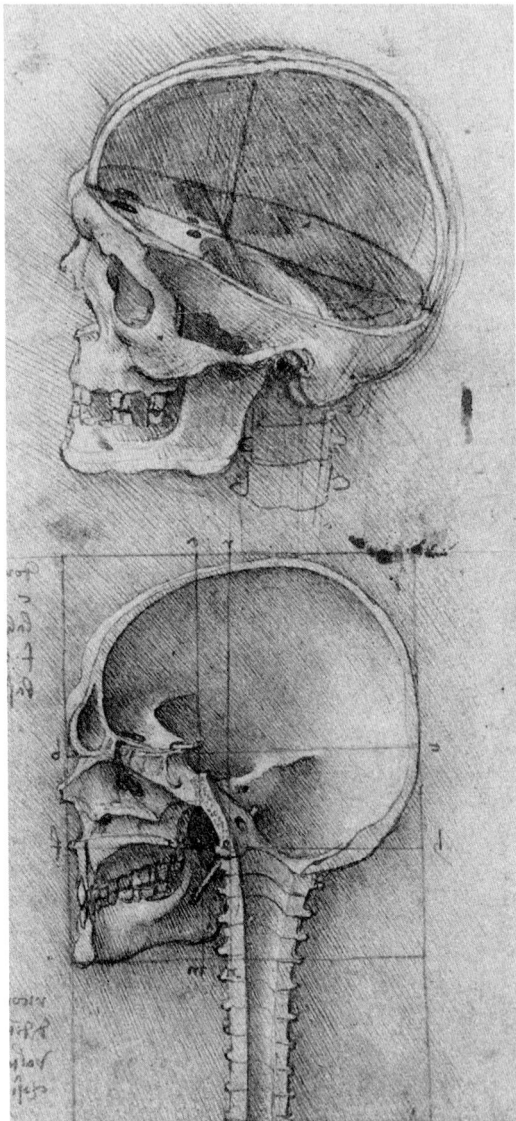

图13：列奥纳多·达·芬奇，《头颅》（1489），黑色粉笔，羽毛笔，棕色墨水，18.8厘米×13.4厘米（整张纸尺寸），温莎城堡，皇家图书馆

为接班人，但由斯福尔扎的对手掌权的建筑工人和石匠协会却想要寻找另外的人选。他们先选定的是在斯特拉斯堡的大教堂的建筑工人和石匠协会工作的德国人汉斯·尼森贝格尔（约1415—1493）和他的建筑团队，这个选择后来被证明是失败的，因为他无法胜任这项任务。1486年秋，不管出于什么原因，德国人在失败后匆匆离开了米兰，卢多维科接过了大权。这座"穹顶塔楼"将成为他和他的房子的纪念碑，从那时起，就像佛罗伦萨的大教堂圆顶在托斯卡纳投下的阴影一样，它也在伦巴第人民的上方投下了这位米兰公爵的阴影。

就在这时，列奥纳多出场了，他必定就是在这段时间在斯福尔扎宫廷中站稳了脚跟。但我们并不知道当时的具体背景。仅凭保留下来的"早期作品"并不能说明他的成功。在1487年8月至1488年1月期间，他收到用于支付设计稿费用的37里拉。与此同时，木匠师傅贝尔纳多·马吉·达·阿比塔勒和他的同事收到了一笔几乎相同的款项——34里拉，用于支付制作木制模型的费用。

列奥纳多不是唯一一个为这个项目努力付出的人。大教堂建筑工人和石匠协会以及公爵不得不在四五个候选人中做出选择。最后他们选择了托斯卡纳人卢卡·范切利（约1430—1495）作为设计的审稿人，他是一位经验丰富的建筑师，当时他在为曼托瓦公国的贵族世家贡扎加家族工作。这位专家对建筑场地的状况感到震惊，他在1487年写给洛伦佐·德·美第奇的信中说：大教堂完全"没有支撑物和计量标准"。旧的穹顶塔楼被拆除后，人们担心它会倒塌，因此也很难再建立新的塔楼。

列奥纳多当时所写的文字再次显示了他作为一个大项目"推销员"的素质。他把大教堂比作一位病人，把建筑师比作医生。在"不诋毁他人"的前提下，他称自己为合适的"建筑医生"。他指出致使建筑物毁灭或者不稳定的诱因，这样就能通过原因来推导出产生的影响，而这些原因都源自实际的经验，并且这一切也都符合古典时期的建筑原则。"为了不啰唆，我先向各位解释一下大教堂第一任建筑师的设计，并且会尽量把他的用意说得清楚一些。"各位从中同样可以清楚地看到，设计者的模型本身就具备了城市中重要建筑应有的对称性和"协调性"。列奥纳多提到的"协调性"可能暗指阿尔贝蒂的建筑美学概念："作为整体的各个部分之间的和谐，基于一定数量、特定关系和安排来执行，简而言之就是对称性，而对称性就是最完美和最高的自然法则。"事实上，由列奥纳多设计的圆顶与米兰的哥特式建筑风格相当协调。各种素描草图证明，他对施工中会遇到的静力学原理也进行了大量研究（图14）。

布拉曼特针对交给他的5个设计模型提出了批评。他的评判标准是古典时期理论家维特鲁威的准则：持久和美观。此外他也提到了要和建筑的其他部分协调一致，同时还须保持一种"轻盈感"。穹顶还必须足够高，即从地面算起要有120个"臂长"高。列奥纳多也估算出了同样的高度，也就是70多米。如果能做到这么高，在离大教堂不远的地方人们就能看到这座穹顶塔楼。从静力学方面考虑，建筑工人和石匠协会的首选方案在布拉曼特看来是有问题的。他提出在一小时内以现有设计模型为基础制订出一个新的方案，必须显示出其优势和

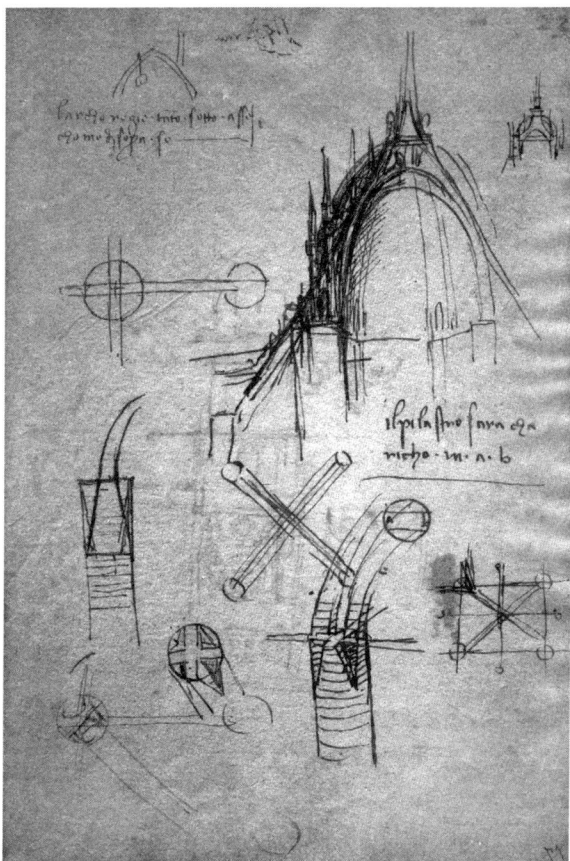

图14：列奥纳多·达·芬奇，《米兰大教堂穹顶研究》（1487—1490），
羽毛笔和红色墨水，14厘米×20.5厘米，米兰，特里武尔齐奥图书馆

可行性。但是他看得出，负责施工的制造商已经选择了另一种方案。

　　值得注意的是，布拉曼特在他的项目评估中并没有提到列奥纳多的方案。列奥纳多在一个月前撤回了自己的模型，据说是为了补充几个遗漏的部分。事实上，他可能已经察觉到自己的机会不大，但他并没有放弃。1490年5月，大教堂的建筑工人和石匠协会答应为他的新设计支付12里拉的费用。专家们再一次被召集到一起，除了范切利之外，还有一位重量级的人物——弗朗切斯科·迪·乔尔吉奥，他曾经为费德里科·达·蒙泰费尔特罗效力。[1]他当时正在科尔托纳建造一座有穹顶的中央建筑圣母教堂。

1490年6月21日，列奥纳多带着"他的同事、学生和马匹"，也就是说带着庞大的随行队伍，和弗朗切斯科一道前往帕维亚，为正在建设中的大教堂新建筑献计献策。同样，建造穹顶也面临很大的挑战。话说回来，这个顾问团队可以说身价不菲：在名叫"萨拉森人"的客栈里，专家团队赊下了20个里拉的酒菜钱。这笔账将由帕维亚的大教堂的建筑工人和石匠协会支付。

没过多久，卢多维科·斯福尔扎在米兰批准了当地建筑师修建穹顶的一个相对保守的项目。弗朗切斯科·迪·乔尔吉奥辞去了自己的职务，并且得到了丰厚的报酬，而列奥纳多则退出了这项计划。列奥纳多成为另一个大订单委托任务的设计者：为弗朗切斯科·斯福尔扎铸造一座骑马纪念碑。也许他还与布拉曼特合作重建了圣沙弟乐圣母堂，并建造了恩宠圣母堂的唱诗班穹顶。他还为一个不知名的客户——也许是卢多维科·斯福尔扎的一个司库大臣马里奥罗·德·吉

---

1. 弗朗切斯科·迪·乔尔吉奥是意大利艺术家和作家。费德里科·达·蒙泰费尔特罗是文艺复兴时期意大利杰出的军事首领及艺术赞助者。

斯卡尔迪——画出了一座郊区别墅的设计图。米兰大教堂穹顶塔楼的计划就此搁置。它始终没能成为现实。

想象中的建筑、都市主义的遐想以及死亡的气息

　　列奥纳多曾多次在没有特定委托的情况下独立设计建筑图纸。其中有很大一部分，我们并不确定或完全不清楚它们的创作背景。列奥纳多尤其喜欢建筑形式为中心对称并且带有穹顶的教堂。这有可能暗示着列奥纳多会和布拉曼特进行沟通。除此之外，他还画了宫殿和防御工程的速描。一幅描绘了"传道之地"的素描富有幻想力。这幅素描展示了一个圆形的圆顶建筑。通过周围的走廊，可以进入建筑内一个像空心球体的"圆形露天剧场"的楼座，就像一个体育馆一样。在与这个建筑中央的柱子相当高度的位置演讲者会进行发言。这样一来，各个方向的人就都能听到他说的话了。同样令人惊叹的是一个位于人造山丘上陵墓的设计图，这一设计的灵感来自伊特鲁里亚文明中古墓的形态。

　　列奥纳多还对城市规划提出了自己的构思，设计理念既考虑到了几何学，同时也关注了城市的卫生问题。让他开始考虑这些问题的也许是当时出现的瘟疫。与对意大利城市建筑设计的规划法则的思考一样，阿尔贝蒂的建筑理论同样也对这一问题给予了关注。那座穹顶塔楼设计的监督者卢卡·范切利不仅建造了教堂、别墅和宫殿，还负责

铺设石路面。人们认为，将地面密封起来可以防止臭味外泄，因为当时的人们觉得这臭味就是可怕的瘟疫，会带来疾病和死亡。与臭瘴气相抗争是那个时代的一种执念。

列奥纳多意识到，城市的发展建设有其权利政治的维度。他的这一想法体现于一份有洞察力的备忘录中。这份备忘录大约写于1493年，可能是为卢多维科·斯福尔扎所作，他在其中提到了对米兰周边地区进行扩建的想法。豪绅巨富可以通过两种方式联合封建领主。第一种是血缘关系，就像人质一样，他们的子女会成为半信半疑的联盟的可靠保证。第二种是商品关系。列奥纳多直接对斯福尔扎说："你要在你的城市里为他们每人建一两栋房子，他们每人要能从中获得一些收入。"在这一点上，他指出，这位侯爵可以通过城市规划措施来承担卫生方面的费用："你要把这一大群人分开，他们就像山羊一样一个挨着一个地站在一起，每个人都奇臭无比，身上带着瘟疫的种子。"这座城市要成为美丽的代名词，城市带来的税收会为侯爵带来好处，而城市的繁荣发展也会赐予侯爵永恒的荣耀。

列奥纳多想要禁止向运河投放垃圾。船应该运走粪便和污泥。他提出道路应该被分成两层：上层只供贵族使用，下层供百姓使用和货物运输（图15）。地下通道则用以清除粪便。他的描述细节翔实，揭示了日常生活的面貌。因此，列奥纳多建议，从上层通向下层街道的楼梯应该围绕柱体铺设，因为"人们会在四方形建筑的角落撒尿"。他的建筑理论的点点滴滴都能给人以实用的感觉——不论是对于粪坑的问题，还是对于运用静力学以及防止墙体裂缝的问题。他对建设碉堡的想法考虑到了现代火器的穿透力，正因为如此，他的贡献超过了弗朗西斯·迪·乔治·马尔蒂尼等专家。他还设计了一个铺好石地板的"干净粮仓"。马槽里的干草供给能通过通风良好的上层街道实现——上层街道的下面连有像倒置的漏斗一样向下打开的管道，这样草丛就不会堆积。

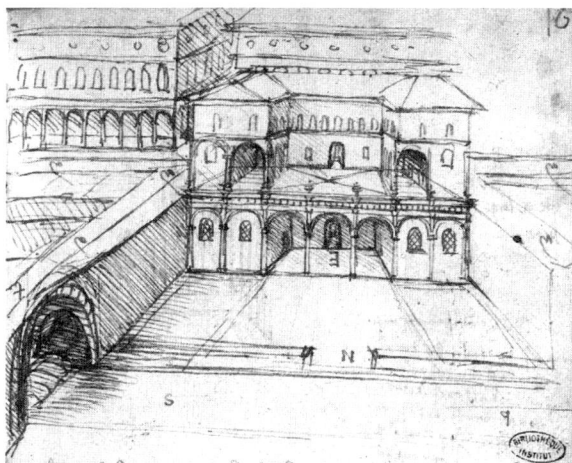

图15：列奥纳多·达·芬奇，《两层街道的城市》（约1487或1490），羽毛笔和墨水，23.3厘米×16.5厘米（整张纸尺寸），巴黎，法兰西学会图书馆

列奥纳多拥有莱昂·巴蒂斯塔·阿尔贝蒂的《建筑十书》，还存有弗朗西斯·迪·乔治·马尔蒂尼的军事建筑论文节选的详细摘录。维特鲁威的建筑理论也对他的作品产生了影响。其中一例是1490年左右创作的著名素描作品，画作展示了理想的人体比例（图16）。在这

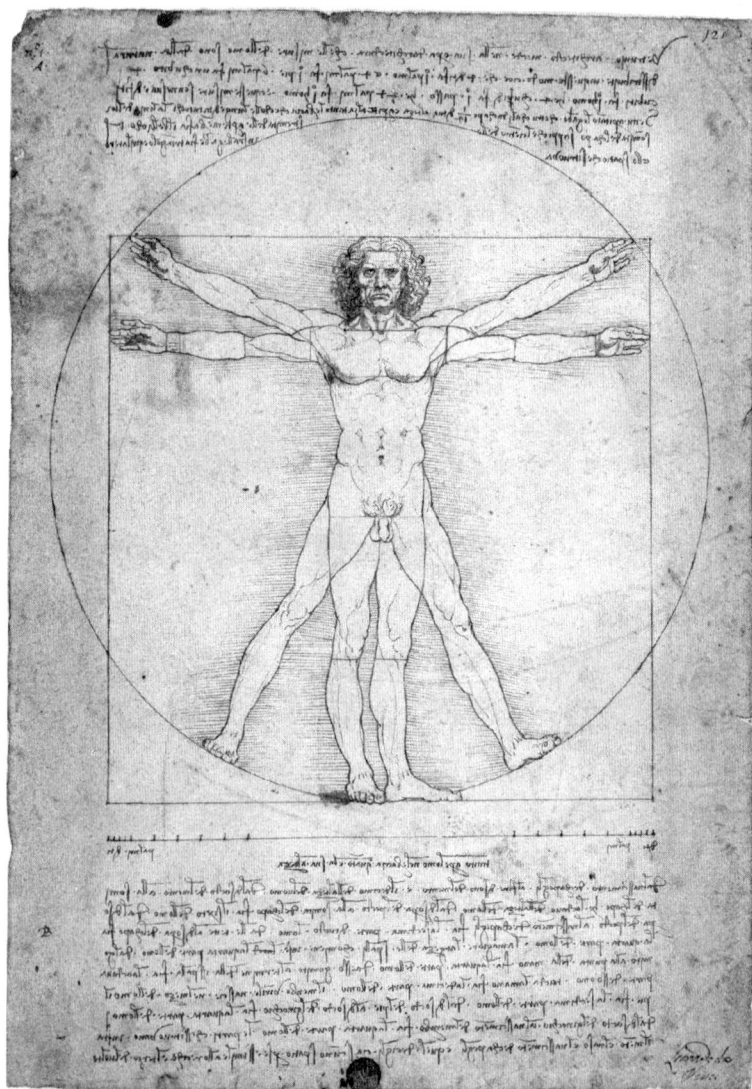

图16：列奥纳多·达·芬奇，《维特鲁威人》（约1490），羽毛笔，
金属笔上的墨水，34.4厘米×24.5厘米，威尼斯，学院美术馆

幅画旁边，列奥纳多指出："建筑师维特鲁威在他的建筑学著作中说人体的自然比例按照如下方式分布：四指为一拃，四拃为一足，六拃为一个小臂，四个小臂为一个人的身高……他的建筑也体现了这一度量法……从发际线到下巴底部的距离为身高的十分之一，从下巴底部到头顶部的距离是身高的八分之一，从胸部上缘到头顶的距离是身高的六分之一。"这组数据列奥纳多显然并没有照单全收，他通过自己的测量来获得满意的答案。当确定美和实用也许并不相容时，他毫不畏惧地间接驳斥维特鲁威的看法"就像堡垒和人体所展示的那样"。此处他的大意应该是，有用的东西和诸如装饰品之类的无用之物从根本上存在矛盾。对于列奥纳多来说，建筑物的正确比例可以借由自然的合理性得出。美可以用数学的方式来表达："街道的宽度应该和房屋的平均高度一样。"

天堂庆典

卢多维科·斯福尔扎总是努力保持一种正统且合法的形象。他允许教皇依诺增爵三世赐予影子公爵吉安·加莱亚佐金玫瑰。此举标志着斯福尔扎政府通过教皇表达了对加莱亚佐的信任，因为授予金玫瑰这一荣誉原本只属于王侯。而"摩尔人"也信守了吉安·加莱亚佐的父亲早已许下的承诺，让这位年轻人同未来那不勒斯王国的阿拉贡的伊莎贝拉（1470—1524）结婚。与这桩婚姻带来的荣誉相伴的还有高达10万威尼斯达克特[1]的惊人嫁妆。婚礼在那不勒斯举行，吉安·加莱亚佐的一个弟弟爱马仕·斯福尔扎"代表"新郎出场。

1489年1月，那不勒斯人的大帆船将新娘和她的400多位随行人员带到了热那亚。从那里出发，他们从陆路继续前往米兰。在托尔托纳，这对新婚夫妇首次见面。米兰新贵，后来成为斯福尔扎政权财务主管的贝尔贡奇奥·博塔（约1454—1504），为此在自己的宫殿中安排了一场盛大的宴会。人们的所有感官都被调动起来。一道道精致的菜肴悉数入场，呈现出神话般的氛围。白汁煮螃蟹和银色的小牛肉被端上餐桌，从盘中飞出拍翅振翼的鸟儿，这是水星神的礼物；两份烤小牛肉藏在里面，依次塞满了野鸡和灰山鹑。压轴戏方面，一个艺人团队上演了一场寓言戏。陪伴在酒神狄奥尼索斯身边的是一个大腹便便的神话形象，西勒诺斯神在这场戏的最后一幕出现，他喝得颠三倒四，从驴背上摔了下来。或许这也表现出了在场宾客当时的状态。

列奥纳多是否参与了宴会的筹备工作尚有争议。宴请者贝尔贡奇奥·博塔来自帕维亚地区的一个富裕家庭。列奥纳多与他合作完成过波河的排放工程。列奥纳多一定经常参观博塔于15世纪末在米兰建造的宏伟宫殿，即今天位于皮亚蒂大街的伊辛巴迪宫。列奥纳多在作品中只是顺便提到过这个有权有势（而且又腐败）的男人。

---

1. 达克特，意大利铸造金币，13世纪时开始通行。其中威尼斯的金达克特最受欢迎，相当于佛罗伦萨的弗罗林。

第二章 高空飞行：米兰，1481—1500

　　阿拉贡的伊莎贝拉一生不幸。他年轻的丈夫不得不忍受卢多维科的嘲讽，按照情报人员所说的，他并没有很好地履行婚姻义务。伊莎贝拉认为自己是"世界上最不满足，也是最差劲的已婚女人"。不过，从表面上看，人们依然在欢庆婚礼。当那不勒斯人和米兰的王侯们乘坐6艘华丽的"布钦托里"大船抵达米兰时，帕维亚运河上人潮涌动。从水路的终点军工厂出发，他们来到了装饰得喜气洋洋的古罗马炮台。在德拉·托雷家族的官邸中，一张豪华的婚床向这对新人发出邀请，希望他们完成爱情中还未完成的责任。2月初，他们在大教堂中再次举行了婚礼。列奥纳多的笔记中讲到了婚礼现场的装饰：一片白色布料的海洋覆盖着进入大教堂的通道，路的边缘围绕着缂织壁毯。通道上方铺着用金雀花和苦橙花编成的花环。金匠手持一个印有蛇纹的镀金球迎接这对夫妇。一个扮成丘比特的小男孩吟唱着欢快的儿歌。

　　然而这一切都只是空虚的假象。这对夫妇很快就发现自己像被流放了帕维亚的维斯孔蒂城堡，被一群可悲的宫廷侍从——奴隶、仆人和间谍——所包围。仿佛是为了掩盖这种微妙的情况，卢多维科决定在1490年1月13日举办一场米兰乃至整个欧洲都不曾经历过的盛大庆祝活动——著名的"天堂庆典"。摩尔人通过这场活动显示了自己的能力。这场活动很明显在大肆挥霍钱财，并且就是希望以此给人留下深刻的印象。相较于如今的时代，在当时，外在和内在的统一性要更高；外表的面貌直接反映内里，节日的盛况展示出的也是真正的实力。这同时也提醒人们，这一切都要感谢上帝的保佑。这似乎是文艺复兴时期王侯们举办所有表演、富丽堂皇的游行和奢侈的庆祝活动的真实目的。

在此背景下，卢多维科将仿如"一整座山"的达克特金币堆放在斯福尔扎城堡的一个房间里，除此之外，还有10块圆形雕饰，每一块都价值1万达克特金币——这些宝物的总价值大约相当于80万达克特金币，让访客大吃一惊，这其中还不算珠宝、项链、银像、耶稣受难像和一大堆的银币。这一切都在彰显一个核心内容：权力！并且，这一切也是在对各国大使和王侯们说："要么替你们自己担忧，要么就来和我结盟！"与此同时，卢多维科还认为，自己应表现得像一个国家的慈父。他推动了改革令，进一步推动了米兰法律制度的发展。佛罗伦萨人伯纳多·贝林乔尼（1452—1492）称赞斯福尔扎宫廷，说这里云集了"技艺超群的大师"，音乐不绝于耳；这里就像圣帕纳塞斯山[1]一样，每个学者都像蜜蜂一样前来采蜜。"新一代的马提亚尔[2]佩洛托"，曾为今天已经被人们遗忘了的讽刺短诗作者和医生安东尼奥·佩洛托喝彩的诗人，也十分赏识列奥纳多，认为他是从佛罗伦萨来的"新一代的阿佩莱斯[3]"。

贝林乔尼已经为"天堂庆典"创作了一部剧本，而佛罗伦萨的"阿佩莱斯"则是这场庆典的技术总监。列奥纳多的笔记记录了工作

---

1. 帕纳塞斯山，希腊神话中缪斯的故乡，是太阳神阿波罗和文艺女神们欢歌曼舞之地。
2. 马库斯·瓦列里乌斯·马提亚尔，古罗马诗人，尤以讽刺短诗而为人熟知。
3. 阿佩莱斯，广受赞誉的古希腊著名画师，以肖像画而闻名。

室的每一个工作细节。这一切都表明，这位大师是权力的机械师。其中还讲到了如何制作用于"刷墙"的移动式脚手架，如何制作将墙壁高处刷白的固定在长杆上的刷子。此外，还需要裁剪一些布料来"为一个仪器布置一片天空"。列奥纳多还设计了一种节省成本的蓝色涂料混合方法。他还介绍了如何"以建筑的形式"来设计装饰品："在这根柱子的周围绑上四根棍子，在这些棍子上钉上一个手指粗的柳树枝；接着从上往下地做刺柏花束，顶端朝下。从一个花环到另一个花环之间应该有一个半臂的距离，刺柏必须用绿色的。"天花板上多余的刺柏花束枝条应该用剪刀修剪整齐。我们在此看到的是世界上最著名的"画家花匠"。实际情况是，在"天堂庆典"期间，斯福尔扎城堡的大庭院中竖起了7根立在柱子上的门廊，门廊上装饰着绿色的刺柏树枝。根据历史学家和被贝林乔尼称为"艺术赞助者"的特里斯塔诺·卡尔科的讲述，这一设计赏心悦目，具有魅惑人心的效果。

感谢丰富的史料记载，我们几乎可以重建这一事件的每一个瞬间。据一部编年史记载："新郎和新娘手牵手走进了城堡，庭院的墙壁上覆盖着蓝色的布。"对于给布料着色的问题，刚才提到的列奥纳多的笔记可以作为参考。蓝色的背景墙前悬挂着由常春藤和月桂组成的古雅风格的垂花装饰，除此之外还有公爵、城市和国家城堡的徽章，上面的守卫是彩绘的半人马像。宫殿内的宴会厅也装饰着花环和徽章，仿佛已经被改造成一个配有长椅和大看台的剧院。墙上挂着描绘古代历史和弗朗切斯科·斯福尔扎事迹的画作。当卢多维科和他的傀儡公爵带着宫廷侍者和大使进入大厅的时候，尽头的舞台上还悬挂着地图册。德斯特家族特使雅各布·特罗蒂记下了每个细节。卢多维科一身西班牙的风尚着装，穿着黑褐色的天鹅绒，白色的内衬上织有金色锦缎。他还戴着一顶黑色的便帽。同样盛装打扮的吉安·加莱亚佐戴了一条悬挂着红宝石和尖晶石的项链，贝雷帽上的钻石闪闪发光，旁边的一颗珍珠也隐约透着微光。他的新娘穿着一件白色的丝绸大衣，外面罩着一件锦缎外套，身上佩戴着许多珠宝。

笛子和长号奏响乐曲，人们打起了鼓，跳起了那不勒斯式的舞蹈。按照各国风尚打扮的化装演员为伊莎贝拉赢得了欧洲各国王室的赞美。现场音乐经久不息，人们载歌载舞，杂耍演员则用他们的戏法取乐众人。就连"大突厥"的一位"使者"，也就是苏丹的"使者"，也被邀请来参加盛会。这位蒙面人骑在高高的马背上踱入舞厅。他宣称自己的主人不习惯庆祝基督教的节日，但当听到米兰公爵的大名之后，他觉得破例一次也无妨。卢多维科此时偷偷溜走了一会儿。当他身着土耳其人的打扮回到现场的时候，人群中一定传出了一阵窃窃私语的讨论。大约午夜时分，盛会的高潮即将到来：属于列奥纳多的时刻。此时的一切足以说明，他确实担得起自诩的"工程师"头衔。

大厅里的灯光都熄灭了。舞台上的幕布伴随着噼里啪啦的烟花声落下。还有另外一块织物将舞台遮盖起来，这让紧张的氛围更显张力。一个打扮成"天使模样"——有可能是丘比特——的小男孩出现在舞台上，宣布了接下来将看到的场景，也随之为观众开启了一幅天堂图景。"大师列奥纳多·达·芬奇"建造了一个巨大的、内部镀金的半球体，看起来就像半个鸡蛋。无数的烛光给人一种星光闪闪之感。演员化身为当时已知的七大行星，在球体的壁龛中正襟危坐，他们"按照各自的等级"排列，"姿势和身上的服饰与诗人描述的一样"。这个半球体的边缘是被玻璃后面的光点亮的天道十二宫。背景音乐融合了"各种歌声和甜美可爱的声音"，而化身行星的演员则离开了自己的壁龛，为公爵夫人献上赞歌。

最后，木星朱庇特请大家安静。古典时期人文主义的热情在此让步于对基督教的崇拜，朱庇特感谢上帝，感谢他创造了一位像伊莎贝拉这样美丽、优雅、身材匀称且贤惠的女人。太阳神阿波罗因为这位美貌胜过自己的女人心生嫉妒。木星朱庇特回应道，这是他为自己创造的女人。德斯特家族特使特罗蒂讲道："就这样，他和其他行星一起从天而降。""他来到一座山的顶峰，其他行星也随之一个接一个来到那儿，坐在他的身边。当他们都坐定后，木星将水星派到圣母'伊莎贝拉'面前，告诉她他来到人间是为了赐予她美惠三女神的称号。"阿波罗带着其他几位美人来到这位新的女主人面前。"七美德"也加入其中，用赞美的歌声将她们引入自己的寝宫。特罗蒂最后说："盛宴就此结束。如此天衣无缝的巧妙设计，仿佛只存在于地球上人们的想象中。"

狂野的男人，美丽的女人

特罗蒂的领主，费拉拉公爵埃尔科莱一世·德斯特（1431—1505）有充分理由密切关注米兰的庆典活动。因为第二年，他的亲生女儿贝亚特丽切·德斯特（1475—1497）将与卢多维科·斯福尔扎结婚——两人其实订婚已久，婚事早在1480年就已经安排好了。同时，14岁的阿方索·德斯特，也就是贝亚特丽切的弟弟，则要和加莱亚佐·玛利亚的女儿安娜结婚。两对新人的共同婚礼将举办舞会、酒席、戏剧和锦标赛，隆重盛大的程度可想而知。婚礼的日期定在1491年1月18日，这是根据宫廷占星师安布罗焦·瓦雷西·达·罗萨特的计算确定下来的。现在列奥纳多又有事情做了。1491年1月26日的一份笔记记录了他这次任务的引人注目之处，其中提到了前往加莱亚佐伯爵——加莱亚佐·圣塞韦里诺（1458—1525）——家拜访。加莱亚佐是"伟大的赛维里尼"家族的一名成员，这个家族控制着当时米兰的军队。1489年，他与卢多维科的私生女比安卡·斯福尔扎结婚。这位伯爵被认为是那个时代最好的锦标赛比武者之一。巴尔达萨雷在《廷臣论》中写道，这位伯爵总是能出色而优雅地完成"所有的体能锻炼"。列奥纳多报告说，他当时正为加莱亚佐在那儿组织的一场锦标赛设计庆典。有的男仆已经换上了为他们准备的化装舞会上的"野人"服饰。

列奥纳多为这场狂欢节般的锦标赛设计了"野人"服饰，这些"野人"也经常出现在中世纪和文艺复兴时期的传说和游记中，乃至纹章上：他们是毛茸茸的强壮巨人，手持棍棒或者被连根拔起的树木在森林深处或者偏远地区作恶。宴会主人的着装也暗示了其异域血统。圣塞韦里诺以"印第安之王的儿子"的形象出现，而一队野人则疾驰而来，他们当然是穿着"时装设计师"列奥纳多设计的衣服。不知道加莱亚佐的金色头盔是否也是列奥纳多的设计？头盔上的装饰物是公羊角和一条蠕动着的蛇。

阿拉贡的伊莎贝拉在1491年1月30日诞下了一个男孩。也就是说她的丈夫吉安·加莱亚佐还是与之完成了爱的结合。他们给孩子取名为弗朗切斯科，这是给篡位者卢多维科的一个信号：该名字是在对弗朗切斯科·斯福尔扎表达敬意，同时也暗指了其合法继承人的身份。事实上，准备好要成为接班人的不仅是即将达到法定年龄要求的吉安·加莱亚佐，还有一位"小公爵"，即弗朗切斯科小公爵。不管怎样，这对夫妻的生活并没有因此变得轻松。卢多维科如果想在保住性命的同时不失去权力，就必须采取行动。他第一次将这对夫妇的补助金减到每月200达克特。这笔钱约相当于一个画家收入的100倍，相当于一个宫廷侍从收入的24倍。但对于一个公爵来说，200达克特相当于对乞丐的施舍。

列奥纳多描绘的一个寓言，似乎是对吉安·加莱亚佐不自在处境的一种嘲讽。画中的两位女性分别代表"正义"和"智慧"（图17）。后者和蛇群一起保护着一只坐在笼子里的公鸡免受一群狐狸的攻击，这些狐狸受到一个有角恶魔——邪恶的象征——的驱使正在行恶。象征智慧的女性手中挥动着另外一条蛇，蛇头上还挥舞着一个带柄的小扫帚。这一爬行动物和同时出现的扫帚一样，都是斯福尔扎家族的标志。也就是说，这幅画中的谜语应该这样解读：卢多维科从敌人手中救出了"加勒托"（意大利语中"公鸡"的意思），它代表的正是年轻的加莱亚佐。同时，他还得到一只空袭的老鹰的帮助，而老鹰则是德斯特家族纹章上的动物。这也就说明这幅素描的背景应该是米兰和费拉拉的联姻，绘制日期大约在1491年。

新婚的卢多维科，甚至在新婚之夜都没有和贝亚特丽切·德斯特一起度过，他的心属于一位高贵的米兰人后裔，美丽而有教养的切奇利娅·加莱拉尼（1473—1536）。特罗蒂特使曾向费拉拉报告说，卢多维科很多时候都和这个情人在一起。"他把她留在城堡里，无论

图17：列奥纳多·达·芬奇，《寓言》（卢多维克·斯福尔扎作为吉安·加莱亚佐·斯福尔扎的保护者？约1491），羽毛笔和墨水，20.5厘米×28.5厘米，牛津大学，基督堂学院画廊

走到哪里都有她相伴。他很爱她。她怀孕时美得就像一朵花。"在他和贝亚特丽切的婚礼过后，特罗蒂特使被告知新娘子拒绝委身于摩尔人。摩尔人在特罗蒂本人的耳边低声说，他现在要去"城堡"里和切奇利娅做"那件事"。贝亚特丽切也没有什么别的办法。贝亚特丽切在4月的一个雨天和阿拉贡的伊莎贝拉一起逛街，以此来寻求安慰；对于身份显赫的女士来说，这样的散步非比寻常。卢多维科给贝亚特丽切的妹妹伊莎贝拉·德斯特详细地讲述了这一切，以及那场"欢欣鼓舞而辉煌的庆典"，简直是应接不暇。但贝亚特丽切确实成功地让丈夫将加莱拉尼从宫中赶走了。但是卢多维科并没有带着一丝悔恨爬上他们的婚床，而是又找了一个新的情人卢克雷齐娅·克里薇莉。尽管如此，贝亚特丽切还是为丈夫生下了两个孩子。一个是埃尔克莱，孩子的父亲卢多维科在1493年为了向自己的新盟友兼小舅子马克西米利安一世国王致敬，将这个孩子的名字改成了"马西米利亚诺"；另一个孩子是弗朗切斯科，他与吉安·加莱亚佐的长子同名。但在1497年，贝亚特丽切就死于难产，第三个孩子是个死胎。

直到今天，切奇利娅·加莱拉尼的名气都比她不幸的情敌还要大。从一幅在波兰克拉科夫可以欣赏到的肖像画《抱银鼠的女子》（彩图14）中，我们或许可以找到答案。这幅作品几乎毫无争议是出自列奥纳多之手。此画的画板用的是他尤其推崇的胡桃木，并且，和他的其他画作一样，这幅画上也表现出了"手指涂抹"的痕迹。然而，最重要的是，这是一幅几乎完美的作品。唯一可以指摘的是，就像《岩间圣母》一样，画面中女子的右手有些过大。她的嘴角泛起一丝笑意。不寻常的是画中人物的姿态，和吉内薇拉·德·班琪的肖像相似，在原本是蓝色的背景下呈现的是动态的姿势，而非无聊的侧面或正面形象。列奥纳多也向未来的画家建议，肖像画中人物的脸千万不要和胸脯朝向同一方向。

解读这幅肖像画的难点在于，列奥纳多在米兰画过另外一幅美人画，也就是现藏于卢浮宫的《美丽的费隆妮叶夫人》（彩图15）。这幅画所使用的木板似乎和《抱银鼠的女子》的木板是从同一棵树干上切割下来的。确定这两幅画的创作时间必须要考虑两幅画不同的创作风格。"费隆妮叶"这一昵称是在何时从谁那儿得到的，尚没有确切的答案，据说是指她佩戴的金属头带。[1]在19世纪以前，几乎没有人用这个词指称过类似的珠宝。那么这幅画中所描绘的人物是谁呢？

有两首诗提到了切奇利娅和她在卢多维科卧榻上的继任者的肖像画。第一首是贝林乔尼的《关于大师列奥纳多创作的〈切奇利娅〉肖像的十四行诗》。这首诗必定写于1492年之前，因为贝林乔尼在这一年去世了。诗中的主题是这位诗人与自然的对话，而大自然对列奥纳多可以说是又嫉妒又气愤。他把切奇利娅刻画得如此精准，乃至她美丽的双眼仿佛会夺走太阳的光芒。他还将她刻画得似乎是在倾听而非倾诉——这在当时被认为是一种难得的女性美德。他将切奇利

---

1. 画作的原标题为 "La belle ferronière"。"ferronière" 在法语中指的是文艺复兴时期女子的额饰，通常是用链条悬挂在额头中央的珠宝。

娅的美献给创造她的大自然，使之永久流传。而另一首作者不详但是提到了卢克雷齐娅·克里薇莉的诗，表达的也是艺术与自然之争这一永恒的主题。"像在其他作品中一样，达·芬奇赋予了她灵魂/但画面似乎不愿如此。所以，她是另一个人/爱她的摩尔人拥有她的灵魂/你所看到的那个人，名字是卢克雷齐娅/众神用慷慨的手赐予她一切/她被赋予难得的美貌；列奥纳多描绘了她的面貌，爱极了这幅画/还有摩尔人——他们两人，一个是画家中的第一，一个是王侯中的第一。"

宫廷诗人的声音我们暂且说到这里。两首诗只是证明了列奥纳多画过切奇利娅·加莱拉尼和卢克雷齐娅·克里薇莉，但并没有证明画中的人究竟是谁，也没有证明存世的画作是否与这两位女性有任何联系。值得注意的是，没有一个诗人提到了画中那只可爱的银鼠。对这只银鼠进行意义解读的尝试太多太多了。但一个不争的事实是，这只动物代表着纯洁。列奥纳多自己也知道这个古老的传说：他的笔记中有一条写着，银鼠宁可死也不愿意被玷污。那不勒斯国王费兰特创立的银鼠骑士团的座右铭也与此类似。所以，这一意象象征的很有可能是画中人物的美德。诗人在赞美一个女人的时候经常会说：她美得就像画家入画了一样。而说到更晚一点出现却也糟糕得多的《银鼠肖像》——被认为是威廉·西格为"处女女王"英国伊莎贝拉一世所作，我们也能发现类似的象征意义。

说到这一切同卢多维科·斯福尔扎更明确的联系，不得不提的是，1488年，阿拉贡的伊莎贝拉的祖父费兰特将他纳入了自己的银鼠骑士团中。一直在争取王侯联盟认可的摩尔人一定相当满意这一荣誉。不过，他想到了一个主意，如果让黑发的女色狼摆出被情妇切奇利娅的一只雪白贞洁的宠物抓伤的样子，那就是更高的讽刺境界了。列奥纳多肯定能这样玩一把，贝林乔尼也能。这位卢多维科的宫廷诗人称自己的主人为"意大利的摩尔人，白色的银鼠"。

相反的观点认为这幅神秘的《抱银鼠的女子》描绘的其实是卢多维科的妻子贝亚特丽切·德斯特，这一观点令人信服之处在于，这只毛茸茸的动物及其象征的美德似乎与贝亚特丽切更相称。事实上，相较于《斯福尔扎祭坛画》中的形象，贝亚特丽切确实更像这幅画中的美女。让事情变得更复杂的是，《美丽的费隆妮叶夫人》也描绘了一位同一类型的女性。因此，这幅位于巴黎的肖像画也被解读为贝亚特丽切的肖像画，就连一幅画有稍微年长一点的抱银鼠女子的肖像也被认为是费隆妮叶夫人。如果这种观点是正确的，那么被诗人所称赞的卢克雷齐娅·克里薇莉的肖像便子虚乌有，因此，我们要么有两幅切奇利娅·加莱拉尼的肖像，要么有两幅贝亚特丽切·德斯特的肖像。

还有一个乍看之下似乎相当不合逻辑的观点。从动物学的角度来看，银鼠不过是一种有白色皮毛的鼬，鼬的希腊语是加拉（galä）。那么这就可能是在暗指姓加莱拉尼的切奇利娅。在列奥纳多创造了数百个双关语的背景下，这一猜想似乎没有想象的那么牵强。不管怎样，较为理性的结论则是：虽然切奇利娅和卢克雷齐娅是列奥纳多最早的模特，但任何资料都不能强有力地证明画中人物的身份。

卢多维科情人接下来的命运很快就可想而知了。1497年3月，在卢多维科的妻子贝亚特丽切去世两个月后，卢克雷齐娅为她的爱人生了一个儿子，名叫乔瓦尼·保罗。他此后将作为雇佣兵队长在沙场赢得荣誉。不久后，卢多维科就和他的卢克雷齐娅秘密结婚了。他把自己的两个女儿伯纳和伊莎贝拉许配给了他前任情妇切奇利娅·加莱拉尼的两个儿子。这位"蓝胡子"[1]和他的爱人们之间仍然有一张紧密编织的网。一张绘制在羊皮纸上的精美素描描绘了一位女性，但是不是卢多维科的另一个私生女比安卡·斯福尔扎，还值得商榷，更大的疑问在于，这幅画是否出自列奥纳多之手。

关于切奇利娅·加莱拉尼接下来的故事我们知道得并不多。1491年5月，她和卢多维科的私生子出生了。这个孩子拥有一个十分光荣的名字：塞萨里[2]。他得到了王侯般的待遇，同时拥有萨隆诺的封地和米兰的卡尔马尼奥拉宫，斯福尔扎则确保孩子的母亲嫁给卢多维科·贝尔加米尼伯爵。从此，她在自己的宫殿中投入文学的怀抱中，这座宫殿曾经的主人是雇佣兵队长卡尔马尼奥拉。在此，一个小小的缪斯宫廷诞生在这位"巾帼英雄"（作家马提欧·班德罗的评价）身边，这里有音乐家、画家、建筑师和学者。直到多年后，切奇利娅才对列奥纳多赞不绝口。她后来不相信有人能够和列奥纳多相提并论。或许她和列奥纳多一直都保持着联系，在《大西洋古抄本》中的一页

---

1. 蓝胡子，童话故事中连续杀妻的人。
2. 塞萨里（Cesare）这一名字源于恺撒（Caesar）大帝。

上有一段神秘的文字："荣耀的切奇利娅，我最敬爱的女神，在我读完你最亲爱的……之后……"当然，列奥纳多如此热情洋溢称呼的是不是切奇利娅·加莱拉尼，我们并不确定。

在自己的城市被法国人占领期间，切奇利娅短暂地流亡到费拉拉，在那之后她还将在米兰度过很多年，她于1536年在那里寿终正寝。而一直到很久之后，人们才知道列奥纳多所绘画像的去向。1798年，波兰政治家亚当·耶日·恰尔托雷斯基在意大利做停留时获得了《抱银鼠的女子》。这幅画就这样到达了波兰克拉科夫。今天，它已成为波兰最著名的艺术品。

"世间从来没有比这更美的东西"：斯福尔扎的荣誉之马

1493年，卢多维科在追求自己珍贵地位的"合法性"的过程中又采取了一次大胆的行动。他成功地安排了自己的侄女比安卡·玛利亚牵手哈布斯堡王朝的马克西米利安一世，原本他希望把这位侄女嫁给匈牙利国王马加什·科尔温，这一计划由于这位国王的突然离世而告吹。与这位德国国王、未来皇帝的结合花费了卢多维科37万弗罗林金币，其中有7万弗罗林金币用于珠宝等贵重物品。以今天的标准来看，这笔花费简直高得离谱，通过这样的方式，卢多维科买到的不仅是斯福尔扎家族与欧洲最古老的蓝血贵族的结盟，还有自己封爵的希望。据估计，在接下来的几年中，斯福尔扎共投入了100万弗罗林金币到这场非比寻常的联盟中。资金的外流在很大程度上造成了米兰公共财政的混乱。与这位公认的生活奢侈、资金匮乏的哈布斯堡成员的联系并没有为米兰军方带来任何好处。当时的一份宣传小册子上展示了一只翱翔的帝国之鹰，但是它却连一只蚊子都抓不到。

比安卡·玛利亚也是政治博弈中一颗无奈的棋子。1493年11月30日，在米兰大教堂举行的婚礼和加冕仪式上，巴登的克里斯托夫侯爵代表她的新婚丈夫出席婚礼。尽管如此，她的叔叔卢多维科还是为这场婚礼举办了隆重的庆祝活动。新娘身穿深红色的金线锦缎长袍，端坐在一辆由四匹白马拉着的金马车上。他们一路走过凯旋门，欣赏着沿途的缂织壁毯。在斯福尔扎城堡的宴会上，人们可以欣赏到卢多维科为自己的这位皇室侄女准备的奢华礼物：珠宝首饰、金银餐具、昂贵的服装、缂织壁毯和马具。

此时的列奥纳多一定忙得不可开交。与此同时，他还顶着巨大的压力在为卢多维科的父亲弗朗切斯科·斯福尔扎制作前文已经提到过的纪念碑。婚礼宴会上的客人惊讶地站在这尊经过精细刻画的黏土模型前。它有7米多高，与一位王者或神明的形象十分相配。人们从来没有见过如此巨大的骑士雕像。斯福尔扎的宫廷诗人巴尔达萨雷·塔科内（1461—1521）对这尊雕像的创作者大加赞赏："你看／庭院里有他用矿石做成的巨大雕像／这是为了纪念卢多维科的父亲／我坚信不疑／在希腊、罗马都未曾见到比它更壮观的雕像／你看这匹马是多么优美／列奥纳多独自一人不辞辛苦地创造了它／他是一位雕塑家，出色的画家，优秀的数学家／如此难得的天才世间罕有／即使卢多维科先生早已准备好遗嘱/如果不早一点开始/就可能找不到这样一个列奥纳多了/而现在，这尊雕像出落得如此精妙/以至于每个人看到它都会肃然起敬/即便拿它和菲狄亚斯、米隆、斯科帕斯以及普拉克西特利斯相比较/人们也会说：世间从来没有比这更美的东西。"

这尊仿佛拥有魔力的马的历史可以追溯到20年前。1473年，加莱亚佐·马里亚·斯福尔扎要求他的建筑师巴托罗米奥·加迪奥寻找有能力完成这项工作的大师。他首先在米兰寻找，然后又去了罗马、佛罗伦萨和其他一些城市。在加莱亚佐·马里亚悲惨地死去后，卢多维科接受了这项任务。纪念碑的第一张草图是由安东尼奥·德尔·波拉约洛提供的。但最后是列奥纳多在1489年的夏天开始这一作品的创作。佛罗伦萨驻米兰使者皮特埃罗·阿勒曼尼当时写信给伟大的洛伦佐说，卢多维科想要为他的父亲建造一座合适的"墓碑"。"他已经命令列奥纳多·达·芬奇制作了一个模型：一匹很大的青铜马，马背上是穿着盔甲的弗朗切斯科公爵。因为卢多维科阁下希望能够制作出最高质量的作品，所以他委托我写信给你，希望你能给他派一两位合适的人。虽然他已经将这一项目委托给了列奥纳多·达·芬奇，但在我看来，他对这位大师能完成作品并没有多大信心。"卢多维科明显怀疑列奥纳多的自我标榜与现实不符。然而，即使作为美第奇家族的成员，他也不知该邀请哪位专家。所以整个项目还是委托给了列奥纳多。他曾动员过一位佛罗伦萨的朋友——人文主义者皮亚蒂诺·皮亚蒂，他在斯福尔扎家族的圈子内很有影响力。我们的大师之所以最终能获得这份合同，有可能就是得益于他对这位"佛罗伦萨的列奥纳多，芬奇的后人"的赞扬。

阿勒曼尼在信中提到墓碑，说明这位大师看到的骑马雕像几乎都是用作墓葬纪念碑或者衣冠冢。这些作品包括位于帕多瓦由多纳泰罗所作的格太梅拉达骑马像，位于维罗纳的斯卡里格墓地，还有博尼诺·达·坎皮奥尼在米兰为贝尔纳波·维斯孔蒂所建的纪念碑。最后一个是最初位于布尔诺的圣若望教堂。

列奥纳多的骑马雕像旨在展示斯福尔扎家族的辉煌，并让人们铭记其发端的历史。将这位王朝创始人栩栩如生的形象用"不朽的矿石"定格在高高的骏马上，这应该是最高的礼遇与荣耀了。马是身份的象征，骑马雕像则是身居高位或者功勋卓著的人物专属的尊贵纪念。安东尼奥·德尔·波拉约洛也向自己的一个客户雇佣兵队长、异教徒维吉尼奥·奥尔西尼建议，推荐他给自己也留下一座骑马雕像："它将让你永垂不朽。"

想要按照计划铸造一座雕像，对技术的要求极高。一本广为流传的书也向人们传达了这样的信息，这本书就是锡耶纳人万诺乔·比林古乔的《火法技艺》，它直到列奥纳多去世20年后才面世。就像琴尼尼的《艺术之书》一样，该作品相当于工匠的技巧宝库。首先需要一个用黏土做的铸芯，一个围绕着铁质的支撑框架制成的模型。比林古乔透露说，一些铸工会用盐水将其浸湿，并糅入铁锈碎片或磨得细细的铁屑，有时还会使用马、骡子或者驴的干粪。铸芯上覆盖着一层蜡，艺术家就在蜡的表面切割出预想的人像表层制成蜡模。蜡层上会覆盖上一层装有铸铁管和通风管道的外壳，这一外壳紧贴蜡模的部分由细泥浆制成，烧制后即成为铸型，更外层则是较粗的黏土。蜡融化之后就可以开始烧制了。要确定所需金属的确切成分和数量非常困难。合金的主要成分是铜，有时比例高达90%，另外还有10%至25%的锡，有时候还会有黄铜、锌、锑、镍、砷、铅和银。所有这些金属混合物都需要加热到1000摄氏度以上。根据人像的大小，铸工可能需要10小时、20小时乃至更长时间来完成。接下来的工作就会进行得非常快了：青铜将被注入铸造管中。当它冷却之后，戏剧性的时刻就出现了，泥衣被拆除后，铸造的作品是否如愿将一目了然。最后的粗糙表面，金匠们通过雕刻和抛光来完成，有时可能还包括镀金，就像韦罗基奥的那尊科莱奥尼骑马雕像一样。

青铜铸造非常昂贵。除了大量的金属外——斯福尔扎的骑马雕像就需要14吨以上的金属——还需要巨大的炉子、由水轮带动的大型吹风箱和大量的木材。为了制作弗朗切斯科的骑马纪念碑，1200多棵树被砍倒。除此之外还需要挖一个铸坑，把铸模放进去进行铸造。在意大利只有极少数的专家了解青铜铸造必不可少的知识。已经掌握的人完全有理由夸耀自己。所以，在自己的"求职信"中，列奥纳多首先强调自己作为"工程师"的能力就不足为奇了。与此相类似，相较于自己其他的现代艺术作品，本韦努托·切利尼也更看重《珀尔修斯像》这一成就。

列奥纳多也曾向建筑师朱利亚诺·达·桑加洛（约1445—1516）等专家寻求建议。除了草图、笔记之外，一丝不苟的素描画作也能表明，除了是一位技艺者之外，列奥纳多也是一位出色的艺术设计家。马匹这一形象一直占据他工作的一部分。在《三博士来朝》和其他众多素描作品中，马都作为元素出现——它们有的在吃草，有的在平静地踱步，有的在疾驰，有的昂首挺胸。他的一幅蓝色底纸的素描对安东尼奥·德尔·波拉约洛的骑马形象做了一些改变，展现了一幕骑手攻击敌人的激烈打斗场景（彩图16）。可能是后来考虑到铸造一匹如此巨大的难以驯服的马难度颇高，列奥纳多决定改变计划，回归马儿平静小跑的古典形态。他的蓝本之一是《太阳王》这一雕塑。这是一尊古典时代晚期的骑马雕像，在1796年被毁掉之前一直矗立在帕维亚大教堂前（图18）。列奥纳多在看到这尊雕像的时候指出："帕维亚的那匹马最值得称赞的地方就是它的动态。模仿旧事物比模仿新事物更值得称道。"并接着补充道："小跑的姿态是一匹自由驰骋的马最原始的模样。"他由此得出结论，现在选择的"更无趣"的方案反而更加自然，而且比巴洛克风格狂野的高卢形象更符合古典的艺术理想，虽然古典时期也曾有过这样的艺术形象。帕维亚的《太阳王》为这一决定提供了美学依据，但这更像是对技术的一种妥协。

铸造工艺中的一个步骤显然和制造大炮使用的工艺相同。模型上要撒上细灰，以防铸壳粘在模型上。这层灰粉外层被称为"女人"，在烘干后会被取下，拆成小块并被烧制。最后，这些碎片会围绕着铸芯——又被称作"男人"——被组装起来。为了抵挡住此刻倒入的液体金属的压力，就需要一个更坚固的铁质配件。列奥纳多为此绘制了详细的技术图纸（图19）。与传统方法不同，他开发了一种新的一次

图18：V.布鲁内里，《太阳王》（1816），自来水笔，水彩，
31厘米×16.5厘米，帕维亚，市民博物馆

性铸造工艺，避免了难看的接缝。最后完成之前，还须使用蜡或泥制成的复制品来对青铜雕塑进行再加工。

斯福尔扎纪念碑将由镀金青铜制成，如果完成，将成为世界上的一个奇迹，也是自文艺复兴以来最令人印象深刻的骑马雕像。一

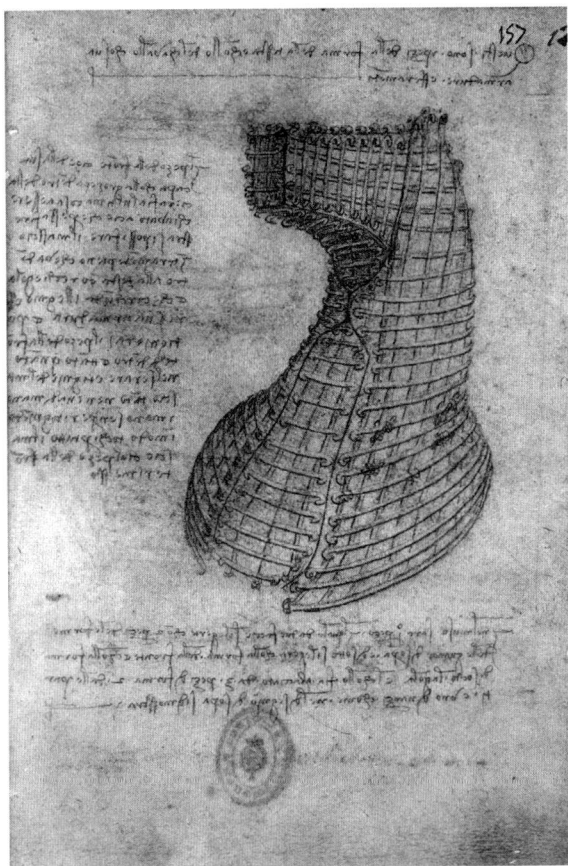

图19：列奥纳多·达·芬奇，《弗朗切斯科·斯福尔扎纪念碑的铸造罩》（约1491—1493），红粉笔，21厘米×29厘米（整张纸尺寸），马德里，国家图书馆

位爱好写作的米兰画家——有可能是安布罗焦·德·普雷迪斯——对着他"亲爱的、优雅的伙伴芬奇"的这尊泥塑模型呼喊:"胜利女神赢了,而你,胜利者芬奇,也赢了。"达·芬奇对此也感到很自信。技术问题也许是可以解决的,但是外部环境阻挠了这一模型的付诸实践。

3.朝臣

托斯卡纳的伊卡洛斯

"列奥纳多大师,米兰的佛罗伦萨人"在佛罗伦萨旧宫里经营着自己的工作室,这所宫殿在18世纪不得不为米兰皇宫让路。巴尔达萨雷写道,斯福尔扎的骑马雕像完成于"宫廷中",他指的就是这座宫殿。在中世纪城邦时期,这个带有两个庭院的巨大建筑群曾是市政府的所在地,名为"布罗莱托宫"。后来,它又服务于米兰的达官贵人:先是德拉·托雷家族,然后是维斯孔蒂家族,最后就是弗朗切斯科·斯福尔扎。作为这座建筑物最有名的居民,列奥纳多也许在1492年或1493年就从房顶上开始了飞行尝试。他显然希望自己不被发现,因为他说:"如果你站在塔边的屋顶上,那些正在工作的人就不会看到你。"然而,就像他在切切里山上的试飞故事的真相一样,没有任何确凿的证据可以证明列奥纳多真的绑上了翅膀,安然无恙地飘进了"旧宫"宽敞的庭院。帕维亚人吉罗拉莫·卡尔达诺(1501—1576)

是列奥纳多的精神继承人之一，他记录了列奥纳多的飞行梦：芬奇曾尝试过，但是徒劳无功。他还以非常赞许的语气补充道："他是一位杰出的画家。"

　　列奥纳多制造飞行器的计划是一种可以追溯至古典时期的传统。罗吉尔·培根（1214或1220—1292）曾设想过一种飞行器的版本，人类通过移动一个机械装置，"让一双制作精细的翅膀振动空气，就像鸟儿一样飞翔"。据说，列奥纳多同时代的数学家乔瓦尼·巴蒂斯塔·丹蒂曾在特拉西梅诺湖上空成功完成过滑翔飞行。1497年，在佩鲁贾的一次展示活动中，他的滑翔机的一个机翼断了。丹蒂最后摔落到一间教堂的房顶上，双腿骨折。

　　列奥纳多最早在佛罗伦萨就已经萌生了飞行的想法。15世纪80年代末，他的"扑翼机"的施工图诞生了。他想让飞行员像鸟儿一样振翅而飞。在一个设计的变体中，飞行员被设计绑在一个传动杆上，然后用自己的胳膊和腿让机器的机翼上下移动。设想中，该仪器由头部运动控制。在另一幅草图中，他则让飞行者站在一个半球上（图20）。飞行者要通过踏板和手摇杆来控制4个巨大的翅膀。复杂的机械装置是为了完成力的转换。最后，还有一种"螺旋飞行器"，就像螺丝钉一样钻到空中去。也就是说，这种"Helix pteron"[1]呈现了直升机（Helikopter）的原理（图21）。

---

1. 在希腊语中，"Helix"是旋转的意思，"pteron"是"翼"的意思，这也是今天"直升机"（德语Helikopter，英语helicopter）一词的来源。

这些机器都不适合飞行，因为它们都太重了。机器中许多所需的工件都必须是木质的，还需要一些金属的部件。人类肌肉的力量永远都不足以驱动它们飞翔——随着时间的推移，这种想法也在列奥纳多的脑海中逐渐成熟。无论如何，他设计的一种装置最终使滑翔飞行成为可能。2003年，当时的世界悬挂式滑翔伞冠军朱迪·莱登亲身测试了这一装置的复制品。除此之外，一个由四块金字塔状布料缝制而成的降落伞也发挥了作用，这种设计在中世纪也有过类似的例子。2000年，英国飞行员阿德里安·尼古拉斯用这一装备冒险从3000米的高空跳下，这一尝试表明该装置可以实现平缓地向下滑翔。出于安全考虑，尼古拉斯在最后阶段使用了常规的降落伞。因为列奥纳多设计的11米长、85千克重的降落伞既不能折叠，也没有弹性。这会导致试飞员最后被它压死。列奥纳多知道硬着陆的危险，他的《马德里手稿》中准确的减震器设计可以证明这一点。列奥纳多不是第一个萌生制造降落伞想法的人。15世纪的一张图纸呈现了一个非常相似的设计结构。

直到生命的最后几年，列奥纳多还在思考飞行器的问题。他得出的结论是，鸟类和蝙蝠最有可能教会地面生活的人类如何飞向天空。由此开始，以及后来通过比较鱼的流线形状和船的轮廓，他成了仿生学的先驱。

他最重要的观察成果是1505年左右开始记录的鸟类飞行笔记。内容涉及空气阻力和浮力，描述了鸟类的盘旋滑翔和嗡嗡声，还诠释了它们如何用尾羽转向，以及如何通过翅膀下的空气涡流保持

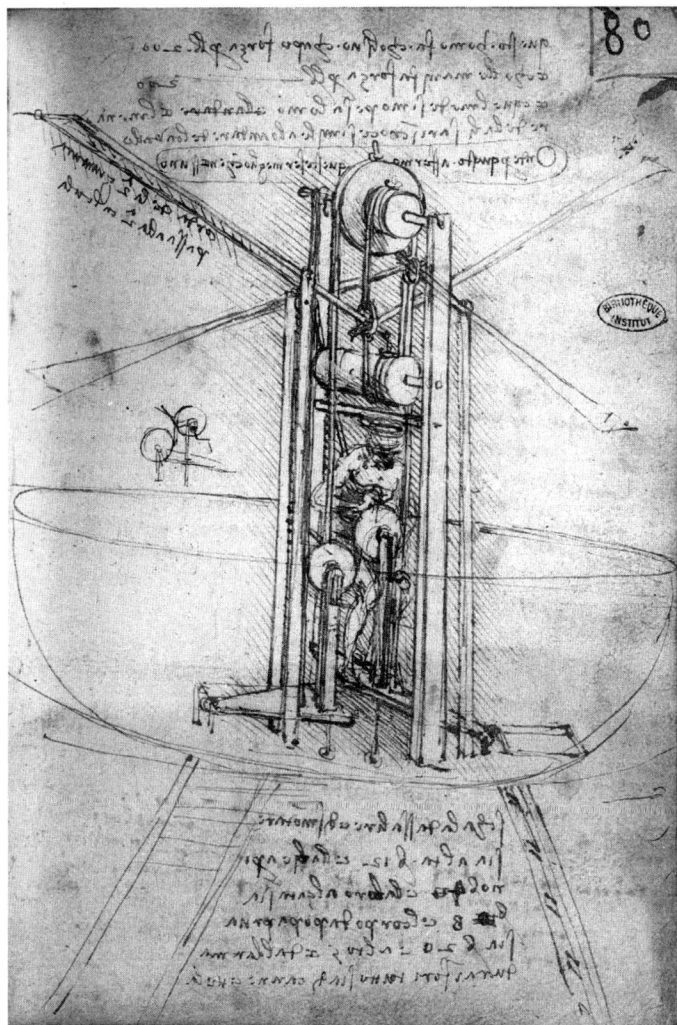

图20：列奥纳多·达·芬奇，《飞行装置》（1487或1490），羽毛笔和墨水，
23.2厘米×16.5厘米，巴黎，法兰西学会图书馆

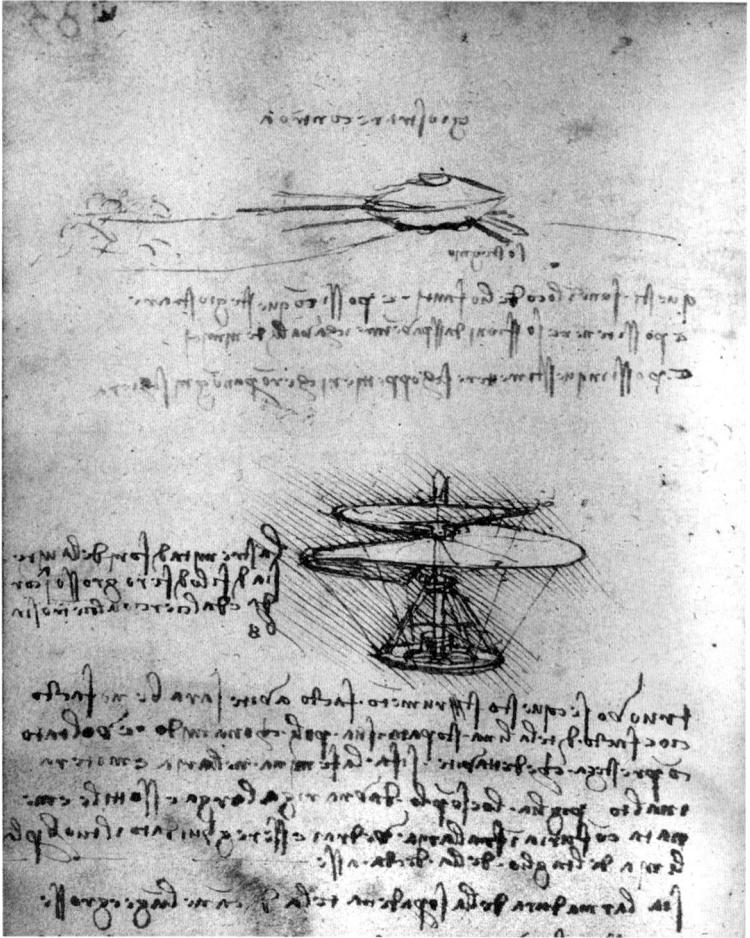

图21：列奥纳多·达·芬奇，《螺旋飞行器》（1487或1490），羽毛笔和墨水，
32.2厘米×16.5厘米（整张纸尺寸），巴黎，法兰西学会图书馆

平衡。

列奥纳多设计飞行器机翼构造的灵感来自蝙蝠翅膀。他给自己

定下了解剖蝙蝠的任务，并在笔记本上写道："不要忘记，你的鸟儿除了模仿蝙蝠之外不能模仿任何东西。"他还研究了如何使轻质结构成为可能的材料。也就是说应该使用的材料不是金属而是用明矾鞣制过的皮革，还有很结实的生丝和芦苇。对鸟类拇指功能的评论揭示了这位解剖学家的敏锐眼光，航空先驱古斯塔夫·利林塔尔（1849—1933）也对此给予了关注。

最后，列奥纳多得出了一个了不起的结论："鸟就像一种按照数学规律运行的仪器。人类可以通过自己的能力复制出它们所有的动作，而且不需要花费很大的力气……因此我们可以说，这种由人制造的仪器除了鸟的灵魂之外什么都不缺，而它的灵魂也应该衍生于人类。"然后他又问道："动物有灵魂吗？能否与仪器相比？"250年后，法国哲学家朱利安·奥弗雷·拉·美特利提出的一个后续问题揭示出这一发问背后隐藏的爆炸性：人不就是一台复杂的机器吗？物理学家和科学史家皮埃尔·迪昂称这一时代为"机械化时代"，始于机械摆轮装置和手动机械表等的发明。列奥纳多正是这一"机械化时代"的杰出代表。

生活、学习、思想

在1494年的2月和3月20日，我们在维杰瓦诺的斯福尔扎别墅看到了列奥纳多的身影，这栋别墅是卢多维科在一个月前送给妻子贝亚特丽切的。列奥纳多在这里设计了一座木亭，它将矗立于斯福尔泽斯科公园——一个气势恢宏的四翼建筑群，也是粗放农业的中心。付给列奥纳多的账单可能包括了这座建筑物的装饰工作——表现了哲学家和"24卷罗马史"[1]的装饰品——所需的金子和颜料的花费。此外，列奥纳多还仔细考察了一个葡萄园，并考虑了如何改进一间磨坊的生产效率。他爬上了当时米兰附近的一个基亚拉瓦莱村庄的修道院教堂的塔楼，开始研究那里的天文钟的力学。他还在科莫湖和基亚文纳周围的农村游荡。一路上，他享受着价格便宜的烈性葡萄酒，每壶酒只要不到一个索尔多。在博尔米奥山上的喷泉处，他记录下了一个古典时期人们就注意到的现象：泉水每隔6小时就会上升一次，并且，"到达峰值的时候，水力应该能够带动两台磨子"，之后泉水便又退去。他相信流过博尔米奥的阿达河中的鲴鱼以银子为食的传说吗？毕竟，这个本身似乎就闪着光的童话故事也能把鱼儿鳞片上的光泽诠释得淋漓尽致。

在米兰，他拜访了一些有趣的人，比如"像木匠一样"的医生朱利亚诺·马利亚诺，他拥有一个植物标本馆和一部"关于骨头"的作品。此外，我们还发现他与建筑师维特鲁威以及评论家贾科莫·安德烈·达费拉拉共进晚餐。在游览米兰期间，他对于米兰的地形做了相关记录，显然是打算绘制一张城市地图。他还绘制了漂亮

---

1. 这里指的是古罗马历史学家阿庇安的代表作《罗马史》，原作为24卷。

的马匹肖像，比如"佛罗伦萨人莫雷尔"或者"西西里先生加莱亚佐"的黑马，这匹马的主人指的是前文提到过的加莱亚佐·圣塞韦里诺。

列奥纳多在一些便条上记下了计划拜访的人和需要采购的物品来提醒自己："针，尼古拉奥，线，费兰多，雅科波·安德烈，画布，石头，颜料，画笔，调色板，海绵，公爵的版画。"人们甚至可以通过零散的资料来复原列奥纳多的菜单便条。少不了的是葡萄酒——"葡萄美妙的汁液"，他一般在早上喝，但有可能是稀释过的。他吃的主要是素食：汤、面包、欧芹、薄荷、百里香等各种香草，还有酒醋和盐。其他的笔记则提到了蚕豆、绿豆、小米、豌豆、荞麦、蘑菇、鸡蛋和凝乳奶酪——意大利的瑞可塔奶酪，最后还有苦橙、葡萄和桑葚。笔记中偶尔提到的肉或者灰山鹑是不是为这位大师本人准备的呢？这一点并不能确定。但至少在晚年，列奥纳多应该是一位素食主义者。关于享用了猪和小牛的煮熟的舌头后不久直接排出这一现象，他写道："哦！当你看到一个活物的屁股里有另一个活物的舌头时，真是太恶心了！"

列奥纳多需要蜡烛来作画和进行实验，比如说他会通过实验来研究火焰和烟雾的物理学。他还致力于将白天延长到晚上，甚至还发明了一种灯。在他那个时代，夜间工作可完全不是自然而然的事情。大多数工匠都是另外一种工作习惯：他们日出而作，日落而息。毕竟，蜡和油在当时都非常贵。然而，列奥纳多肯定会一连几夜伏案或站在桌前思考、画画，乃至写作直至天亮。我们甚至能看到当时的情景，他在笔记中写道:"在圣安德鲁节的夜晚,我成功完成了化圆为方这一命题。那是蜡烛将要燃尽之时,是夜晚将要逝去之时,也是我用于书写的纸张的尽头;我在时间的尽头处画下了结论。"

我们并不清楚,列奥纳多在笔记中所引用的作者名和书名是读过的还是计划要读的,是他已经有的书还是打算要找到的,比如,他提到的马尔利安尼的一本《代数》。从一位住在"组姆贝尔拉"饭店的阿里普朗多先生那里,列奥纳多知道了他有维特鲁威评论家贾科莫·安德烈的作品。此外,他还告诫自己要做更多的功课:"对米兰和郊区的测量……让算盘大师教你如何将三角形画成等面积的四边形……问贝内代托·波蒂纳里……弗拉芒的人们是如何在冰面上行走的……吉安诺托大师的弩,亚里士多德的'迈泰奥拉'用意大利语怎么说。"然后,他想起了要去"布蕾拉的修道士"那里让这位修士给自己看内莫拉里乌斯的作品《论重量》,还要"弄到在帕维亚图书馆内的韦托罗内",也就是维帖洛[1](约1237—1275)论述光学的作品《透视》。

此外,从1487年开始创作的《弗斯特手抄本》中充满了对几何学、水力学、化学的研究,还有一种能够帮助预防疥疮的药膏配方。1493年左右,列奥纳多开始《马德里手稿》的文字和插图工作。内容涉及机器、钟表、光学、机械理论、空气力学,还有斯福尔扎骑马雕

---

1. 维帖洛,波兰科学家和哲学家。

像的铸造工作。我们还能够在书中找到清漆和底漆的制作说明。列奥纳多还开发了古腾堡印刷机的改进版。除此之外，他还可能仿照马里亚诺·迪·雅科波的模型为遭遇海难的人设计了一条救生带。他研制的烤肉转盘上的火不仅可以用来烤肉，还可以提供热量，通过叶轮使烤肉串旋转受热（图22）。

顺便提一下，列奥纳多之前想打听荷兰溜冰者的情况，但并不是因为身为意大利人而对这项具有异国情调的运动感到好奇，而是他对溜冰者如何保持平衡这一物理问题兴趣浓厚。于是，他希望自己能找到"为何溜冰者不会滑倒"这一问题的答案。在同样的背景下，列奥纳多的另一个预测经常被引用，因为这似乎显示出列奥纳多是一个有远见的天才。"我们应该可以造出一辆无人驾驶的车"，虽然他在这里想到的并不是一辆汽车，而是在摩擦力最小的情况下行进的交通工具。这段话的第二部分通常不被引用，列奥纳多接着说的是："就像一个滑过结冰的河面的人，他的脚并不需要运动。"再顺便说一下，列奥纳多并没有发明过自行车。《大西洋古抄本》中一幅展现了自行车的素描可能是在19世纪以后才被人用虚线画在纸上的。

作为一名武器发明者，列奥纳多展现出无穷无尽的创造力，同时他也经常从古典时期和中世纪已有的发明中寻找灵感。他发明了火药和速射步枪、水冷枪管、可换枪管的手枪，设计了风琴炮和一个巨弩。他的霰弹迫击炮应该能在"一节万福玛利亚晚课的时间内"让大量火药爆炸。一张图画上展示了一种盔甲，另一张则呈现了一个带旋转镰刀的马车，应该是被用来切下敌人的四

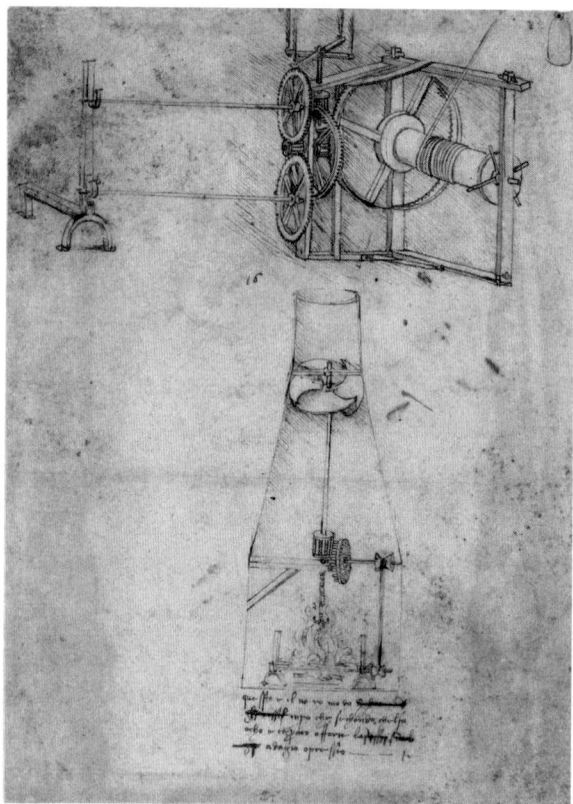

图22：列奥纳多·达·芬奇，《烤肉转盘设计稿》（约1480），
羽毛笔和墨水，25.5厘米×19.1厘米，米兰，盎博罗削图书馆

肢（图23）。列奥纳多对这种马车的了解要感谢罗伯特·瓦图里奥
（1405—1475）——雇佣兵队长西吉斯蒙多·马拉泰斯塔的一名军
事工程师，他曾试图建造这样一个设备的复制品。瓦图里奥的《论
兵法》一书中也提到了利用蒸汽压力射出铁弹的可能性。列奥纳多

在此基础上设计出了一种大炮，他将这种大炮命名为"阿基米德之雷"（图24）——据推测是阿基米德发明了蒸汽炮的革命性原理。类似的武器在美国内战期间其实也出现过。除此之外，瓦图里奥的书也是制作希腊火[1]配方的来源。

图23：列奥纳多·达·芬奇，《镰刀战车》（约1483或1485），羽毛笔和深褐色水彩，21厘米×29厘米，都灵，皇家图书馆

---

1. 希腊火是一种可以应用于海战的液态燃烧剂，起源于拜占庭帝国。

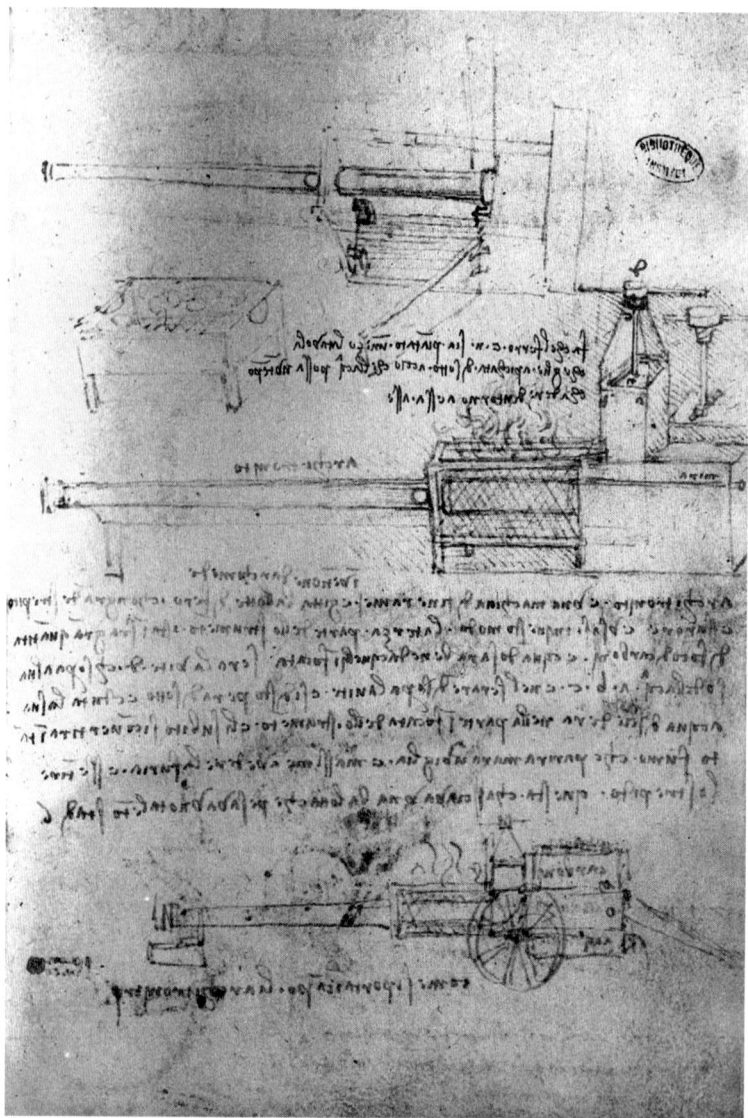

图24：列奥纳多·达·芬奇，《阿基米德之雷》（约1487或1489），
羽毛笔和墨水，23.2厘米×16.5厘米，巴黎，法兰西学会图书馆

助手、同伴以及一个小恶魔

在自己的贵族公寓中，列奥纳多一定很少独处。瓦萨里写道："他的慷慨大方引来了周围的朋友，无论贵贱，只要拥有才识，他都会热情款待。"当时有人传言，米兰旧宫里住着一个对稀奇古怪之物感兴趣的人。于是，农民就给他带来了一袋在帕尔马和皮亚琴察山区发现的贝壳和珊瑚化石。他便开始研究这些东西并从中学习知识。

七名助手、学徒以及时不时会出现的其他师傅和列奥纳多共用一间工作室和公寓。不排除他们会独立承担委托任务的可能性。比如马可·德·奥格约诺（约1475—约1530）和乔瓦尼·安东尼奥·博塔费奥在1491年就已经作为独立的合作伙伴相识，当时他们正在为米兰绘制《复活》。博塔费奥尤其是一位技艺精湛的肖像画家。他的一位赞助人称他是列奥纳多的"唯一能够用铁笔和毛笔让人像比自然更美的学生"。

第三位助手是后来最著名的一位：吉安·贾可蒙·卡坡蒂·达奥伦诺（约1480—1524）。他的雇主列奥纳多给他取了一个绰号叫作"萨莱"，这可能来自一个小恶魔的名字——同时出现在路易吉·浦尔契的作品《巨人莫尔甘特》以及这位诗人和伟大的洛伦佐的通信中。这个名字非常合适，因为在1490年左右进入列奥纳多的生活中时，这个仅有10岁的小家伙是个小流氓。他的师傅准备用来给他置办衣服的4里拉第二天就不见了。"虽然我完全确定'是他干的'，但始终没有办法让他承认。"列奥纳多恼羞成怒地骂道:"小偷、骗子、犟驴、寄生虫。"萨莱还偷了同事的银笔,用偷来的皮毛换取的钱给自己买了茴香点心。另外一次去小酒馆的经历也很糟糕:"贾可蒙一个人吃了两个人的饭,打碎了三个酒瓶子,里面的酒都洒了,还因此祸害了四个人。"

1493年3月,擅长金属加工的"德国人"朱利奥加入了列奥纳多的团队。他有可能受雇加入了斯福尔扎纪念碑的制作工程。显然,他把自己家乡的技术发展情况告知了自己的新老板。列奥纳多在一幅用于减少摩擦的轴承设计图上记录道,朱利奥在德国观察到这种装置的一个轮子已经无法使用了。他还提到其他一些名字,比如,一位可能是厨师和管家的卢西亚,这些人的身份都无法证实。人们一直都在猜测,一位1493年7月出现在旧宫的"卡特琳娜"是不是列奥纳多的母亲。否定这一猜测的证据是列奥纳多并没有称呼她为"母亲",而是叫她"卡特琳娜"。而支持这一猜测的证据则是,在她大约于1497年生病时,他找来了一位医生,并且最后为她的葬礼支付了一笔相当高的费用,即123个索尔多。

在米兰旧宫中,列奥纳多身边的人并不是他的家人。和在托斯卡纳的工作室社区一样,工匠们先后到来,完成一个订单后就离开了。"9月27日星期四,"列奥纳多在此说到的日期是在1492年,"托马索大师回来了,为自己的订单一直工作到2月的倒数第二天。"在此逗留期间,工匠和学徒们都必须自己承担食宿费用。列奥纳多大约在1493年11月1日仔细核算了一下:"朱利奥需要付4个月的费用;托马索大师9个月；托马索大师然后做了6个烛台，10工作日；朱利奥做了一些火钳，15天，随后他为自己工作到5月27日，为一项起重机的项目工作到7月18日，然后又工作到8月17日，之后为一位女士工作了半天；然后为我制作了两把锁，一直工作到8月20日。"工作室里的人彼此之间有时候会恶作剧，这从列奥纳多和"托马索大师"之间的一个玩笑就能看出来：列奥纳多用栎瘿给托马索做了一件大衣，意大利语中"栎瘿大衣"为"加洛佐勒"，这就让他获得了"加洛佐洛"这一绰号。

这位恶作剧的主人是曾经陪同列奥纳多到米兰的一位助手：托马索·迪·乔瓦尼·马西尼·达·佩雷托拉（1462或1466—1520），据说他是列奥纳多在切切里山上的飞行器的驾驶员。他作为炼金术士、巫师和算命先生的名声要归功于后来的资料，他还有另外一个绰号"佐罗阿斯特罗"——传说中的魔法发明者查拉图斯特拉。根据已知的资料，他生命的最后几年在罗马一位葡萄牙红衣主教的家里度过，里面有一间备有各种神奇物质和奇特玩意儿的炼金术士的厨房：树根、被吊死的人的牙齿，还有四脚蛇。托马索声称，这个怪物是从利比亚被带到罗马的，他在罗马的马莫洛桥拾获了它并且驯服了它。

列奥纳多从来没有用"佐罗阿斯特罗"这一名字称呼过自己的这位"家族成员"，而是一直叫他"托马索大师"。丝毫不让人意外的是，他离奇的人生经历为达·芬奇的种种传说增添了魔法的一面。然而列奥纳多完全不是魔术或者妖术的追随者。炼金术试图将各种元素分离，这是文艺复兴时期的人试图探索事物本质，发现其隐藏属性的尝试之一。圣阿加塔德戈蒂罗马教堂中的托马索的墓志铭中就提到了这一思想，它指出，在此安息的是一位真正的学者，他希望能深入大自然的黑暗面一窥究竟。

萨莱也被带到了列奥纳多神话的中心，尽管他贼心不死、粗鲁无礼，但还是能让自己的主人一直对他保持好感，直至生命的最后一刻。他到底是列奥纳多的绘画工匠呢，还是某种意义上的管家？抑或是他的模特、情人？还是所有这些角色的混合体？这些问题的答案我们都无从知晓。《大西洋古抄本》中的一幅淫秽图画上标注着"萨拉伊"的名字。这幅画展示了两条夹着阳物的腿，其中一条正要插入肛门。这些笨拙的线条究竟是否出自16世纪根本无法确定。瓦萨里在自己的作品中留下了一些线索："他（列奥纳多）在米兰收萨莱为徒。他非常优雅，有魅力且充满美感，拥有一头漂亮的鬈发，列奥纳多非常喜欢这样的发型，在艺术方面也教给了他很多。某些在米兰据说是出自萨莱之手的作品，其实是由列奥纳多修改过的。"列奥纳多在萨莱身上花了很多钱，给他买了帽子、鞋子、剑，还有玫瑰色的裤子。有一次，他花了26里拉买了四匹银锦缎和绿天鹅绒布"来装扮他"，这还不包括缎带、裁缝等各种费用。"萨莱偷钱。"列奥纳多就这些开支干巴巴地评论道。但他还是一直舍得在萨莱身上投入。

萨莱是不是列奥纳多那幅带着诱人微笑的《施洗者圣约翰》（彩图31）背后的原型呢？还是说列奥纳多几幅素描中一头鬈发的年轻人

就是萨莱呢？在收藏于乌菲兹美术馆的一张画纸上，一个年轻漂亮的男人和一个看起来脾气暴躁的光头老头正相对而视（图25）。在此，列奥纳多几乎完全没有像人们所说的那样，在这位年轻傲慢的玩伴面前以一个"糖爹"的形象出现。更可信的情况是，列奥纳多在检验自己设定的一套原则。"我也会说，人们应该建立起历史长河中合理的

图25：列奥纳多·达·芬奇，《一位老人和一位年轻人的头像研究》
（约1500或1505），赭石，21厘米×15厘米，乌菲兹美术馆

对立事物之间的联系，因为这样一来就能激励双方之间的竞争；而且彼此离得越近，竞争就会越激烈，比如说美与丑，大与小，年老的和年轻的，强大的和弱小的，两两之间都存在合理的对立。不仅如此，我们还应尽可能地提供多样化的选择。"

列奥纳多伴着里拉琴歌唱

想要在王室获得成功的人，需要有良好的精神状态、外交能力和吃苦耐劳的品质。人必须懂得自我保护，用托尔夸托·阿克塞托的话来说，要懂得"诚实的隐瞒艺术"，要学会在必要的时候撒撒谎。在那些王公贵族的艺术资助者还有怪物身边，既有可能获得财富，也有可能失去生命。灵魂的救赎甚至也有可能受到威胁。卫道士们警告，"宫廷"中的放荡生活可能招致危险。巴尔达萨雷·卡斯蒂廖内（1478—1529）道出了在列奥纳多的时代人们对朝臣的期待。他在《廷臣论》中提出了"潇洒不羁"[1]这一概念：朝臣须接受文学和艺术教育，知道如何培养谈话能力。他必须聪明，但不能张扬。他须态度端正，但并不显得僵硬。他思维敏捷，有幽默感，为人友善，但

---

1. 即sprezzatura。巴尔达萨雷将这一概念定义为："用某种不慌不忙的态度来掩饰艺术，同时表现得像是不假思索的行为，似乎不费吹灰之力。"这一概念经常被用于艺术和文学中，现在也被用于时尚界。

并不巴结讨好别人。

列奥纳多拥有其中的大部分品质。瓦萨里称赞他亲切、宽厚，有皇家气派且魅力非凡。"他用自己的每一个行动为每一个本身不光彩、可悲的住所增光添彩。"所以，我们的主人公一定是个让人愉快的好伙伴。他对自己的外表也很在意。他会给自己花白的头发染色，将用玫瑰花水和碎薰衣草制成的香水洒在手上，并且穿着优雅。例如，他穿着红色科尔多瓦皮质的皮鞋，根据马格里亚贝奇亚诺的说法，"玫瑰色的短裙刚好到膝盖以上"。他在1504年记下的一本目录为我们打开了一个豪华衣柜的门。其中记录的包括一件塔夫绸制成的带天鹅绒衬里的斗篷，一件有宽大翻领和天鹅绒风帽的深紫色大衣，一件紫色羽纱制成的大衣，以及一件孔雀蓝缎子的短上衣。此外，还有一件法国式的短上衣和一件上等兰斯丝绸制成的衬衣。他有两顶红色的帽子和两顶玫瑰色的贝雷帽，最后是黑色、紫色和粉色的连裤袜。有时候，列奥纳多会为宫廷内的女士设计优雅的手袋，也因此受到她们的欢迎。毫无疑问，他懂得如何引人注目。瓦萨里说，即使他别的什么都没有，身边也总是围绕着仆人和马匹。事实上，他的账单中确实有用于饲料的稻草、燕麦和马匹的费用。

此外，认识列奥纳多本人的保罗·乔维奥也描述了他作为一个"潇洒不羁"式的人的特性。"他非常善良、开朗、高贵，而且有着颀长优雅的面孔。同时，他也是品味的仲裁者，最重要的是，他是最杰出娱乐形式的作者，即一位戏剧作者；他能够伴随里拉琴优雅无比地歌唱，无论哪个时代的王侯都会喜欢他的歌声。"这里提到的"里拉琴"，是一种有七根弦的弦乐器，在当时被认为是古代神话中出现的里拉琴。

对于斯福尔扎家族来说，音乐是展现王侯权力乃至王侯神性的重要媒介。他们招揽了诸如法朗基诺·加甫里奥（1451—1522）等杰出的音乐大师，他既是弗拉芒传统和意大利传统之间的重要调解者，也是一位音乐理论家。除此之外，还有著名的若斯坎·德普雷（1450或1455—1521）。有些人认为《音乐家肖像》（图26）这幅画作是出自列奥纳多之手，但我们并不确定它描绘的是不是上述两位音乐家之一。这幅画也很难说是由列奥纳多一人所作。

瓦塞里认为，米兰人最先听到的应该是列奥纳多作为音乐家和乐器制造家的名声。他用一把形似马头骨的银质里拉琴表现了比平常更大的音量和更明亮的音质，这把琴被称为"神奇的新生事物"。一幅绘有一个有角怪物的头骨的素描证实了一个类似的发明。这一发明的下半部分是用三根琴弦穿起来的。列奥纳多还发明了一种钟琴和可以通过和弦自动弹拨的鼓，通过收紧或者放松表面的皮革就可以改变音调。列奥纳多构思过的最复杂的乐器是"viola organista"[1]，这是一种管风琴和提琴的结合体。它的琴弦被键盘压在一条通过轮轴移动的皮带上。也许，卢多维科·斯福尔扎和贝亚特丽切的婚礼就使用了列奥纳多设计的笛子和风笛。一份《亲耳所闻者报告》讲道，这个

---

1. 这个乐器由列奥纳多自己命名，viola是中提琴的意思，organista是风琴。

图26：列奥纳多·达·芬奇（？）及其工作室（？），《音乐家肖像》（约1485），
蛋彩及油彩，木板，44.7厘米×32厘米，米兰，盎博罗削图书馆

"十个音调十分高亢的喇叭"会发出奇怪的声音，而羊皮袋则替代了
风笛。事实上，列奥纳多已经发明了风笛所需的风箱，还有一种能够
产生"按照人声方式"滑音的长笛，这可以说是一种"声学上的晕
涂法"。

他还利用自己的音乐智慧来创作画谜（图27）。其中之一是用圭多·阿雷佐在11世纪发展出的"唱名法"来操作的。根据这一系统，C大调音阶的音是用音节来命名的，即"ut"（也就是后来的"哆do"），以及"来re""咪mi""发fa""嗦sol""啦la""西si"。列奥纳多用它们来组词，通过镜像文字从右往左在纸上写下音符："来re"—"嗦sol"—"啦la"—"咪mi"—"发fa"—"来re"—"咪mi"。他在这段文字的开头用细线画上了一个钓钩，开头写下意大利语"amo"，结尾是意大利语"rare"。这样一来，画谜就完成了。他在这个画谜的下方写出了谜底："Amore sola mi fa remirare, la sol mi fa sollecita"，即"只有爱让我沉思，只有爱让我渴望"。

图27：列奥纳多·达·芬奇，《画谜》（约1487或1490），羽毛笔和棕色墨水，6厘米×10.3厘米（整张纸尺寸），温莎城堡，皇家图书馆

想要解开这一画谜，需要的不仅是读音符的能力。因为这句话中还藏着对新柏拉图哲学的暗示，在新柏拉图哲学中，爱与情欲之神"厄洛斯"被视为一种宇宙能量。爱在一切欲望的背后起推动作用，督促我们去研究和创造，去观察美好的事物，这一切最终都将碰撞出美丽的火花。马尔西利奥·费奇诺将这两种力量都归因于爱：观看的渴望和创造美的冲动。也许列奥纳多是通过费奇诺的朋友兼学生贝纳多·迪·西莫内·卡尼吉亚尼（1443—1497）了解这一哲学的。这个名字出现在《大西洋古抄本》的一句话中，随后又出现在列奥纳多的音符画谜附近："Essendomi sollecitato; s'amor non è che dvnque"，也就是："我开始心存渴望，如果不是爱之所使，那会是什么原因呢？"

佛罗伦萨的幽默

列奥纳多兴趣广泛，知识渊博，加上对那些技术精湛的作品的见解，无疑是一位极富魅力的谈话伙伴。他最早的传记作者就强调，列奥纳多"在谈话中总是相当有说服力"，瓦萨里则称赞他是当时最优秀的即兴诗人之一。简而言之，列奥纳多是一位真正的"智者"。因此，他恰好是缓解平庸和忧郁的最佳人选，这些情绪是追求享乐的贵族们旷日持久的痛苦。列奥纳多的很多写作和绘画是为了娱乐与消遣佛罗伦萨的贵族或者米兰的宫廷社会。除此之外，写于1500年后的

《迪奥达里奥信件》应该也属于这一类型的作品。这一信件曾在学术界引发激烈争论，但如今已无人提及。列奥纳多的研究者让·保罗·里希特（1847—1937）认为，这封信可以证明，芬奇在年轻时就曾前往东方。据说这是一封从亚美尼亚寄给一位马穆鲁克王朝身居要职之人的信，正如列奥纳多所写的，这位高官是"神圣苏丹在叙利亚的大臣'迪奥达里'"。写信的原因应该源于一场可怕的灾难——亚美尼亚部分地区发生的一场洪水和一座城市的沦陷。现在，我们只能通过一些关键词来获得这一事件的线索。它讲述的要么是关于追杀一名祭司和一个先知的故事，要么是关于"雪造成的灾难"，这听起来与现实更加相符。信中对托鲁斯山脉有一个大致的描述，但它出现的形式是山而非山脉。托鲁斯山海拔极高，乃至于在日落前4小时，山顶闪着光的白色岩石就开始发亮，而在日落3小时后，这些岩石还像月亮一样照亮了夜晚。当真到过那里的人断然不会讲出这种滑稽的故事。列奥纳多对东方的了解都来源于一些模糊不清的材料，或说是来自约翰·曼德维尔爵士，又或是安东尼奥·普奇所写的"关于美丽的东方女王的故事"。

列奥纳多写给他的同乡贝内代托·德伊（二人也许相遇于米兰的宫廷）的一封信中也有类似的幽默闪现，就连傻瓜也能用信中的内容来取悦观众。列奥纳多嘲笑了周游广泛的贝内代托夸夸其谈的爱好，后者声称自己已经去过神话中的城市廷巴克图。列奥纳多在信中叙述了自己了解到的东方故事。他讲到了一个从利比亚沙漠来到黎凡特的巨人。"这个巨人出生在阿特拉斯山；他是黑人，将要和阿塔泽尔士人、埃及人、阿拉伯人、美第斯人以及波斯人作战。他生活在有鲸鱼、大抹香鲸和船舶的海洋里。"这位讲故事的人让巨人"在血和泥上"滑了一跤摔倒，随后倒在地上失去了知觉。大地像在经历地震一样颤抖着，连原本如地狱般的冥王星也被恐惧所笼罩，火星也躲在木星的行星带下面吓得魂飞魄散。然后，这位叙述者以一位画家的身份出现，人们完全可以想象得到他呈现出的画面：他把这个倒在地上的巨人比作一棵被砍倒的橡树，人们像蚂蚁一样向他蜂拥而来。巨人站了起来，像一头牛一样吼叫着，捂着自己的头。"然后他发现周围的人都仿佛黏着在自己的头发上，就像长在头发上的小动物一样。"巨人摇了摇自己力大无比的头颅，于是，许多蚁人都掉了下来，摔在地上死掉了。其他人也拼命地抓住巨人的头发，就像暴风雨中的水手为了让帆船重新起航而爬上了高高的绳索。

列奥纳多一个渎神的笑话中的"主人公"是一种金光闪闪的美酒。先知穆罕默德桌上的一个圣杯中就盛着这种酒。然而，当意识到自己很快就会渗入人体那丑陋且臭气熏天的洞穴中，由芳香的液体变成恶心的尿液时，这一骄傲液体的自豪感立刻荡然无存。所以，这金色的美酒向天祈求，让葡萄可以至少在这之前免于压榨。朱庇特可怜他，所以让酒的精神控制住先知的大脑，使他变得疯狂，想出许多错误的主意，其中就包括禁止饮酒。在今天，开这样玩笑的人在一些国家可能还会被处决……

列奥纳多知道弗朗科·萨凯蒂的小说，波焦·布拉乔利尼、卢多维科·卡沃内斯还有其他很多人的逸闻妙语故事[1]。列奥纳多的一个故事为阿尔贝蒂的作品提供了灵感基础，诸如穆罕默德的酒、坚果、月桂或桃金娘等没有人类生命的物体被赋予生命，同时还会说话。说到这些故事情节的灵感，就不得不提富有诗意的理发师，那个时代的一个达达主义者，被称为"布尔基耶洛"的乔瓦尼·多梅尼科（1404—1449）。他作品中的人物有伪君子、无赖、权贵人士、妓女、好色之徒、吝啬鬼，还有被骗的骗子和戴绿帽子的丈夫。而神职人员，也就是修道士，则以被突出嘲讽的对象出现。故事中的妙语通常是一个非常机智的答案，带着那么一点点的道德意味，抑或完全不顾任何道德约束。

列奥纳多的另一个恶作剧源于马克罗比乌斯[2]的作品《农神节》。"有人问一个画家，为什么让失去生命的事物显得那么漂亮，却把自己的孩子'画'得那么丑呢？这位画家回答说，因为他白天作画，晚上'做'孩子。"马克罗比乌斯曾把这个机智的回答归功于卢修斯·马利乌斯——被视为罗马最优秀的画家。14世纪，学者及历史学家本维努托·达·伊莫拉又认为这是乔托·迪·邦多纳[3]说过的话。这段插曲很有可能像以下的逸闻妙语故事一样刺激到了佛罗伦萨人爱好嘲讽的神经。列奥纳多讲述了一位牧师于复活节期间在画坊中向画作

---

1. 这里的"逸闻妙语故事"即"Facetiae"，诙谐妙语的意思，后作为一种文学类型固定下来。
2. 马克罗比乌斯，古罗马作家，作品独树一帜。
3. 乔托·迪·邦多纳，文艺复兴时期的艺术开创人物，被誉为"绘画之父"。

上泼洒圣水的故事。这位虔诚的牧师认为此举是自己的善行，同时也知道上帝会成百倍地回报善举。于是，画家把一桶水从这位牧师的头上浇了下去："这就是你的善举得到的来自上帝的百倍回报，你用圣水做的好事，你用它毁坏了我一半的画作！"显然，列奥纳多对上帝和圣水都没有特别尊重。

列奥纳多的不少文字都不具备"得体"这一特性，甚至可以说几乎完全不符合像巴尔达萨雷的《廷臣论》中呈现的优雅的风度，但是人们也不应该把斯福尔扎宫廷想象得过分精致。画家和艺术理论家乔瓦尼·保罗·洛马佐（1538—1600）谈到了另外一个列奥纳多讲述离谱故事的原因。他提到了一些对芬奇仆人的回忆。列奥纳多为了研究人大笑时的脸部表情和手势而特意安排了朋友和几个农民吃了一顿饭，并把世界上最荒诞、最好笑的故事讲给大家听，让客人们仿佛笑掉了下巴。在此过程中，列奥纳多仔细地观察着他们的样子，而这些客人谁也没有注意到他的意图。在他们离开后，列奥纳多就开始绘制关于他们的素描。

列奥纳多提到过的一些下流笑话可能会让我们联想到类似的场景。他在自己的作品中曾让某位受虐狂称赞意大利城市摩德纳，因为他在这里花很少的钱就能满足自己的欲望。除此之外，列奥纳多还在另一些逸闻妙语故事中讲述了一些下流段子。

自然和事物的语言

列奥纳多的遗产中包括许多怪诞的头像。其中最早的可以追溯到佛罗伦萨时期。其他的大部分画作都创作于米兰，比如著名的《五个怪诞的男子头像》，表现的可能是被"吉卜赛人"出卖的人（图28）。在此之前，将真实的人物容貌扭曲成怪诞面貌但又保持人物辨识度的绘画还没有。他甚至不惜给但丁配上了一个鹰钩鼻和一个胡桃夹子下巴。据说他还画过大众剧场中的人物斯卡拉穆奇。

列奥纳多的幽默感还体现在他的画谜中。其中一个例子是一张布满了文字、短文和小幅素描的纸。其中的大部分都不如我们刚才讲到的由音符、音节和图像组成的柏拉图式游戏来得深刻。在这张纸上我们看到了一个沙漏，上面写着"ora"，即"小时"一词；一个吹笛子的人，旁边写着"sono"，这可以代表"我吹"的意思，也可以代表"我是"；还有一个炉子上的煎锅"fritto"。连起来就是"Ora sono fritto"："现在我完成了！"这位大师向自己和他的学生展示了一只坐在火中"燃烧着"的狮子，也就是"Lion arde"，还有两张桌子"deschi"，连在一起就组成了"Leonardeschi"，很明显指的就是这位大师本人和他一众出色的学生，即达·芬奇画派。正是由于列奥纳多对奇特文字游戏的热爱，才使得"刺柏"帮助我们确定了吉内薇拉·德·班琪的身份，还有希腊语中的"galä"所暗指的加莱拉尼，甚至有可能还解释了蒙娜丽莎的微笑。

列奥纳多的涂鸦实际上是关于各种事物的"词汇碎片"。抽象的

图28：列奥纳多·达·芬奇，《五个怪诞的男子头像》（约1493），
羽毛笔和墨水，26厘米×20.5厘米，温莎城堡，皇家图书馆

概念通过图片的"语言"而获得了生动的形式。"寓言"也就是这样
的一种形式。画家这一职业还要求从业者懂得符号语言。列奥纳多简
明扼要地指出要赋予哪些圣人哪些属性："安东尼奥，百合花和书；
贝尔纳迪诺，耶稣的标志；洛多维科，胸前有三朵百合花，脚下有皇
冠……"列奥纳多对自然现象的解读是能与《圣经》比肩的重要文

献。例如，在列奥纳多查阅的资料中，圣依西多禄的《自然史》就是一部古典晚期的独特作品。它提供了对植物、矿物和动物的解释，还描述了神话中的生物，比如羚羊、半人马，还有凤凰。列奥纳多的一幅画作描绘了一位坐在一只独角兽旁边的女孩，这幅画就是受《自然史》一书的启发而创作的（图29）。根据书中的说法，这一独角兽原

图29：列奥纳多·达·芬奇，《女孩与独角兽》（约1480），羽毛笔和棕色墨水，9.5厘米×7.5厘米，牛津，阿什莫林博物馆

本是一种充满野性的动物，但它来到"纯洁处女"的身边休息，在睡着后便成了猎人的猎物。

其他一些列奥纳多研究的作品包括一位托马斯神父于1300年完成的《美德之花》和切科·达斯科利（1269—1327）的《阿采尔巴》一书。后者是一本长达5000页的自然科学百科全书。除此之外，老普林尼也为列奥纳多提供了丰富的资料。列奥纳多有可能和年轻的诗人加斯帕罗·维斯孔蒂（1461—1499）交流过关于老普林尼的想法，这位诗人也经常出入米兰的宫廷。我们在列奥纳多的书籍收藏中发现了维斯孔蒂的十四行诗集（*Rithimi*），这部诗集也借鉴了诸如老普林尼的《自然史》等作品。

列奥纳多有一本通过摘录古代作品编纂而成的动物寓言集，内容除了涉及土生土长的动物和奇怪的鱼类之外，还有龙和蛇怪，以及奇鸟柳美巴，这种鸟儿有"光辉灿烂"的寓意，光芒耀眼甚至于遮住了自己的影子。因此，这种神奇的动物也就成了荣誉和威望的象征。列奥纳多记录道，公鸡代表开朗，乌鸦代表悲伤，仙鹤应该代表忠诚，蚂蚁代表聪明，蟾蜍代表吝啬。而对于常青藤，他知道："常青藤代表长寿。"有时候他也只会写下关键词："真理—太阳""谎言—面具"。对于切科所说的"蝙蝠在越亮的地方越看不清楚"，他在自己的绘画中补充道："因为美德所在之处'恶习'无法停留。"列奥纳多在《阿采尔巴》中发现了天鹅在面对死亡时歌声甜美的神话，以及鳄鱼在吞掉一个人后会用眼泪和呻吟声来假装悲伤的故事。

这些摘录有助于象征纹饰的设计，以及寓言和故事的创作。一个戴眼镜的人有何象征意义呢？答案是"真理与洞察力"。第三只眼象征着"智慧"，而一旦有了太阳的照射就吹灭照亮夜晚的蜡烛，这就意味着"忘恩负义"。一幅约创作于1497年的画描绘了一位颇具影响力的宫中人士——瓜尔蒂耶罗·达·巴斯卡佩，画中的他恭敬地抓住卢多维科·斯福尔扎的长袍，也就是说他抓住了福尔图娜——机会和运气。这种把戏的构思是对艺术家的智慧和幽默的一种挑战，而对此进行解读也是受过良好教育的阶层的乐趣。就像《阿佩莱斯的诽谤》一样，列奥纳多认为人们也能用诗歌和绘画来表现习俗和道德。琉善留下的趣闻讲到著名画家阿佩莱斯被亚历山大大帝的指挥官、托勒密四世身边的一个竞争对手冤枉，说他参与了反对统治者的阴谋。在证明了自己的清白后，阿佩莱斯画了一幅名叫《阿佩莱斯的诽谤》的寓言画进行报复。激动而愤怒的"诽谤"对着画中一个长着驴耳朵的国王大声呼喊，这个人旁边站着"无知"和"轻信"，"诽谤"的身边是"嫉妒"、"仇恨"和"叛变"，"悔罪"悲伤地跟在它们后面，同时泪流满面、羞愧地看着慢慢靠近的"真理"。通过阿尔贝蒂的画论，列奥纳多知道了这幅传奇画作以及琉善对此画的详细描述。波提切利以此画作为原型，于1495年创作了自己的版本。列奥纳多应该知道波提切利的这幅画——它最终成为列奥纳多的朋友安东尼奥·塞尼的收藏品之一。

神秘本身就能给人以娱乐。人文学家乔瓦尼·奥雷利奥（1456—1524？）在讨论朱利亚诺·德·美第奇在1475年骑士比武时的一个隐秘纹章徽饰时评论道："许多人进行了种种诠释，但莫衷一是。""这比描绘的图画要美得多。"同样，列奥纳多的一些寓言也至今仍未被破解。其中之一表现的是斗兽的形象——一个独角兽、一条龙和一头狮子。一个男人拿着一面闪闪发光的盾牌，将太阳的光芒引到了打斗的中心。前景上，一只猫在嘶叫着，一只野猪从岩石的缝隙里冲出来。至今无人能就其背后的含义提供具有说服力的答案。

有时，列奥纳多会给出谜题的答案，比如他所画的一个奇怪的雌雄同体形象（图30）。从胸部开始，它有两个上半身和两个头——分别属于一个美丽的年轻人和一个脾气暴躁的老人。"这就是快乐与忧愁同在。二者作为双胞胎的形式存在，彼此永不分离。它们彼此对立，因此背对着背，之所以从一个躯体上伸长出来是因为，快乐来自对不快的抱怨，而不快的原因是空虚的肉感快乐。"因此，这个人物手里拿着一根没有果实的芦苇——一旦被割伤就会中毒。人们是否能像列奥纳多相信的那样，即使在平庸的日常生活中也能够理解芦苇的语言呢？最后，他的结论是："在托斯卡纳，人们把芦苇放在床上当作垫子来用，这表明，人们在床上只会做白日梦，并且一生大部分时间都是如此。就是在这样的床上，人们浪费了许多有用的时间，也长期与许多毫无意义的娱乐消遣相伴。"写下这一切的人总是有许多事情要做，并且认为睡觉是在浪费时间。那么，他真的把性当作一种空洞的乐趣吗？

图30：列奥纳多·达·芬奇，《享乐与痛苦的寓言画》（约1490或1494），羽毛笔和墨水，21厘米×29厘米（整张纸尺寸），牛津大学，基督堂学院画廊

4.休息时间

庆典在音乐中结束

1494年10月21日，米兰的正牌公爵吉安·加莱亚佐·马里亚·斯福尔扎在帕维亚去世。他很有可能是被叔叔下令毒死的。阿拉贡的伊莎贝拉被从"斯福尔扎城堡"放逐到旧宫，因此也成了列奥纳多的邻居。"摩尔人"留下了鳄鱼的眼泪，然后立即就被宣布为新公爵。卢多维科现在站在了权力的顶峰。他将自己誉为"意大利的仲裁人和神谕宣示人"，嘲讽说教皇是他的家庭神父，皇帝是他的跑腿，法国国王是他的雇佣兵队长。事实上，这要感谢教宗亚历山大六世[1]即罗德里戈·博尔吉亚（1492—1503在位），以及帮助他成为教皇的红衣主教阿斯卡尼奥·斯福尔扎（1455—1505），当然还有米兰的金钱。阿斯卡尼奥本人对罗马教廷的最高圣职曾抱有野心，并且这一野心将长久延续，阿斯卡尼奥自己无法获得教皇的三重冕，为了补偿，教皇亚历山大任命他担任神圣罗马教堂的副掌玺大臣这一有影响力的职务。起初，阿斯卡尼奥被认为是罗马真正的主宰者，是教皇的教皇。但亚历山大六世可不是一个愿意当傀儡的人。他打着自己的算盘寻求与那不勒斯结盟，那不勒斯的国王费兰特死后，他的儿子阿方索继承了王位。为了牵制住博尔吉亚教皇，卢多维科·斯福尔扎

---

1. 教宗亚历山大六世，因堕落和不择手段成为文艺复兴时期最具争议的教皇。

开始向法国王室示好。

但是，他的磋商计划以失败告终。因为瓦卢瓦家族的查理八世（1483—1498在位），也就是法兰西国王，确定将贯彻查理一世对那不勒斯的征服伟业。1494年8月，查理八世率领一支有3万多人的军队出发南下。在洛迪签订的和平合约被打破了，意大利成为哈布斯堡家族和瓦卢瓦家族的决战战场。1492年去世的伟大的美第奇的儿子和继承人皮耶罗·德·美第奇（1472—1503），因为不敢出战而自己把自己送进了法国人的怀抱，于是，国王查理八世不费一兵一卒就拿下了佛罗伦萨。皮耶罗被称为"不幸者"绝对名副其实，这次彻底的大后退让他名誉扫地。1494年11月，他和他的美第奇家族被驱逐出佛罗伦萨。

意大利没有任何一位公爵有能力可以和配备了现代火炮的法兰西军队抗衡。教宗亚历山大六世也宁愿与侵略者达成协议。或许列奥纳多的一幅寓言画暗指的就是1494年底的这一事件：画上描绘的是一只狼，代表的也许是狡猾的教皇，它在罗盘的指引下将自己的船驶向一只头戴皇冠的鹰的方向。这只鹰代表的也许就是法国或者查理八世。1495年春天，列奥纳多和其他艺术家忙着为神圣罗马帝国的马克西米利安一世的来访做准备，他将于5月26日和28日在米兰和帕维亚举行公开仪式，把封地移交给卢多维科·斯福尔扎。

那不勒斯很快也落入了法国国王手中。阿拉贡政权崩溃了。但无论是卢多维科·斯福尔扎还是其他意大利势力都没有想到会是这样的结果。没有人希望法国人统治亚平宁半岛。于是，米兰、罗马和威尼斯结成了防守联盟。1495年7月6日，他们的军队在帕尔马附近的福尔诺沃击败了法军。他们的胜利得益于一个可怕的盟友，美洲征服者带回来的一个纪念品：梅毒。它啃噬着查理八世的士兵们的骨头，很快，这种病就被称为"法国病"。斯福尔扎政权为自己赢得了缓刑。但在财政方面，这个国家已经耗干了全部血液。1496年，仅战争支出一项就高达每月5万达克特。此时，流动资金的缺乏成了一个大问题，因为每一个进入金库的达克特都有一位债主。1496年1月底，当卢多维科的司库大臣乔瓦尼·达·皮罗瓦诺提醒卢多维科一笔31043里拉的借款到期的时候，卢多维科很干脆地表示："乔瓦尼要求我们用现金来偿还贷款，但这是不可能的。"

这段困难时期十分不利于艺术的发展。斯福尔扎纪念碑的项目严重受挫。已经采购的青铜器转而被用于铸造大炮。列奥纳多觉得自己有充分的理由给卢多维科·斯福尔扎写一封请愿书。他在信中抱怨自己经济困难，并且说道："关于'那匹马'我什么都不会说，因为我清楚当下的时代。"他还提醒道，自己还在忙着用"色彩"装饰"小房间"——这里可能指的是斯福尔扎城堡里的房间。

这项工作似乎没有什么进展，也许是因为沮丧的列奥纳多已经辞去这项工作一段时间了。不管怎样，卢多维科在1496年6月联系了米兰大主教，请他为本应给自己的房间装饰作画的"画师"找一个替代人。本该做这一切的人已经溜走了。瓦萨里的一个评论为我们提供了这样的一个假设，即列奥纳多在1496年的夏天去了佛罗伦萨，为佛罗伦萨旧宫的大殿建设提供"判断和建议"，这个大殿就是旧宫内最大、最富丽堂皇的房间——五百人大厅。

与此同时，他也在期待着其他订单。在一封信的草稿中，他毛遂自荐，希望可以作为皮亚琴察大教堂的"建筑监督管理人员"来制作青铜大门。他再一次展示了自己强大的推销能力："睁大你们的眼睛，注意不要花钱买侮辱。我告诉你们，你们在这里只会获得一些低级而笨拙的大师作品；除了负责弗朗切斯科公爵青铜马的佛罗伦萨人列奥纳多之外，没有任何人中用。"至于列奥纳多到底有没有寄出自己这封浮夸的信，就像人们预想的那样不得而知。他并没有收到任何皮亚琴察的委托任务。所以，在这段时间，他继续制作他的青铜马，做学问，同时为宫廷处理一些日常事务。

他设计的纹饰纹徽取材于老普林尼一则寓言作品中警觉的绿蜥蜴，它负责保护一个熟睡的人免受蛇咬。这象征着王侯对臣民的保护吗？这一素描设计很有可能是基于戏剧场景绘制的，这一点从画的位置布局就能看出来：纹饰设计位于一张纸的背面，纸的正面绘有搭建舞台的说明（图31）。因此，这张纸有可能是巴尔达萨雷·塔科内的作品《达娜厄》[1]演出过程为数不多的遗迹之一。1496年1月31日，这出戏剧在吉安·弗朗切斯科·圣塞韦里诺——之前提到过的加莱亚佐·圣塞韦里诺的哥哥——的宫殿上演，卢多维科·斯福尔扎和米兰的"人民"都到场观看。演员包括诗人本人和"吉昂·克里

---

1. 达娜厄是古希腊神话中珀耳修斯的母亲，宙斯趁她睡觉时化作金雨水与之交配。

斯托福"，这一位可能是雕塑家吉昂·克里斯托福·若曼诺（1456—1512），他后来为伊莎贝拉·德斯特工作，并在卡斯蒂廖内的《廷臣论》中作为一个配角出现。文艺复兴时期的意大利只是一个小世界。

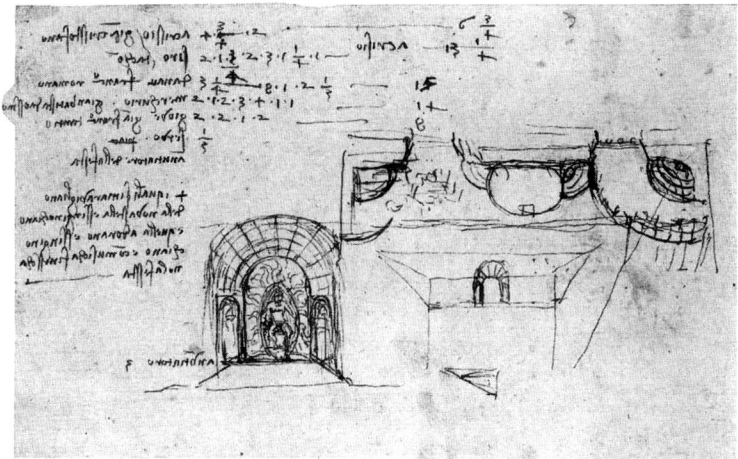

图31：列奥纳多·达·芬奇，《戏剧舞台设计稿》（1495？），羽毛笔和棕色墨水，约16.1厘米×9.9厘米（部分），纽约，大都会艺术博物馆

通过列奥纳多在这张纸上的素描来看，表演现场是一个带有舞台的拱顶大厅。中间是一个被闪耀的椭圆形灵光包围的人影，必定是朱庇特。他的侧面是另外两位神明。在戏剧上演的过程中，一片美丽的天空上，"灯光无边，宛若星辰"。在天堂庆典的高潮，列奥纳多显然也使用了同样的特效。达娜厄与朱庇特的爱情是巴尔达萨雷这部剧作的主题，展现了臣民面对君主时的正确行为——全心全意侍奉自己

的君主的行为。诸神之王朱庇特赐达娜厄永生不死，让她变成一颗星星。在表演过程中，那颗星星缓缓升上闪亮的天空，"声势浩大，宫殿仿佛都要倒塌了"。"摩尔人万岁，凯旋，充满力量！"的呼喊声揭示了朱庇特的真实身份——斯福尔扎公爵。列奥纳多在素描边上还写有注释："所有人都对这颗新星感到肃然起敬，跪下来朝拜。"他最后说道："盛宴以音乐结束。"

带橙子片的鳗鱼：《最后的晚餐》

1496年，卢多维科·斯福尔扎在妻子的陪同下前往哈布斯堡王朝所处的韦诺斯塔谷会见国王马克西米利安一世。西班牙、威尼斯和意大利其他王朝派出的特使和教皇也访问了这片山区。数百名使节和1600匹马把小镇格洛伦扎挤得水泄不通。哈布斯堡外交政策幻想中的目标是劝说这些同盟国发动对法国的歼灭战，并将缴获的皮毛等战利品进行分配，进而重组欧洲的权力分配——这就要用到意大利人，尤其是米兰人的金钱，因为德国的王侯拒绝这样的冒险行为。斯福尔扎王朝应接收阿斯蒂，威尼斯占有佛罗伦萨的一半。来自"最尊贵的威尼斯"的特使对这些建议相当不屑一顾，威尼斯并不渴望其他领土，他们更希望保住自己的政权。所以，虽然法国人的威胁还一直存在，但是各方的意见仍有分歧。因为瓦卢瓦王朝虽然在福尔诺沃被击败，但是并没有被征服。

第二章 高空飞行：米兰，1481—1500

在重重危机的阴影下，列奥纳多在米兰恩宠圣母教堂内的多明我会院创作了自己除《蒙娜丽莎》之外最著名的作品：《最后的晚餐》（彩图18）。作为委托客户，摩尔人卢多维科扮演着比这座修道院的成员更为突出的角色。他已经决定在此为自己家族的神圣陵墓选址。乔瓦尼·多纳多·孟托法诺曾在列奥纳多放置《最后的晚餐》对面的那面墙上画过一幅《耶稣受难》。这幅画展示了卢多维科、贝亚特丽切·德斯特以及他们的儿子们一起朝拜的样子。即使画面中的人物形象已经残破不全，但依然能看出是出自列奥纳多之手——和其他人物不一样，它们不是用湿壁画的方法绘制的。列奥纳多在人物上方的弧形房顶上绘制的纹章很有可能与属于卢多维科、贝亚特丽切和传说中的王朝开创者安古斯的相同，但并无历史依据，纹章上写的名字是"巴里公爵"。这个空间内的图画装饰一如既往地显示了维斯孔蒂家族的年龄、等级和合法性。

1497年1月2日，卢多维科的妻子去世，这促使卢多维科加快推进恩宠圣母教堂的这项工作。他当即决定把贝亚特丽切埋在这里，并且当自己时日快到之时，就在她的身边准备好自己的坟墓。"驼背人"克里斯托弗罗·索拉里接受了创作陵墓棺材的委托；列奥纳多可能也参与了这一项目。6月底，公爵命令自己的秘书马奇西诺（斯坦加公爵秘书）了解清楚"驼背人"能否在今年内开工建造一座祭坛。他还提醒列奥纳多完成自己在多明我会院的工作，这样就可以专心致力于另外一面墙的绘画。此外，他还要求签订《最后的晚餐》的合同，规定项目应该完成的时间。这说明项目在这不久前才刚刚开始。

列奥纳多用干石膏为底料作画，完成的也就是"干壁画"。从琴尼尼书中的相应段落可以看出这种技术的复杂程度。绘画所需的材料是"绿土颜料"，一种取自硅酸铁，与胶水混合而成的"委罗内塞绿"颜料。用硬的毛刷分两三层涂抹的石膏底层也要混入胶水，以便提高其硬度。这些材料都要与水混合，并辅以一勺蜂蜜。准备就绪之后，需用湿海绵把混合物涂在画面底层上。对于初步的线条描绘工作，琴尼尼建议用墨水或者葡萄藤木制成的木炭——将其磨好后与鸡蛋混合。"然后用水彩画出阴影，要柔和，光滑，有柔雾感。"到了这一步才可以上颜料。琴尼尼建议将蛋彩和从无花果树嫩叶中获得的无花果枝液混合。这样调出的浅白色将用于绘制人物的高光部分。除此之外，赭石色、肉桂色（一种带一点粉调的肉色）和雌黄也必不可少。

文艺复兴时期的绘画工坊中不断上演着各种各样的探索试验。比如波提切利就曾想在《维纳斯的诞生》的石膏底料中混入雪花石膏粉来使画面的颜色发光。除了石英和石灰之外，列奥纳多还在石膏底料中混入了碳酸镁———一种白色的透明矿物。他决定用油性坦培拉——混合了油的蛋彩——来完成《最后的晚餐》的原因是可以理解的：这样他就能呈现出更多的细微变化，表现出更柔的轮廓和更精细的明暗色调。在《最后的晚餐》的残余部分上，铺在桌子上的白色、淡蓝色花纹亚麻布的褶皱以及桌布两头打的结仍然清晰可见。盘子和碗上的锡或银闪闪发光，长袍的颜色倒映在餐具上（图32）。桌子上，一顿丰盛的晚餐已经为圣人们准备妥当。切好的鳗鱼片旁边配着橙子片，可能还有烤羊肉。红酒在精致的彩绘玻璃杯中隐隐闪着光。现在已经很难辨认出透过窗户望去的山脉背景前的城市就是耶路撒冷。

图32：列奥纳多·达·芬奇，《最后的晚餐》中铺着桌布的餐桌，彩图18局部

　　干壁画技术的一个优点是画家不需要被迫和时间赛跑完成画作。与湿壁画不同，画家在这一创作过程中不需要快速推进，因此，达·芬奇可以心平气和地这里那里添加一点细节或者做一些修改。这才证实了小说家马太奥·邦戴罗（1485—1561）所描述的工作方式的可行性，他目睹了列奥纳多创作《最后的晚餐》的过程。"我亲见过好几次，看着他一大早就爬上脚手架，因为《最后的晚餐》所在的位置离地面很高。我会说他习惯于从日出一直画到黄昏，乃至于几乎不

吃不喝，画笔不曾离手。跟着会出现的情况是，他会接连两三天、三四天完全不工作，但每天会独自待上一两小时，陷入沉思、思考和反省，审视自己的人物。我还曾亲见，当太阳位于狮子宫时的正午时分，他好像突然忘乎所以或是被一个想法突然攥住了一样，从那尊令人敬佩的泥塑陶马所在的旧宫离开，径直走向恩宠圣母教堂：一到那儿他就爬上了脚手架，拿起画笔在其中一个人物身上添了一两笔，然后又突然离开到别的地方去了。"

瓦萨里用一则逸事作为补充，以此证明这位艺术家是个脑力工作者。修道院院长观察到，列奥纳多整整半天都心不在焉地发呆。他曾想把这位艺术家像赶走自己的园丁那样驱逐出去，甚至还跟公爵抱怨过这位画家的拖延。列奥纳多当即向卢多维科解释道："'高等的头脑'在不工作的时候才工作得最富有成效，不断搜寻脑海中的想法，不断完善自己的构思，最后用双手呈现出来。"

这幅壁画描述了《圣经》中的一个戏剧性时刻，也就是当基督宣布自己即将被出卖的这一幕："耶稣在和自己的门徒吃饭的时候说道：'阿门，我告诉你们，你们中有一个人要把我交出去。'他们都非常伤心，一个接一个地问他：'主啊，难道是我吗？'"列奥纳多全身心融入这一场景中，忘记了身边的其他一切。这些惊讶的门徒反应各异。巴多罗买激动地跳了起来。小雅各碰了一下彼得的胳膊来吸引他的注意力。彼得胳膊肘向外伸着，正在向约翰低声说着什么。犹大看起来像是被挤到了一边。"不是我，看在上帝的分上！"安德烈好像这样说道。多马伸出食指质问，大雅各摊开双臂，神情黯然而无奈。在其他人激烈争论的时候，圣腓力的眼泪几乎要夺眶而出，坚持在证明自己的清白。耶稣端坐在正中央，严肃而专注。

列奥纳多曾起草过多个初稿版本（图33），不过他首先写出的是一段类似于舞台指导的文字："一人喝了酒，把酒杯放回原处，头

图33：列奥纳多·达·芬奇，《圣人雅各和建筑草图》（对《最后的晚餐》进行的研究，约1495），红粉笔，羽毛笔和墨水，25.2厘米×17.2厘米，温莎城堡，皇家图书馆

转向说话者。一个人双手手指交叉，眉头紧皱地转向自己的同伴。一人摊开双手露出手掌心，肩膀朝耳朵方向一抬，惊讶地张大了嘴。一人对着旁边的人的耳朵说话，听话的人转过身来，把耳朵朝向他，同时此人一只手拿着一把刀，另一只手里是被这把刀切成两半的面包……"画中巴多罗买的姿势正符合列奥纳多描述的"一个双手撑在桌子上看的人"。而他描述的一个"鼓起腮帮子的人"，还有一个"用手遮住眼睛的人"，我们在画面上没有看到。

列奥纳多曾讲到过，画家有两个主要任务——描绘人物以及描绘他们的内心。前者容易，后者难，因为性格和心情只能通过手势和肢体动作来表现。事实上，《最后的晚餐》中的人物也是通过面部表情和手势来说话的。没有重复的手势，人物彼此之间也容貌各异。列奥纳多认为，重复的动作和面孔也许是画家可能会犯的最大错误。

文学家和医生钦齐奥（1504—1573）告诉我们，列奥纳多总是会先确定自己要画的人物的特征，然后在熟人中寻找对应的人物并为他绘制一幅素描。犹大必须要特别丑陋，因为根据亚里士多德的观点来看，相由心生。于是，列奥纳多在郊区游荡，那里住着"所有低贱的人，大多数是恶人和罪犯"。但是，他在那里并没有找到看起来足够狰狞的人，于是就选择了刚才提到过的那个烦人的修道院院长作为犹大的人物原型。但这其实只是一桩逸事。然而列奥纳多确实总是在寻找可以作为模特的人。他建议新手画家一定要随身携带一个小册子，里面的纸要么是上过色的，要么是用石膏打过底的。出门散步的时候，画家要注意观察人们说话、吵架、大笑、哭、痛苦、震惊时的手势和身体姿势，然后用银尖笔快速勾画出来。但必须注意的一点是，确保被观察者没有察觉这一切。列奥纳多的笔记表明他自己也是这么做的。我们在里面读到，"克里斯托法诺·达·卡斯蒂廖内住在比塔，长相英俊"，还有"圣卡特琳娜医院里的乔瓦尼娜，一张傻里傻气的脸"。《最后的晚餐》画面中的人物应该是他按照真实比例描绘的朝臣和"当时的米兰人"。

列奥纳多希望达到的效果是，在观看自己的画作的时候，人们能产生和画中人物一样的情绪。这一策略同样也符合亚里士多德为悲剧制定的修辞原则。根据这一原则，演员的模仿动作应该唤起人们的情感：抱怨或者怜悯，颤抖或者恐惧。《最后的晚餐》提供了这一原则有史以来最完美的实践，并且满足了文艺复兴时期艺术理论中所有其他的衡量标准。除了"多样性"这一要求之外，这幅画也展现出了阿尔贝蒂所说的"协调性"。画面中的12位门徒被和谐地分成3人一组，一共4组，耶稣所说的话语冲击震荡着他们。画面的着色同样遵循着阿尔贝蒂的指示，他说："各种颜色之间应和谐，也就是说一种颜色要和另一种颜色相呼应，使整体呈现出尊贵和优雅之感。将粉红色置于绿色和天蓝色之间就会营造出一种荣誉、优美的感觉。"比如说，我们在大雅各、圣腓力和马太服装的颜色中就能看到这种组合。

《最后的晚餐》中透视的消失点位于耶稣的太阳穴位置，这一透视法开辟了和会院食堂的真实空间相呼应的第二个空间。在恩宠圣母教堂内的僧侣们用餐时，基督和他的门徒们一起用餐。1788年5月，歌德的意大利之行包括米兰这一站，他断言，列奥纳多并没有以古典时期学术交流会的形式来呈现画面中的用餐场景。"不！这一神圣聚会应该更加贴近现实，基督应该和米兰的黑衣派僧众共进最后的晚餐。"这一圣餐场景在僧侣的餐厅里获得了永生。列奥纳多信誓旦旦地讲述了当时发生的事情，让人们永远铭记于心，并且报之以同情。但是，他为什么放弃了描绘面包旁边的酒杯这一最重要的情节道具呢？

时光让他的作品备受摧残。早在1517年，一位旅行者就曾指出，这无疑是最优秀的作品，但是也不可避免地面临着消亡的威胁："我不知道是因为墙里的湿气，还是因为其他方面的疏忽。"瓦萨里提到了一个"瑕疵"，当然是吸引人的瑕疵。在他看来，列奥纳多好像并没有完成耶稣的面部，因此，画面必然很早就已经开始遭到破坏了。自1726年以来，该作品一共经历了7次修复。很多列奥纳多完成的部分早已不在会院食堂的墙壁上了。但即便如此，如今墙面保留的部分也足以让几个世纪的人惊叹不已。

这项工作完成不久后，列奥纳多似乎就前往布雷西亚了。一份写有圣人姓名的笔记也许表明，他去那儿是为圣方济会教堂创作祭坛画。即便真的有这样一份委托合同，也并没有付诸实践。

几何学的艺术

最早惊叹于《最后的晚餐》的人包括数学家卢卡·帕乔利修士（约1445—1514或1517）。在《神圣的比例》这一著作的序言中，他赞赏了画中门徒们生动的、交谈式的姿态。这部著作于1498年2月9日献给了卢多维科·斯福尔扎，在这个时间点之前，列奥纳多的这幅画应该已经完成。这幅画最早的复制品应该诞生于16世纪初。

与此同时，这幅名画的创作者正忙着装饰斯福尔扎城堡的一个房间，也就是"小黑屋"，据说如此命名是为了哀悼贝亚特丽切·德斯特的死。传言还提到了一顶王冠，也许是因为成了米兰的合法公爵，卢多维科决定在斯福尔扎家族的纹章上加这一顶王冠。这项工作的监督工作由瓜尔蒂耶罗负责，与此同时他还负责另一个列奥纳多参与的更大的项目——为城堡的"木板室"画天顶画，其名称源自内部的木板覆盖层结构。根据瓜尔蒂耶罗的说法，列奥纳多承诺在1498年9月前完成这一任务。在完成这些委托任务和创作《最后的晚餐》的过程中，工匠必定参与了混合石膏、准备油漆的工作，甚至有可能代替列奥纳多画一些简单的部分。一份清单上提到了其中两个人，但并没有写明他们获得报酬的具体项目是什么。贝内代托在两个月内赚了38里拉，伊奥迪蒂在近4个月的工作中获得了59里拉。但是和其他工匠一样，他们每个月要支付4个达克特的食宿费用，这样一来，他们的报酬也就所剩无几了。

"木板室"是一个边长达15米的巨大的正方形房间，属于公爵套房的一部分。它有可能只供私人使用，也有可能用于接待高级客人。列奥纳多和他的助手们用油彩和蛋彩画画法在近880平方米的面积上创造了一个想象中的藤蔓凉棚（彩图17）。16棵桑树的枝条与金色丝带交织在天花板上，形成了一个完美的对称图案。这幅画一直被掩盖着，直到1893年才重见天日。进一步的修复工作也让人们看到了"列奥纳多式"的岩石构造和其中一棵树的根系。桑树"moroni"此处也暗指他的客户摩尔人"il moro"。

4块铭文图版上的文字已无法辨认，但通过修复工作得以被还原。其中的3块回忆了马克西米利安与比安卡·玛利亚·斯福尔扎的婚礼，授予卢多维科米兰封地的经过，以及他的"德国之行"——1496年夏天的韦诺斯塔之行。在那里他曾令"皇权"反对意大利的查理八世。然而韦诺斯塔之行的结果被无耻地隐瞒了。

瓦萨里称，在设计"木板室"的画作时，列奥纳多能够无拘无束地沉浸于自己古怪的兴趣中，构思严格有序的藤蔓网络，并且乐于在这一噱头上浪费大量的时间。他作品中的6个"结"也能体现他的热情，这是一幅15世纪末的铜版画，中间位置刻有"列奥纳多·芬奇学院"或类似的字样（图34）。只有吉罗拉莫在1619年出版的一本关于米兰贵族的书中提到了这样一所学院，提供了这所学院关于透视、机器和建筑的"课程"。

"学院"二字指代的完全不是一个有固定席位和章程的机构。列奥纳多的学院充其量只是一个由艺术家、学者和朝臣组成的松散圈子，有可能也是一个绘画学校。帕乔利曾回忆过这样一个圈子里的讨论，即1498年2月9日在卢多维科"坚不可摧的堡垒"中进行的一场"学术争论"，参与者中除了有卢多维科公爵和列奥纳多之外，还有主教、修道士、医生、法官和工程师。帕乔利还提到了加莱亚佐·圣塞韦里诺、宫廷占星家安布罗焦和建筑师贾科莫。

图34：列奥纳多·达·芬奇，《列奥纳多·芬奇学院》（1490或1500），
铜版画，29厘米×21厘米，伦敦，大英博物馆

无论列奥纳多的"结"是不是一个学术圈子的徽章，这幅作品
都相当有名。丢勒于1505年至1507年在威尼斯停留期间曾模仿过这一
图案；位于梵蒂冈的拉斐尔名作《圣体辩论》这一祭坛画的正面也有
类似的装饰图案。在帕乔利的《神圣的比例》1509年的印刷版中，大
写花体首字母中就出现了大量的"结"的图案。这些图案是否由列奥
纳多设计尚不明确。然而可以确定的是，他提供了五种常规几何体的

插图设计及其不同变体。根据帕乔利所言，这些设计出自"现今凡人中精通数学的'艺术王子'的左手，我们来自佛罗伦萨的列奥纳多·达·芬奇，在那段美妙的时光中，我们在米兰这座最美丽的城市中享有同样的待遇"，"美妙的时光"指的就是1496年到1499年。让帕乔利得以进入米兰宫廷的可能是1494年出版于威尼斯的《算术、几何、比及比例概要》一书。列奥纳多花费了119个索尔多得到了这本书。书中紧接着"黄金分割"一章的内容包含了迄今为止对复式记账最详细的描述。因此，帕乔利也被误认为是这一记账方法的发明者。[1]《神圣的比例》一书写于米兰，1509年的印刷版再次在威尼斯出版。

雅各布·德·巴尔巴里所绘的《卢卡·帕乔利肖像画》是文艺复兴时期"几何精神"的象征（彩图19）。帕乔利手指着一块木板，代表着当时最权威的几何学——欧几里得的《几何原本》。肖像中人物的目光正投向一个透明的菱形立方体。帕乔利来自皮耶罗·德拉·弗朗西斯卡的故乡博戈圣塞波克罗。这位"数学"绘画大师自己也曾写过理论著作：一本关于算盘，另一本关于透视法，还有一本小册子第一次提供了规则的几何体的精确构造说明。瓦萨里称，帕乔利只是抄袭了"那位老好人的所有作品"，最后以自己的名义出版。这并没有错。这位修士只是一位名作的编纂者，却并非他那个时代的数学天

---

1. 复式记账法起源于中东地区，据说由基督徒商人带回，复式的意思指每笔帐目必须至少记录在两个不同的账户中。

才。他的书中讲述"五种规则的几何体"的一章确实是抄袭了皮耶罗的作品。虽然他在其他地方称赞皮耶罗是"当代画家的君王"，但并没有在引用时注明出处。所以说，在设计几何图形时，指导列奥纳多双手的人其实是皮耶罗。芬奇只提过一次这位伟大先驱的名字，这张纸上写满了各种备忘录："眼镜""晾晒长袍""米开朗琪罗的链子""根的乘法""袜子""装订我的书""肉豆蔻"，以及"来自村里的皮耶罗大师"。

世界的救星

列奥纳多和帕乔利一直保持着密切联系。我们甚至可以想象二人下棋的情景，这位修士在1499年左右写过一篇关于国际象棋的论文。没有证据表明列奥纳多参与了这篇论文的写作。与分析讨论了数学问题和魔术技巧的《数字的力量》一样，这篇论文最终并没有发表刊登。

一幅被一些行家认为是列奥纳多亲笔之作的版画或许能呈现他与帕乔利对话的一些痕迹，这就是2017年11月被拍卖的《救世主》（彩图20）。这幅画的面板由核桃木制成，列奥纳多十分钟爱这种绘画面板材料，尤其是在米兰时期。一次耗资巨大的修复工作让隐藏在层层覆盖下的文艺复兴风采得以重见天日：一张柔和的面孔，精心绘制的列奥纳多式的鬈发，衣服上自然的褶皱（设计草图仍然保存着），以及那只举起的祈福之手。这幅画技艺上最出彩之处就是基督左手拿着的那颗水晶球。

这颗水晶球具有柏拉图式的象征寓意。自柏拉图以来，球体被认为是最完美的几何体，因为它包含了所有其他几何体的形态。甚至上帝也可以被比作一个球体，所在之处都是球心位置，球周范围无边无际。值得注意的是，列奥纳多的球体几乎没有反映出任何光的折射现象。基督身上的蓝色长袍并没有因为闪闪发亮的水晶球而发生任何扭曲。列奥纳多正是按照自己所区分的四种光的类别来展示这个水晶球的：第一种是漫射光，比如地球大气层的光；第二种是太阳光通过窗户或其他开口射进来的光线；第三种是反射光；他称第四种为穿过"诸如画布、纸张或类似透明体"的光线。玻璃或水晶这一类的透明体给人的感觉是，"在不透明体和照亮它的光线之间似乎没有任何东西"。

列奥纳多是在用这一完全透明的球体来表现"第五元素"或者古典时期的自然哲学吗？这应该是一种最精致的形式，既是物质也是非物质，同时还是永垂不朽的。它既不重也不轻，既不稀薄也不浓密，其完美无瑕令一切语言黯然失色。几个世纪以来，炼金术士们都曾尝试生产这种神奇的物质，因为它能让人永葆青春甚至永垂不朽。月球上方的所有空间都由它构成。根据文艺复兴时期的宇宙学家的说法，在那里，行星的球体按晶体顺序旋转，与混乱的地球世界相比，那儿的运行规律截然不同。由于恒星的完美球形形状和形成恒星的完美物质，所有的运动都呈现出圆形的轨迹。基于帕乔利《神圣的比例》中的一些段落，有人推测，让列奥纳多意识到球体含义及其完美之特殊性的人正是卢卡·帕乔利。在柏拉图研究的基础上，帕乔利对第五元素进行了详细的解释。上帝亲自从这一元素中提炼出其他元素，帕乔利将其描述为维持万物存在的"天力"，囊括世间万物，是使宇宙及宇宙空间合而为一的原始"建筑物质"。列奥纳多将这一完美物质称为"元素的心智"和"自然的伴侣"，同时也是灵魂的构成元素。

　　这位画家以传统的方式描绘了基督，让他掌中托着整个晶体宇宙。要将基督刻画成世界上最美丽的人是一项难度极高的任务，因为当时一些呈现基督的图片无比逼真传神。有人提到了"非人手所绘的圣像（Acheiropoieta）"。其中就有埃德萨的"画在布上的圣像"，即所谓的曼迪罗圣像，10世纪时传到了君士坦丁堡。和其他"圣像"一样，据说这幅画是通过触摸主的脸这一神奇行为创作而成的。在征服君士坦丁堡之后，这幅画就遗失了。但那时它的复制品已经出现，其中一些创作者很快就声称作品是自己的原创。其中之一——《曼迪罗圣徒像》，于1384年作为献给拜占庭皇帝的礼物抵达热那亚，列奥纳多有可能就是通过这幅画了解基督真容的。

　　然而"救世主"这一形象的传播范围是如此之广，我们不一定非要把列奥纳多派到利古里亚大区的沿海城市热那亚复制出一个"世界救世主"可能的模板。如同其他无数的基督画像一样，列奥纳多笔下上帝之子的容貌也符合据称目睹过其真容的同时代人的描述。这位所谓的作者兰图鲁斯是一个虚构的人，关于他的故事约于1300年被杜撰出来。这段文字有可能从曼迪罗圣像这一类型的基督圣像中获得了启发。"他有一张可敬的脸,看到他的人很快就会喜欢他,也很快就会害怕他。他头发的颜色就像熟透了的榛子,发丝非常光滑,一直垂到耳边,但耳朵往下的头发是卷曲的,颜色更深一些也更有光泽,垂在肩膀上闪烁着。他的头发按照拿撒勒人的习俗从中间分开。他平坦而极其开阔的额头和脸庞上没有一丝皱纹,面颊微微红润。他的鼻子和嘴巴无可挑剔,胡子很浓郁,和头发的颜色一样,也从中间分开,但并不是很长。"

这幅画的哪些部分出自列奥纳多本人?哪些部分又是由他的学生,比如博塔费奥所画?哪些部分应归功于修复工作?对这些问题的讨论还将持续下去。例如,基督胸前用严格的几何图案装饰成的交叉边框似乎是用尺子和模板制作而成的,没有任何褶皱,也没有考虑透视效果。列奥纳多绝不会做这样的事情。技术上的发现让人们察觉到之前不曾留意到的方面,比如后来的Pentimenti[1],但是这些发现也表明,这幅作品的大部分都出自同一人之手。

这幅画很早就带给其他艺术家以启发。最早的一位就是伯纳迪诺·卢伊尼(约1480—1532)——列奥纳多最重要的继承者之一。他从这幅画中获得灵感并创造了一幅改编的版本。温斯劳斯·霍拉在1650年创作了一幅救世主的铜版画。列奥纳多的《救世主》一画曾为英国查理一世的遗孀亨利埃塔·玛丽亚所拥有,后来又在英国被私人

---

1. Pentimenti,指通过修改和颜料遮盖原来的痕迹。

收藏。自2017年起，它属于阿布扎比卢浮宫馆藏的一部分。

钱！钱！

14世纪末，米兰的财政状况进一步恶化。国家的日常支出需要约34万达克特，但拿得出手的只有18万达克特。不仅如此，国家金库里剩下的财产是留给雇佣军而非画家使用的。贝内代托·德伊的一句格言在许多宫廷艺术家身上应验了："那些与宫廷打交道的人，最后都会变成乞丐和穷人，凄惨地死去。"布拉曼特创作的一段诙谐的对话表现出这样的场景：人们如何在斯福尔扎的宫廷屈膝乞讨。他的对话者是朝臣和诗人加斯帕罗·维斯孔蒂。布拉曼特请这位卢多维科身边极有影响力的维斯孔蒂帮他出面说情，也许现实中确有其事。维斯孔蒂说："布拉曼特，你太粗鲁了。动不动就来找我要长筒袜，而事实上你挥金如土。如果我支付你长筒袜的费用，你是不是都会觉得太少了？"布拉曼特说："我的先生，我其实一分钱都没有啊。噢，拜托了！请你给我一个索尔多然后吊死我吧！"维斯孔蒂说："怎么，宫廷不给你钱吗？你每个月不是有5个达克特的工资吗？"布拉曼特说："说实话，宫廷就像牧师一样，会提供水、祈祷的话语、烟雾和绿枝。但若提出其他要求，那就是破坏规矩。"维斯孔蒂说："那你的博尔吉亚和马奇西诺（斯坦加公爵秘书）呢，他们在干什么呢？难道你没有得到他们的青睐吗？"布拉曼特说："哦，他们都装聋作哑。一谈到钱的问题，我们就都变成了聋子。我们还是回到衣服的问题上来吧。如果你能帮我支付一些长筒袜的费用，我就把旧的扔到角落里去了。"

这一讽刺滑稽的作品在一定程度上可能也反映了列奥纳多的处境。很多时候，他不得不去追讨自己的工资。在1494年的一封请愿书中，他给卢多维科·斯福尔扎写道，自己不希望因小事劳烦"荣耀的您"，但是艺术创作停止了，"匮乏的生活让我非常悲伤"。他继续说道，整个朝廷"更让我心痛，因为这是阻止我实现自我的原因所在，而我所盼望的是绝对服从阁下您"。在接下来的36个月里，他收到了50个达克特。他要用这笔钱喂饱5口人，其中还包括两位大师的费用，这两位大师也有可能包含在这5人当中。

我们甚至可以说可怜的列奥纳多是一位资本主义的批评者。他鄙视那些只贪图物质享受而不追求灵魂意义的人。他在一则寓言中阴沉而神秘地写道："让人类陷入巨大恐惧、危险和死亡的事物将会从黑暗笼罩的洞穴中出现。他的许多追随者在经历长久的担心之后会收获喜悦。不赞成他观点的人将在匮乏和痛苦中死去。无限的背叛将统治世界，恶人的数量将会猛增，煽动这些异见者杀人、抢劫、奴役他人。人们将会怀疑自己的同伴，自由的城市会摧毁自己的国家，许多人会因此丧生；人们会互相欺骗、陷害和背叛，痛苦将肆意蔓延。噢，可怕的生物啊！如果人类都回到地狱该多好啊！因为这一事物的出现，大片森林将遭到破坏……无数的生物将失去生命。"这里提到的恐怖事物指的不是别的，正是制造武器的金属，以及金钱，《新约圣经》中凶残的玛门——掌管着七宗罪中的贪婪。

同时，列奥纳多的一幅画谜素描也表明，他已经意识到物质成就是一把双刃剑。画面中，倾盆大雨从天而降，"雨点"是一些有用的美好事物：乐器、铃铛、工具、靶子、钳子、水壶，还有一个风箱和一副眼镜。画面下方边框上的文字表明，神灵的保佑并不能使世人免遭苦难："噢，苦难的人类啊，因为金钱，你平添苦恼，多少次不经意间成了奴隶啊！"但是如果列奥纳多不给我们留下谜题，他就不是列奥纳多了：云中正襟危坐的狮子代表着什么呢？

现有资料中有迹象表明，即使当米兰处于财政危机时期，列奥纳多其实并没有实际的困难。据微型画家阿塔凡特说，1500年左右，列奥纳多拥有的财富相当可观，并且有余力借钱给别人，这就证明了这一点。不过他每年有2000达克特的工资收入却只是个传说。一位16世纪的米兰历史学家加斯帕雷·布加蒂提到，列奥纳多的年收入可能只有50个达克特。不仅如此，我们并不知道这笔钱最后是否真的到了列奥纳多手中。对于像《最后的晚餐》这样的大订单，列奥纳多还是会获得单独的报酬。在完成这幅画后，他也许获得了一处房产，以作为现金的补偿。1499年，公爵给他分配了一个葡萄园，但实际上在此之前他已经拥有这片土地的使用权。这片土地长宽分别约为175米和60米，位于城墙内圣哲罗姆教堂和恩宠圣母教堂附近，当时几乎没有人居住。

顺便说一句，我们可不能低估列奥纳多对葡萄酒的了解。他介绍过如何用硝酸盐将白葡萄酒掺成红葡萄酒。列奥纳多晚年时，他的管家收到了自己在菲耶索莱继承的一个庄园中的少量质量很差的葡萄酒，列奥纳多给他提供了一些如何提高葡萄酒质量的建议。如果葡萄树能培育得很好，酒庄就能为意大利提供最好的葡萄酒。列奥纳多建议在冬季用石灰碎石覆盖葡萄树的根部。这样就能保持根部的干燥，而茎叶会通过空气吸收有助于葡萄成熟的养料。如果让葡萄酒在敞开的容器中发酵，葡萄酒的灵魂——香气——也会随之蒸发掉。剩下的就只是一些淡淡的汁液，呈现出的只有被葡萄皮和果肉染出来的颜色。"如果不按照规定把酒从一个容器倒进另一个容器里，酒就会变得很浑浊，喝进胃里后便会感到苦涩。"列奥纳多以酿酒师这样一个不同寻常的身份总结道："如果你和其他人都能听从这些建议，我们就会喝到极好的葡萄酒。"

米兰这一地产可是相当奢侈的补偿。葡萄园在当时非常昂贵，许多人都垂涎于此。据这位新主人估计，这块土地的价值高达2000多个帝国里拉。葡萄藤茂盛生长，田地间可能还有许多柠檬树，当然，还有芬芳的夏日气息和蝉鸣的歌声，但对于列奥纳多在那儿的生活，我们一无所知。不管怎样，列奥纳多并没法长久享受作为地主的生活。战争的阴霾正在逼近。

米兰的最后一局

法国的路易十二（1498—1515在位）计划在查理八世失败后重新赢回米兰公国。1499年7月，他的将军们在里昂附近集结了一支大规模的军队，共有6000至9000名骑兵和17 000至20 000名步兵。他们穿过萨伏依王朝一直渗透到了伦巴第。第一个沦陷的城市是阿斯蒂。卢多维科·斯福尔扎在逃亡的过程中寻求帮助，并希望得到国王马克西米利安的支持。但是米兰还是在9月10日沦陷。雇佣兵们以自己的方式实施暴行。他们摧毁了加莱亚佐·圣塞韦里诺的宫殿，包括他那名贵的马匹栖身的马厩——其中的部分设计出自列奥纳多。米兰城堡，1489年那个幸福的冬天，吉安·加莱亚佐·斯福尔扎和阿拉贡的伊莎贝拉举办宴会的地点，也未能幸免。列奥纳多隐晦地指出："米兰城堡有所准备，但实属无可奈何，但仍无法摆脱最终的命运。"横行暴虐的士兵们收获的最知名的战利品就是斯福尔扎骑马雕像的泥塑模型。它成了加斯科涅弩手们的目标，他们肆意破坏，以此来打发时间。和诗人保罗·科尔泰西的预言不同，斯福尔扎家族伟大的开创者希望以骑马纪念碑的形式永垂不朽的愿望破灭了。同样，埃尔科莱·德斯特本希望将列奥纳多的这一模型带至费拉拉，以此为基础铸造一个德斯特家族的纪念碑，这一想法最终也化为泡影。

10月初，身穿白色绫罗绸缎公爵袍的路易十二带着胜利进入米兰。在米兰大教堂里，他作为城市的新君主进行了庆贺，然后开始了巡城。他参观了卢多维科·斯福尔扎曾经送给加莱拉尼的宫殿。在"木板室"中，他看到战败者斯福尔扎对他讽刺讥笑的铭文，让人用新的文字覆盖上其中一块，内容是对斯福尔扎可耻的逃跑过程的回忆。爱国主义文物保护人士在修缮这间屋子时并没有对这一部分进行修复。所以直到今天，这个位置仍然一片空白。

列奥纳多没有受到这些冲击的影响，1499年8月初，他仍然沉浸于对运动和重量的物理学问题的思考中，并为阿拉贡的伊莎贝拉的浴池设置了加热系统。同时，他也利用这一机会和路易十二的宫廷画家让·佩雷亚尔（约1460—1530）建立了联系。他对佩雷亚尔的艺术审美取向不感兴趣，因为他在这方面不需要任何指导。他感兴趣的是技术知识。他写下的一些关键词就表明了这一点："干壁画的创作方法，白盐和染色纸的制作方法……他的颜料盒，学习用角粉肥料制作蛋彩，学习溶解虫胶。"

只有寻找新的艺术资助者才能开辟新的资金来源，这是列奥纳多的当务之急。当时，对于法国人，人们并不确定是应该抱以希望还是应该感到害怕。除此之外，斯福尔扎虽然在被打败后逃跑了，但是他还活着。如果他回来，有一点是肯定的：他一定会把每个达克特都花在雇佣兵和大炮上，但绝不会花在绘画或者铜质纪念碑上。所以，列奥纳多在完全保密的状态下准备启程了：去找"英吉尔（ingil）"，告诉他你会在"阿莫尔（amor）"等他，然后和他一起去"伊洛盘（ilopan）"。我们很容易就能知道这句话暗含的意思：把每个字谜倒着读，我们就会得出"罗马（Roma）"和"那不勒斯（Napoli）"。他希望能够在那不勒斯谋生。英吉尔（Ingil）指代的是法国侵略军领导人之一的路易一世（Louis de Luxembourg-Ligny，1467—1503）。

接下来，卢多维科准备进行反攻。1500年2月，他在迅速招募的雇佣兵的帮助下再一次让自己成为米兰的主人。他重新选择了一个鼓作为自己新纹章的图案，上面写着这样的箴言："我会在冬天敲响我的鼓，然后在夏天跳舞。"但是，舞会不得已被取消了。4月，卢多维科发现自己已经被关在了刚刚收复的诺瓦拉市。他的雇佣兵拒绝遵从他的命令，也许是因为他没钱支付报酬。当试图伪装成一个步兵想要逃跑的时候，卢多维科被出卖并遭到抓捕。

列奥纳多语重心长地评论道："公爵失去了他的国家、财产以及自由，他的计划都没有完成。"这时，米兰处处上演着谋杀和抢劫事件。"维斯孔蒂遭到绑架，他的儿子也被杀了。"列奥纳多写道，"乔瓦尼失去了财产。"斯福尔扎的死敌吉安·贾科莫·特里武尔齐奥，建立了一个残酷的刑事法庭。1500年5月12日，列奥纳多已经背弃了米兰，他的朋友贾科莫·安德烈——那位维特鲁威评论家，则遭到斩首。他被怀疑曾密谋反对新政权。他的尸体被分成了四块，血淋淋的破布被悬挂在米兰的城门上，以此来震慑法国的一切敌人。与此同时，在遥远的洛什城堡中，卢多维科公爵在法国人的看管下度过了自己余下的时日。现在，在城堡塔楼的地牢中，他应该有足够的时间来好好想一想幸运女神福尔图娜到底有没有站在他这边。

第三章
新的资助人
佛罗伦萨，1500—1506

❖━━━◆❀◆━━━❖

1.重新定位

意大利之旅：曼托瓦和威尼斯

在考虑前往那不勒斯之时，列奥纳多按照自己的习惯把必须准备的物品都列了一个清单。"准备两个箱子，骡子用的毛毯，最好能用床单；已经有三个，其中一个留在芬奇镇……买女士小披肩和桌布、帽子、鞋子，四条裤子，一条麂皮做的紧身短上衣，还有做新衣服用的生皮。亚历山德罗的车床。卖掉不能拿的东西。"至于他的行李中是否包括绘画，这一点资料并没有显示。1499年12月中旬，列奥纳多将自己的大部分财产，也就是600弗罗林金币，转移到了佛罗伦萨，将其存放在新圣母玛利亚医院，与其他教会机构一样，该教堂同时也是一个储蓄银行。1499年4月，他用不同颜色的纸制成的小包裹住剩余的现金，然后把这些钱藏在了自己的工作室里。同时，他还把自己的葡萄园租了出去。

1499年底，列奥纳多与卢卡·帕乔利以及萨莱一起离开了米兰。他们此行的目的地是佛罗伦萨，但首先去的是曼托瓦。这个明乔河畔的城市是贡扎加家族的所在地，也曾经是欧洲著名的文化中心之一，是人文艺术的发源地。阿尔贝蒂在这里设计的圣塞巴斯蒂亚诺教堂和圣安德肋圣殿推动文艺复兴运动取得了巨大突破。安德烈亚·曼特尼亚（1431—1506）也住在这里，他从1459年起担任贡扎加家族的宫廷画家。列奥纳多可能见到过他。当然，他还参观了宫廷城堡内的《婚礼堂》，曼特尼亚的壁画充分利用室内延伸开来的空间表现缩略的画面，其中还包括文艺复兴初期最美丽的马匹之一。

曼托瓦的伊莎贝拉·德斯特侯爵夫人是卢多维科·斯福尔扎亡妻的一个妹妹，也是弗朗切斯科·贡扎加侯爵的妻子。她因狂热的艺术收藏家这一身份而闻名。她在曼托瓦宫殿中的工作室保存着古典时期的雕像、绘画、宝石和勋章。伊莎贝拉最热切的愿望之一就是拥有列奥纳多的作品。1498年4月，她曾请切奇利娅·加莱拉尼，也就是现在的贝尔加米尼伯爵夫人，把列奥纳多所画的人像借给她看："我们在今天看到乔凡尼·贝利尼所绘的一些美丽画像时，就会提到列奥纳多的作品，自然会希望将二者进行一番比较。"加莱拉尼满足了这一要求，但同时也提醒伊莎贝拉，画中（应该指的是《抱银鼠的女子》）的人物和当时的自己已完全不同，这完全不是因为大师的无能——加莱拉尼认为没有人可以和这位大师相提并论——而是因为画中的她当时还处于"不完全成熟的年龄"，自己的容貌在随后的日子已经完全改变了，其实她也可以简单地写自己变老了。这幅画很快就按照加莱拉尼的愿望被带回了米兰。

　　现在这位尊敬的大师站在了伊莎贝拉面前。虽然她不能把他留在曼托瓦，但是她请求列奥纳多为自己创作一幅肖像画。事实上他也确实完成了一幅草稿（图35）。从这幅画的构思中，我们隐约能够看

图35：列奥纳多·达·芬奇，《伊莎贝拉·德斯特肖像》（1500），黑色粉笔，红粉笔，赭石灰绘于纸上，61厘米×46.5厘米，巴黎，卢浮宫博物馆

到《蒙娜丽莎》的影子，比如画中交叉的双手。这幅草稿穿了孔，这样就可以让炭黑粉尘粘在画的底面上。这个过程被称作"洒灰"。在前往威尼斯之时，列奥纳多并没有完成一幅作品。在威尼斯，伊莎贝拉的一位乐器制造商和艺术经纪人洛伦佐·帕维亚写信给自己的客户说，自己碰到了"列奥纳多·达·芬奇"，并看了伊莎贝拉的画像。画像和她本人非常像，并且"画得非常好，好到不能再好了"。也许洛伦佐已经拿到了这幅肖像画的初稿。就算列奥纳多真的在威尼斯完成了这幅作品，它后来的命运我们也不得而知。瓦萨里说，乔尔乔涅看到了一些列奥纳多的"如烟雾般朦胧的"暗调作品，并声称自己终生都受到这些作品风格的影响；但是瓦萨里并没有说过乔尔乔涅是在威尼斯看到这些画的。

鼓励列奥纳多前往威尼斯的里亚尔托试试运气的很可能是帕乔利。帕乔利很了解这座城市，他的出版商帕加尼尼的印刷工厂就在那里。如果列奥纳多有招揽艺术订单的打算，这并不是一个十分合适的时间。威尼斯正在经历一场针对奥斯曼帝国的激烈的防御战，其攻势已经蔓延至威尼斯的弗留利区。列奥纳多有可能在元老院的委托下视察过索查河，他在那里听取了农民的意见，并研究了通过水闸来治理和加固河流的可能性，此处将成为土耳其人进攻时的一条决定性防线。至于威尼斯的艺术带给列奥纳多怎样的影响，我们无从考证。我们所能知道的是，列奥纳多观察到了海上潮涨潮落的节奏，并试图解释这一现象和月球的引力并没有关系。

1500年4月24日，列奥纳多出现在佛罗伦萨。当天，他从新圣母玛利亚医院的账户上取走了50个弗罗林金币，这些钱足够他置办一个新家了。他最终选择了圣母领报大殿作为自己新的落脚处。

1500年的佛罗伦萨：世界末日的阴影

在列奥纳多离开米兰前的20年间，世界发生了翻天覆地的变化。由于葡萄牙人的非洲探险和哥伦布的航行，西方世界扩大了自己的边界。而佛罗伦萨人阿梅里戈·韦斯普奇（Amerigo Vespucci，拉丁语写法为Americus Vespucius）的名字日后则演变成了"美洲"（America）。另一个佛罗伦萨人，列奥纳多曾提到过的保罗·达尔·波佐·托斯卡内利，在哥伦布航行的事前准备中也扮演着重要的角色。在1474年的一封信中，这位著名的学者曾让哥伦布这位热那亚人更加坚信，如果一直向西航行跨过海洋，就一定可以到达印度。

顺便一提，在列奥纳多的笔记中，这位新大陆的发现者出现的次数就和美洲一样少。芬奇后来的一篇文章表明，他应该听说过彼得·马特的《十年纪事》（*Dekaden über die neue Welt*），而且他或许也知道，韦斯普奇在1504年曾写信给佛罗伦萨行政首长皮埃罗·索德里尼（1452—1522）。在这篇文章中，列奥纳多谴责人类是"兽中之王，兽中之极"，会吃掉自己的儿子、父亲、母亲、兄弟和朋友，以及陌生的岛屿上男人被截掉的肢体，他们把自己喂肥后也会被吃掉。这就是他所写的有关这一事件的一切了，这些文字中甚至一次都没有提到过《十年纪事》中的"新世界"这个词。列奥纳多通常极其富有好奇心，会开动脑筋思考所有感兴趣的事，但偏偏对于"美洲"，这个那一时代最轰动的新兴词，始终一言不发，这实在是一大谜团。

佛罗伦萨也不再是列奥纳多离开前的那个城市了。当伟大的洛伦佐于1494年死后，他的家族被驱逐，共和政体得以恢复。领主们的所有决议都需经过一个由千名成员组成的大议会和由80名成员组成的小议会讨论，以求通过。虔诚的狂热分子吉罗拉莫·萨佛纳罗拉的政权只能算是一个小插曲。1498年5月25日，他在民主广场被绞死，尸体被烧掉，骨灰被洒在了阿诺河沿岸。但是因此在多明我会引起的宗教震动还是长时间让人心有余悸。一些人产生了对末日的恐惧，而不祥的1500年的到来更是加剧了恐慌的气氛。在奥尔维耶托主教座堂里，路加·西诺雷利将自己对末日审判的设想留在了此处一间小教堂的墙上，波提切利则画出了他的《神秘的耶稣诞生》。画面边缘，用希腊字母绘制的铭文解释说，这幅画创作于1500年底的"意大利动荡之中"，也就是说它诞生于战争时期，人们目睹了末日的七灾中的第二灾：大海变成了鲜血，所有活物都死掉了。

列奥纳多的一些"预言"乍一看讲述的似乎是和波提切利的油画以及西诺雷利的壁画同时代的情绪。其中大部分完成于1497年到1500年，还有一些创作于16世纪初。把它们连在一起读，听起来就像一场忏悔的布道。"人类会在苍穹中看到即将到来的厄运。从天而降的火焰仿佛即将逼近，让人恐惧地想要摆脱。人类会听到各种动物用人类的声音说话。人类将会在某一时刻身处他方，无须任何行动又逃向各个不同地方。他们将在黑暗中看到无上荣耀。噢！人类的奇迹啊，你们陷入了怎样的狂热之中……你们会在最高的天空中看到长长的蛇，会看到它们同鸟儿搏斗……地球会上下颠倒，人们可以看到另一个半球，会发现洞穴和可怕的动物……无数人的孩子将被带走，他们会被剥皮去肉并以最可怕的方式被大卸八块……许多人的孩子将被无情地从母亲的怀中夺走，扔在地上摔死……"

但列奥纳多并不像人们所想象的是一位末世灾难的预言者。这些文字以人们熟悉的谜语的形式出现。标题通常用的是十分简单的词语。天空中的火焰、会说话的动物、黑暗中的闪光？"论梦境"这一标题就清楚传达了希望表述的内容——世界末日。一个上下颠倒的地球，洞穴，可怕的动物？此处除了指耕地还能说什么呢？在空中和鸟儿搏斗的蛇？列奥纳多给出的答案是："鹳身上背着的蛇。"剥皮去肉、大卸八块、被打死的孩子？他们分别指的是"绵羊、牛、山羊"，或者"坚果、橄榄、橡实、板栗"。

在列奥纳多的笔下，严肃的情景虽然也会产生恐怖的效果，但最终都会伴随玩笑而消失。"哦，非洲的城市啊，在你们那里，你们的孩子将在自己的家中被自己国家最残忍的、如强盗般的动物给四马分尸。"这里指的是"吃老鼠的猫"。尤其新颖的是这一预言的答案："哦，海滨城市啊，我看到了你的公民，男男女女被不懂你们语言的人用强力牢牢捆绑在一起。你们只能通过自己的号啕大哭和哀叹来宣泄失去自由的痛苦和悲伤。"这段话的谜底是："被绑在尿布里的孩子。"

像这样的预言作品大约有150则留存了下来，通过这样一些作品，列奥纳多对诸如萨佛纳罗拉这样的传教士及其布道进行了一番戏讽。其中的一些预言对神职人员，尤其是修道士，进行了嘲讽。虽然享受了他们的招待，列奥纳多却将神职人员贬损为"游走于世界街头的躯壳"，这几乎是一种亵渎。他所创作的"预言"不过是在戏仿传教士们对可怕的世界末日血腥的召唤。当查理八世的军队攻进佛罗伦萨的时候，煽动性的言论已经引燃了火药，并且在宫廷和广场迅速传播开来。人们恐惧地看着身边发生的事情，并试图解读这些言语背后隐藏的信息。与之相对的是，列奥纳多却以幽默的态度来面对这些胡言乱语和夸夸其谈，表现得就像一位启蒙者。

伊莎贝拉·德斯特渴求的列奥纳多的作品，弗洛里蒙德·罗伯特得到了

伊莎贝拉·德斯特称列奥纳多为"我们的朋友"，虽然无法说服这位朋友留下来，但列奥纳多至少给予了她和她的丈夫一些帮助。1502年5月，他为她鉴定了10件出售自伟大的洛伦佐的遗产中的花瓶，伊莎贝拉想为自己的工作室购置一两件。在此之前，伊莎贝拉的丈夫弗朗切斯科也曾向列奥纳多寻求帮助。佛罗伦萨商人安吉洛·托瓦里亚的别墅给他留下了深刻的印象，他曾经经过那儿并到别墅中做客，现在正在考虑让人在曼托瓦附近以其为模型建造一栋新的别墅。列奥

纳多表示愿意仿照那座别墅画一幅施工图。除此之外，他还提出会提供彩色模型图。托瓦里亚的这座相当朴素的建筑坐落于佛罗伦萨南部的丘陵地带，靠近蒙蒂奇的圣玛格丽塔小教堂，周围环绕着黄杨树、柏树和月桂树。从这里可以俯瞰艾玛山谷的美丽景色。别墅有一个让人印象深刻的大厅，以及按照古典风格建造的拱形天花板。但它真正的吸引人之处其实是优越的地理位置。于是，列奥纳多开玩笑道，只须把土地运到选址地点就大功告成了。弗朗切斯科最后显然没有实现自己的计划。

不同于自己的妻子，弗朗切斯科对艺术并不感兴趣。在他的世界里，占据重要地位的是马上比武、狩猎、战争和现实生活中的女人，画中的女人并不能吸引他。据说卢克雷齐娅·博尔吉亚也是他的猎物之一。作为雇佣兵队长，他先是为米兰同法国作战，自1499年起又为法国同米兰作战。他试图用礼物来取悦他的新主人路易十二，比如来自加尔达湖的鲤鱼和安德烈亚·曼特尼亚的一幅画作。他这样做有可能会犯下弥天大罪，因为在这些礼物中，很有可能就有列奥纳多为伊莎贝拉画像所画的设计稿，这也解释了这幅画被收藏于法国卢浮宫的原因。当他的妻子发现这件事的时候，没有人希望和他交换人生……

这下伊莎贝拉立刻就希望为自己另寻出路。她安排了一个住在佛罗伦萨的艺术代理人加尔默罗会的副主教彼得罗·达诺韦拉纳找门路。但他的努力似乎并没有收到效果。与此同时，伊莎贝拉还希望再得到一幅列奥纳多的油画。这位修士给予列奥纳多这位大师最大限度的自由，可以自己决定绘画内容以及交付时间。如果列奥纳多不愿意，彼得罗请求他至少画出一幅小小的"虔诚而优雅的"圣母像。作为列奥纳多这位画家王子的随从人员，萨莱和一些朋友陪同他一起前去寻找伊莎贝拉的中间人，这位中间人向列奥纳多传达了这位侯爵夫人的愿望。他并没有明确许下承诺。但是彼得罗修士还是很乐观：他发现列奥纳多非常愿意答应伊莎贝拉的请求，就算仅仅因为伊莎贝拉在曼托瓦对他表示出善意，也让人感到欣喜。人们曾进行过公开讨论，并得出了以下结论：如果列奥纳多能摆脱法国国王的控制，而又不会失去他的恩宠，同时能按照设想在一个月内完成这一切，那么他将比世界上的任何人都更愿意为伊莎贝拉服务。但是他不能。不知道让他无法离开路易十二的工作任务是不是《救世主》呢？有迹象表明，这幅画像在被英格兰的查理一世收藏之前，曾是法国王室的财产。它最好的早期复制品也出现在法国。

列奥纳多与法国人的联系显然没有因为他离开米兰而中断。他甚至要为他们完成一个间谍任务。启程前往佛罗伦萨的时候，他的行李中有一份神秘的备忘录："提醒列奥纳多大师迅速获得有关佛罗伦萨的情报，也就是被称为吉罗拉莫·萨佛纳罗拉的'圣父'是如何着手建造堡垒的；此外，掌握他每一道命令的内容和措辞，以及……他们'佛罗伦萨人'曾经使用的装备，以及这些装备现在是否还在。"列奥纳多确实是能够不易被察觉地获取这些信息的最佳人选，比如，他可以把考察城墙、运河或者河流路线作为借口。在米兰，还有刚才提到的弗留利，列奥纳多也执行过这样的任务。

1500年8月，他因为一项侦察工作来到了佛罗伦萨南部的山上。

从这儿可以很好地观察这座城市的防御工程。这次出游的实际目的（或者说借口）是，受命为负责建造圣·弗朗西斯科·阿尔蒙特教堂的毛织品行会来研究该教堂的损坏问题。也许要求雇用列奥纳多为间谍的不知名人士就是路易·德·利尼，列奥纳多曾计划在1499年和他一起前往那不勒斯。他们也许相识于1494年，当时利尼在米兰与查理八世为伴。另一个让列奥纳多参与间谍事务的可能人选，我们在后文会更常碰到：弗洛里蒙德·罗伯特（约1458—1527）。从达诺韦拉纳写给伊莎贝拉·德斯特的一封信中可以知道，他也是列奥纳多的客户之一。信中写道，为"法国国王的宠臣罗伯特"完成一幅小画后，列奥纳多就将为伊莎贝拉绘制肖像。

列奥纳多此刻最紧迫的是保持与罗伯特的关系。因为没有了美第奇家族，这时的佛罗伦萨失去了文化中心的地位。佛罗伦萨政府现在依靠的是法国的力量。同比萨的战争消耗巨大，政府因此资金短缺。然而，罗伯特却拥有欧洲最富有的宫廷之一的钥匙。17世纪的历史学家安托万·福弗莱称他为法国国务秘书之父，他同时也获得了"大帝"的绰号。他已经服侍过查理八世，并陪他坐上了穿越意大利的火车。而且看起来他似乎将与列奥纳多建立长久的关系。达诺韦拉纳写给伊莎贝拉的信中详细描述了列奥纳多为罗伯特所画的那幅油画。"在这幅小画中，圣母端坐其中，看起来好像在绕纺锤。孩子把脚踩在装有纺锤的篮子上，手里抓着纺锤，认真地看着排列成十字形的四根杆子。他仿佛十分渴望面前的十字架，微笑着紧紧抱住；他不想把十字架给他的母亲，而他的母亲显然想要把十字架从他身边拿走。"

这根纺锤象征着耶稣即将迎来的受难，他的微笑则可能象征着对自己救赎角色的欣然接受。

存世的两幅表现带纺锤的圣母像表现的都是"纺车边的圣母"，两者也许都诞生于列奥纳多的工作室。其中一幅被称为《圣母玛利亚与亚恩温德》，在纽约由私人收藏（彩图21）；另一幅《纺车边的圣母》则收藏于苏格兰的德拉姆兰里格城堡。两幅画的区别主要在于背景方面。后者的背景上大海延绵不绝，而纽约版的风景则让人联想到《蒙娜丽莎》中的奇山、河流和桥梁。专家认为两幅画都能看出列奥纳多的笔触。如果我们按照字面意思去理解达诺韦拉纳的描述，那他提到的那幅画一定下落不明。因为两幅复制品根本没有四根杆子，只有两根横向的。最重要的是，"装有纺锤的篮子"不见了，根据彼得罗的描述，它本应该是耶稣的脚踏。同时，复制品也并没有呈现出圣母玛利亚正准备从儿子手中拿走不祥的十字架的画面。

无家可归的神圣家族

修士彼得罗还受伊莎贝拉·德斯特的委托试图了解列奥纳多的生活，他是否如她所知的那样已经开始了其他工作，如果有的话是怎样的工作。这位修士写道，列奥纳多的生活方式极其变幻莫测。看来他是活在当下的一个人。他投入大量精力研究几何学；数学实验大大减弱了他对绘画的兴趣，以至于他甚至无法忍受拿起画笔。"自从到了佛罗伦萨后，他只在一块硬纸板上画过一幅草图。画面上是一个一岁左右的耶稣男孩，看起来像是在挣脱母亲的怀抱，并且抓住了一只小羊羔，似乎想要拥抱这只羊羔。圣母玛利亚显然希望从自己的母亲圣安妮腿上站起来，抓住孩子，将其与羊羔分开——羊羔是代表祭献的动物，所以这一拥抱的场景代表着受难。圣安妮站起来了一点，似乎想阻止女儿把孩子和小羊羔分开。也许这在一定程度上表明，教会并不希望阻止基督受难。这些人物都是真人大小，他们不是坐着就是弯着腰，错落有致地分布在一块纸板上。每个人都站在另一个人的前面一点，朝向左边。这是一幅没有完成的草图。"除了在两个同伴画肖像画时偶尔搭把手外，列奥纳多没有做其他事。达诺韦拉纳最后的话是什么意思，我们还不是很确定。此处说的肖像画可能是《纺车边的圣母》、《救世主》和《勒达与天鹅》。

达诺韦拉纳对这张草图的描述让我们想起了文艺复兴时期用图像来讲述故事的艺术。如果仔细品读这一幕幕乍看起来简单但其实异常迷人的场景，就会读到关于救赎的历史。很显然，这段描述指的不可能是前文提到过的《伯林顿府草图》（彩图8）：画中人物的姿态完全不同，并且也看不到羊羔的踪影。曾在佛罗伦萨和锡耶纳工作过的安德烈·皮奇内利（约1486—约1525），还有他的兄弟拉斐尔，二人受到列奥纳多这幅遗失的素描的启发，绘制了"圣家庭"的图景，画中人物的排列方式正符合那位牧师的描述。他们一定见到过列奥纳多的这幅草图。但在拉斐尔的画中，圣若瑟代替了母亲圣安妮。

同《伯林顿府草图》的画面构成比较接近的是瓦萨里讲过的一

个故事，这一故事和达诺韦拉纳所写的内容一样，叙述的时间是1501年左右。据说在佛罗伦萨圣母领报大殿修道院的一个房间里，列奥纳多留下了一幅绘有"圣母、圣安妮和基督"的草图，希望一睹为快的不仅是艺术家。"当他完成这幅作品后，在两天的时间内，男人、女人、老人和年轻人都纷至沓来。就像去参加一场庄严的宴会一样，他们前来欣赏列奥纳多完成的这一奇迹，都目瞪口呆。"瓦萨里描述的正是这一作品让人着迷之处：画面中人物的微妙心理以及构思的独创性。这位大师知道如何同时将朴素和美感呈现在圣母玛利亚的面部表情中，而正是这种特质赋予了耶稣之母优雅的气质。他让她同时表现出谦卑感和恭顺感，这样人们就看得出，这位处女把自己的"儿子"轻轻抱在腿上，看着他美丽的容颜感到无比喜悦。"当她带着尊贵的目光缓缓站起来的时候，耶稣小男孩在旁边和一只羊羔玩耍，圣安妮在一旁面带微笑，满心欢喜地发现，她在人间的后代已经成为一位天神：这是列奥纳多精神和思想的真实反映。"然而，若说当时的人们纷纷拥向现藏于伦敦的这一幅草图却又不太可能，因为瓦萨里写到了一只并没有出现在《伯林顿府草图》上的小羊羔。人们欣赏过的有可能是保存在卢浮宫的《圣母子与圣安妮》的一幅草图，画面上确实有环抱着一只小羊羔的耶稣，但这幅草图也已经遗失了。

如何用不同的图片和文字资料组成一幅完整的拼图呢？让我们首先考虑一下列奥纳多1501年的处境。他那时又重新回到了1482年离开的城市，而且当时并不清楚将停留多久。很显然，他想和佛罗伦萨政府做生意。不过，我们要记得佛罗伦萨的领主还有一笔账要和这位来自芬奇镇的大师算：他离开那座城市的时候，口袋里装着25个弗罗林金币的预支款，但并没有为修道院小教堂完成约定的祭坛画。在原本预留给列奥纳多进行创作的墙上，仍然是那幅伯纳多·达迪的画作。尽快算清这笔佛罗伦萨的账似乎是列奥纳多的当务之急。而且很有可能他当时也确实是这么做的。

在16世纪的第一个10年里，重新翻修修道院小教堂的想法必定再度萌生。在这一规划背景下，列奥纳多的一幅《圣母子与圣安妮》和一幅《圣家族》的草图很有可能也成为这一计划的一部分。对文本、速写以及《伯林顿府草图》的多次斟酌似乎可以被视为典型的列奥纳多式长期"创作斗争"的证据。根据假设，这一系列斟酌的最后成果有可能就是《圣母子与圣安妮》（彩图22、图36、图37）。这幅画的结构似乎是对《伯林顿府草图》以及达诺韦拉纳和瓦萨里所叙述的设计稿的构思的进一步发展。圣伯尔纳铎中达迪的画作最后被格拉齐亚代伊的《圣家族》所取代，也就是说，祭坛画的主题改变了，变得和《圣母子与圣安妮》更为接近。除了这一新情况之外，一个明显的小细节表明，列奥纳多的这幅画可能确实只是暂时打算用于旧宫的修道院小教堂里。它原本比今天的样子要更窄一些。不知道什么时候，它的左右两边分别装上了两块9厘米长的小橡木木板。于是，它的宽度达到了130厘米，而之前只有112厘米。相比于伦敦的草图，这幅画的画面构图要更为"陡峭"，因此画面的比例看起来不是很和谐。这与画作所在地的服务功能有关。它当时肯定是被挤在一个圆拱窗和一个壁橱之间，二者最终都嵌进了祭坛后面的墙壁。对于这面墙而言，格

图36：佛罗伦萨，旧宫，《执政官小礼拜堂》（1511—1514）

图37：佛罗伦萨，旧宫，《执政官小礼拜堂》，复原列奥纳多的
《圣母子与圣安妮》在此房间的场景（拼贴：何塞·卡萨雷斯·马多内）

拉齐亚代伊的画作显得太大了。

列奥纳多在1503年左右创作了一幅圣安妮画像，这从当时的一份资料可以看出。也许佛罗伦萨领主在列奥纳多到达佛罗伦萨之后曾敦促他履行1478年的合同，因为只有完成这份工作，他们才会派给他新的委托任务。政府宫殿应该是悬挂《圣安妮和圣母子》这幅画的一个理想场所。在1343年的7月16日，圣安妮节的这一天，佛罗伦萨爆发了一场叛乱，这场叛乱推翻了雅典公爵的政权；从那时起一直到现在，圣约翰都是佛罗伦萨的守护神。但是列奥纳多的油画还是没有完成。其创作者可能把当时完成的部分带到了米兰，然后又带到了法国。伯纳迪诺·卢伊尼成了这幅《伯林顿府草图》草稿的最初拥有者。1580年左右，它又变成了伯纳迪诺·卢伊尼的儿子奥雷利奥的财产。伯纳迪诺按照列奥纳多的设计完成了一幅《圣家族》的油画，今天我们可以在盎博罗削图书馆看到这幅作品。画中圣母和圣安妮身边站着的是圣约瑟。事实上，仔细研究过伯林顿府的那幅草图之后，我们可以看出列奥纳多也曾考虑过在画上呈现出这位圣母的配偶。有可能是出于构图平衡的考虑，列奥纳多放弃了这个想法。1511年至1514年，旧宫里修道院小教堂迎来了里多尔福·吉兰达约的新壁画装饰。当时他的学生舒勒·格拉齐亚代伊应该也提供了自己的祭坛装饰画。它的尺寸为125厘米乘以98厘米，几乎与布雷西亚尼诺按照彼得罗·达诺韦拉纳所描述的列奥纳多设计稿所绘制的复制品分毫不差，也就是129.6厘米乘以96厘米。这进一步论证了列奥纳多这幅画的设计工作的最初目的：为旧宫修道院小教堂的委托任务而作。布雷西亚尼诺的画作，还有他的弟弟拉斐尔绘有圣约瑟的画作，是否留有1478年或1479年列奥纳多在争取修道院小教堂这个项目时他的竞争对手的设计痕迹呢？

在瓦伦蒂诺的身边

1502年6月底，我们在恺撒·博尔吉亚（约1475—1507）身边见到了列奥纳多。几个世纪以来，教皇亚历山大六世的这个儿子一直是人们厌恶和害怕的对象。他那张因梅毒而毁容的脸在画家的笔下成了一张臭名昭著的美人面孔，画中的他目光坚毅地望向这个世界，希望以个人意志来控制。尼采将他塑造成了一个艺术形象、一个动物激情的隐喻。资料显示，真实的博尔吉亚只是一个爱好冒险的人，他的政治计划其实并没有能够成功实现的机会。他通过诡计和谎言不择手段地追求自己的目标。

这位列奥纳多服务了几个月的对象到底是怎样一个人呢？从年轻时开始，他就受惠于自己那位神圣的父亲，甚至被提升为红衣主教。1498年，他收起所有代表神权的紫色物品，卸下了神职，希望完全投入世俗事务之中。"碰巧的是"，在此之前，他的弟弟胡安被人捅了一刀，尸体从台伯河里被打捞了出来。[1]现在，除了自己的教皇父亲之

---

1. 对于胡安的谋杀案，大多数人都相信是他的亲兄弟所为，但是至今仍没有确凿证据。

外，恺撒是博尔吉亚家族最重要的人。

亚历山大六世在此期间与法国结盟。王后安妮无法诞下儿子，路易十二希望解除这桩婚约，在此期间，亚历山大六世为他服务，同时支持法国对米兰的要求。恺撒收获了联盟同意大利战争的果实。法国国王封他为瓦伦蒂诺公爵，所以意大利人称他为"瓦伦蒂诺"，法王还把自己的侄女，纳瓦拉国王亨利三世的一个妹妹夏洛特·德·阿尔布雷许配给他。

在意大利的权力角逐中，卢多维科·斯福尔扎曾指派博尔吉亚作为突击先遣队首领对抗南部阿拉贡人的领地。然而恺撒的梦想却是在卢多维科入土后打造属于自己的一个意大利中部国家。1499年，他开始了自己的突击行动。意大利的众多小领主像多米诺骨牌一样纷纷倒下：伊莫拉、弗利、佩萨罗、里米尼。他的姐夫阿拉贡的阿方索，也就是卢克雷齐娅·博尔吉亚（卢克雷齐娅同样也是教皇"腰部运动"的一个果实）的丈夫，也被杀死，因为他反对法国同盟对那不勒斯的入侵。寡妇卢克雷齐娅接下来又接受了伊莎贝拉的一个兄弟阿方索·德斯特的供养。费拉拉也因此幸免于难。经过围攻和苦战，法恩扎于1501年4月陷落。这座城市年轻的主人阿斯托雷·曼弗雷迪在罗马的圣天使城堡被恺撒下令勒死。与此同时，佛罗伦萨通过与恺撒签订的支付合同为自己买到了自由——每年向博尔吉亚支付36 000达克特。皮翁比诺的领主牺牲掉了，他本希望通过这一金钱交易得到保护。路易十二敦促博尔吉亚与那不勒斯签订的一项协议只让意大利中部获得了短暂的休息。1502年的6月和7月，乌尔比诺和卡梅里诺也落入了恺撒手中。前文提到过的乌尔比诺公爵费德里科虚弱的继承人圭杜巴尔多·达·蒙泰费尔特罗这时刚刚逃离了乌尔比诺。他在威尼斯找到了庇护。

旧宫里的一切依然围绕着达克特和外交展开。"看来佛罗伦萨人已经吓得屁滚尿流了，"卢卡·兰杜奇评论道，"周围的人都在嘲笑他们。"还在6月的时候，由沃尔泰拉主教、未来的红衣主教弗朗切斯科·索德里尼率领的一支代表团来到了瓦伦蒂诺停留的乌尔比诺。该团的成员中有一位现在举世闻名：哲学家尼科洛·马基雅弗利。他为他的领主们撰写报告，讲述了在墙壁上挂满了珍贵缂织壁毯的蒙泰费尔特罗的宫殿举行的会议。这些佛罗伦萨人在这儿见识了一位蛮横自大的暴发户，正如马基雅弗利指出的那样，瓦伦蒂诺在军事问题上极端自负，无论怎样的宏图伟业在他看来都只是小菜一碟。他深受士兵们的欢迎，此外，意大利最优秀的人才也都服务于他。"这一切让他充满自信和淫威，接连不断的好运也始终与之相伴。"瓦伦蒂诺的座右铭就说明了这一切："要么当恺撒，要么什么都不是。"

佛罗伦萨人面临着威胁和勒索。如今的共和国极其不可靠。博尔吉亚威胁他们必须立刻，也就是在4天之内修改宪法。9月，大议会真的批准了这一无理的要求。皮埃罗·索德里尼，弗朗切斯科主教的弟弟，被提拔为"掌旗者"，并且终身担任这一职位。此外，博尔吉亚似乎也得到了承诺，他将得到一位能干的军事建筑师的帮助，这位建筑师将考察被征服领土的堡垒并进行修复。这个人不是别人，正是列奥纳多。

我们并不清楚列奥纳多是如何抵达乌尔比诺的。他经常被引用的一句话"瓦伦蒂诺在哪里?"旁边出现了一系列的关键词:"靴子、海关处的箱子……把麻袋送过去"等等,但这一切并不一定能作为他前往乌尔比诺的线索。

如果我们设想列奥纳多从佛罗伦萨出发,旅途就会经过阿雷佐。从这儿接着就有可能进入台伯河谷、越过安吉亚里的战场来到博戈圣塞波克罗,也就是皮耶罗·德拉·弗朗西斯卡的家乡。列奥纳多对自己这位同事的作品只字不提。但是我们读到了这样的句子:"博尔赫斯",也就是红衣主教安托万·博耶,"将为你弄到帕多瓦主教的还有那位博戈圣塞波克罗的维泰罗佐的《阿基米德》"。维泰罗佐是瓦伦蒂诺的雇佣兵队长之一,他在1502年7月刚刚占领博戈圣塞波克罗。我们很容易想到,"博戈圣塞波克罗的维泰罗佐的《阿基米德》"指的应该就是佛罗伦萨里卡迪图书馆的一份手稿,当中收录了希腊人的作品——根据克雷莫纳的雅各布的翻译编写而成。直到最近我们才发现,这一佛罗伦萨手稿中文字和图片的作者不是别人,正是皮耶罗·德拉·弗朗西斯卡。那么,是不是列奥纳多将这一珍贵作品带到了佛罗伦萨,这一作品后来又通过我们所不知的途径来到了里卡迪图书馆呢?

他现在必定要从博戈圣塞波克罗继续前往乌尔比诺了。途中需要翻越亚平宁山脉的一个山口,进入梅陶罗河河谷,之后再加上两天的骑行就会到达蒙泰费尔特罗家族的行政中心。7月31日,列奥纳多抵达了目的地。此后不久，我们已经能在佩扎罗看到他了。他继续前往里米尼和切塞纳，继而于9月初到达了切塞纳蒂科。与此同时，一份官方证书提供了保证，地方指挥官将给予他必要的支持。在这份官方证书中，列奥纳多被赞赏为"我们最优秀、最尊敬的朋友"，建筑师和"总工程师"。帕乔利的一句话总结道，列奥纳多通过用木梁建造桥梁证明了自己确实是一位先驱，恺撒的军队可以通过这座桥来渡河。

列奥纳多并没为我们描写乌尔比诺的蒙泰费尔特罗宫殿这一建筑奇迹。但是他画了一些速写，其中有宫殿中的宽恕教堂、一个鸽子窝、楼梯，还有圣塞尔焦山上的堡垒。他在这里的图书馆中发现了一幅意大利北部的地图，是由彼得罗在15世纪50年代到70年代绘制的。列奥纳多用棕色的颜料给这些山峦画上了阴影，并充分表现了大海、湖泊和河流的蓝色，这样一来，景观的地貌就像航拍照片一样显得十分逼真。类似的事情以前从来没有人做过。因此这张纸被视为制图史上的一个里程碑。

在佩扎罗，列奥纳多参观了亚历山德罗·斯福尔扎和科斯坦佐·斯福尔扎建立的图书馆，在里米尼，他对松果喷泉产生了兴趣。在此之后，列奥纳多也决定利用"水势的落差"来创造与之类似的和谐景象。据推测，喷泉中应该装有一个控制水的装置。列奥纳多画了一些有关这个国家及其人民的素描，并且还做了一些笔记。大约在8月10日，列奥纳多在切塞纳的圣洛伦佐市场上观察到葡萄的运输情况。在他看来，用前轮小、后轮大的车来运输葡萄很荒唐，因为这样一来前轮的负荷就会过重。他嘲笑道，罗马涅[1]是"愚蠢之都"。

他在伊莫拉待的时间必定更长一点。一些速写为精确无比的城市地图提供了素材，这或许是最早的平面图——世界上第一张真正的城市规划图（彩图23）。他的测量系统借鉴了阿尔贝蒂的《数学游戏》。他构造了一个以城市中心为圆心、平均八等分的圆。也许在准备工作中他已经使用了自己研制的计程仪（图38）。一个人像推手推车一样推着这个装置，轮子转一圈相当于十臂长，每走一英里[2]路就有一块小石子掉进装在车上的箱子里，同时还会引发一阵响声。这样就可以估算出行驶的距离了。

瓦伦蒂诺在伊莫拉度过的几个星期里，"诸神黄昏"的场景就已经出现。他的一些雇佣兵队长和其他一些敌人协商好要剥夺他的权力。一时间，乌尔比诺、卡梅里诺等地纷纷落入这些人手中，不过这位公爵却再一次扭转了颓势。1503年新年伊始，"塞尼加利亚谋杀夜"宣告了这一系列阴谋的结束。恺撒建议和解，并邀请反对者来参加和平宴会，其中包括他的雇佣兵队长维泰洛佐·维泰利。出人意料的是，恺撒把他们都抓了起来，并将其中的维泰利和奥利韦罗托·达·费尔莫（也是恺撒的一个指挥官）勒死。其他人在不久后也被勒死或毒死。

1503年上半年，瓦伦蒂诺似乎又一次成了罗马涅的领主。但是正

---

1. 切塞纳位于艾米利亚—罗马涅大区。
2. 1英里=1609.344米。

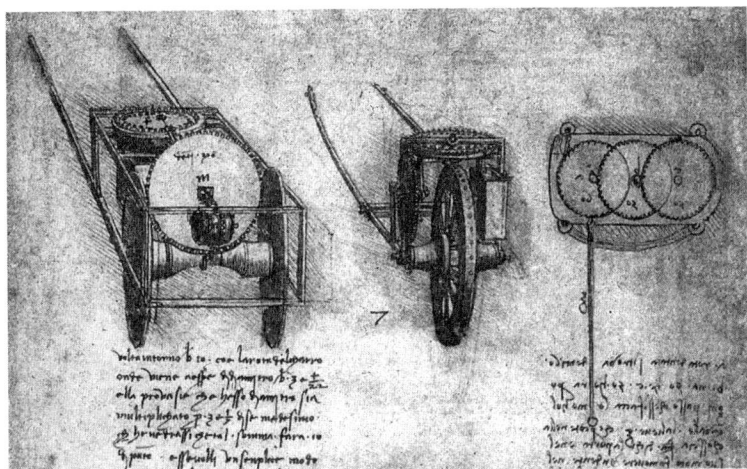

图38：列奥纳多·达·芬奇，《计程仪（距离仪和测步计）》（约1503），
羽毛笔和棕色墨水绘于纸上，26.5厘米×19厘米（整张纸尺寸），
《大西洋古抄本》，对开本第1b r页，米兰，盎博罗削图书馆

如马基雅弗利在伊莫拉就已经指出过的那样，他的成功要归功于变幻莫测的命运女神，更为具体的是法国军队和教皇的金钱。1503年8月31日，他的父亲亚历山大六世去世后，佛罗伦萨有传闻说，恺撒试图用葡萄酒毒死四位红衣主教，这样便能举办符合自己计划的教宗选举会议。但是因为酒瓶不知怎么被混在了一起，他的父亲也因此被杀。

随着亚历山大的去世，瓦伦蒂诺失去了自己的王牌。儒略二世（1503—1513在位）是博尔吉亚家族的劲敌，也是比恺撒更明智的驯兽者，他在教宗庇护三世极其短暂的教皇任期后接替了教宗亚历山大六世的职位。此外，正在崛起的西班牙军队与法国军队势均力敌，但在切里尼奥拉和加利亚诺战役中，西班牙军队的实力更强。从今往后，意大利的命运将掌握在马德里和巴黎的手中，而不再是伊莫拉或者塞尼加利亚了。教宗儒略二世立刻让瓦伦蒂诺的影响荡然全无。1504年5月，恺撒落入他的阿拉贡对手的手中。他设法到达了西班牙，最后逃到他的姐夫纳瓦拉国王那里。作为纳瓦拉国王的雇佣兵队长，他于1507年在同叛乱伯爵们的斗争中战死，此时梅毒也已经彻底将他吞噬。幸运女神福尔图娜赐予了他座右铭的另外一个选择：一无所有。

给苏丹人的一封信，通往里窝那的运河

1502年6月或7月，在前往乌尔比诺时，列奥纳多几乎可以随意按照自己的喜好选择赞助人。究竟是何种力量促使这一备受追捧的人物开始在难以捉摸的恺撒·博尔吉亚身边任职的？也许他只是想借此机会暂时摆脱烦闷的绘画任务，走进意大利这一国家及其人民。据记录，佛罗伦萨的领主们打算帮篡位者博尔吉亚的忙，但其实并不能提供任何实质性的帮助，因为他们希望既不派给他雇佣兵，也尽量少花钱。可能因为列奥纳多还未能完成佛罗伦萨领主们委托的一些任务，所以他也就不好违背这些领主让他为瓦伦蒂诺服务的愿望了，当然前提是他个人愿意。显然，列奥纳多不仅要作为绘图员和工程师为瓦伦蒂诺提供服务，还要为领主们找到恺撒所掌握的军事资源。列奥纳

多自己则可能希望借此机会铺平通往罗马的道路，又或者更好的情况是，能够去往他法国朋友的宫廷里。

从一项1951年来自土耳其托普卡帕宫的惊人发现就能看出，列奥纳多当时的心急如焚和他的远大抱负。历史学家阿德南·埃尔齐在这里发现了"名为列奥纳多的异教徒从热那亚寄来的一封信的副本"。德国奥斯曼主义者弗朗茨·巴宾格尔接过接力棒继续研究了下去，他发现这个"异教徒"正是芬奇。这封写给苏丹巴耶济德二世（1481—1512在位）的信可能是在1502年或1503年7月被送往伊斯坦布尔的。在那里，一位官员把它翻译成土耳其语，同时加上了穆斯林式的风格："真主永远被赞美"这句话被提到了三次，这几乎不是列奥纳多的风格。写信的人提出通过一定的"窍门"来造一个风车和一个在船上吸水的自转机。他还听说苏丹打算修建一座从加拉太到伊斯坦布尔的桥，但是没有找到有能力的行家。"我，你的奴隶，知道该怎么做。"他要把这座桥建造得足够大，让一艘船帆绷紧的船也能从下面通过。除此之外他还要建造一座吊桥，这样就可以到达安纳托利亚海岸。列奥纳多在米兰也了解过如何建造这样的吊桥。

一座跨越伊斯坦布尔海峡、最小宽度为700米的桥梁完全超出了当时的技术可能性。也许列奥纳多想到的是一种浮桥。但他喜欢做不现实的梦也确实是事实。他不是曾说过他能让佛罗伦萨的洗礼堂焕然一新吗？这封写给巴耶济德二世的信的语气也让人觉得很熟悉。它让人想起列奥纳多曾经写给卢多维科·斯福尔扎的"求职信"的语气。投靠东方最强大的统治者，这也符合我们对列奥纳多性格的了解，同时他的计划也显得狂妄自大。

他提议建造的另一座桥将横跨金角湾。他为这一工程画了一张素描，上面写着："君士坦丁堡的佩拉桥，宽40臂，从水面算起高70臂，高出海平面400臂，高出地平面200臂，完全可以独立支撑起来（图39）。"这一"海面上"的规划设计工程长度近240米。根据列奥纳多的计划，建造时需要一个桩高近41米的拱形结构。从技术上来讲，这在当时是不可能的。但其中新的想法是用两个燕尾形的结构来对抗巨大的压力。19世纪的技术已经可以实现这样的"Y字形双通道"。

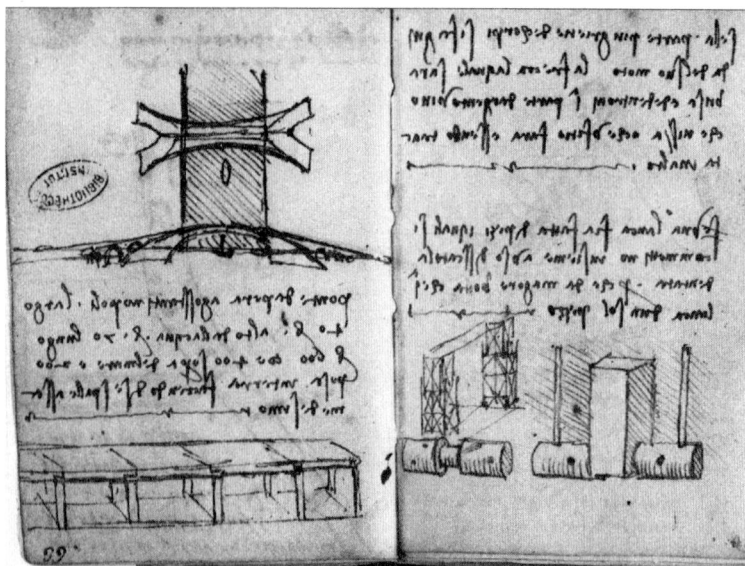

图39：列奥纳多·达·芬奇，《金角湾大桥设计稿》（1502?），羽毛笔，棕色墨水绘于纸上，14厘米×20厘米（两页大小），巴黎，法兰西学会图书馆

列奥纳多写给苏丹的信可不是像无头苍蝇一样没有方向地寄出去的。也许他曾和奥斯曼使节团接触过，教皇亚历山大六世在1502年曾到访这个使节团。曼托瓦的雇佣兵队长詹弗朗切斯科·贡萨加也和巴耶济德二世有联系。但是这封信还是没有得到任何回应。

列奥纳多并没有搬到伊斯坦布尔，而是留在了阿诺河畔。在这里他又重新成了一名军事工程师。他的这一职位和比萨有关，即使在查理八世的大型舰队撤出后，比萨也拒绝回到佛罗伦萨的主权之下。这座城市在中世纪是和佛罗伦萨平起平坐的劲敌，现在，能否征服它已经成了关乎索德里尼政权威信的问题。在此之前，在时不时的突袭和掠夺中，战争一直时断时续。现在转折点终于要出现了。1503年6月中旬，佛罗伦萨人占据了比萨以东山丘上的维卢卡，在此可以俯瞰阿诺河谷的全景。不久之后领主派了一个委员会到战区评估局势，列奥纳多也属于其中的一员。一份发给政府的报告中写道，列奥纳多很喜欢维卢克拉（维卢卡堡垒的另一个名字），认为自己能使它变得坚不可摧。然而由于另一处的安全规划更为急迫，维卢卡的改建计划也就此搁置。列奥纳多似乎只提交了自己的改造计划的初稿。同时他还在考虑一个冒险的计划：是否可以将阿诺河改道？这就相当于用阿诺河把比萨分成两半，从而在军事上形成抗衡力量。7月24日，军事委员会的弗朗切斯科·圭杜奇从营地写信给领主，说经过"多次的讨论"后，他们得出的结论是，限制比萨的计划很有希望。于是这个项目就开始付诸实施了。

列奥纳多的巧舌如簧有可能在这其中起了作用。提出这个主意的人可能就是他。早在佛罗伦萨时期，他就已经考虑过如何通过运河将佛罗伦萨、普拉托、皮斯托亚、比萨和大海连接起来。他当时估计，这一项目将带来预期每年20万达克特的海关收入。不仅如此，这样还能为大面积的地区提供灌溉，从而用于农业生产。当然，这也需要付出相当大的努力。为了在夏天也能为运河供水，列奥纳多曾建议在阿雷佐南部修建一座淹没整个基亚纳河谷的水库。此外还需要在塞拉瓦莱附近的亚平宁山口下修一条隧道。

1503年的计划规模并没有这么大。阿诺河将被改道进入里窝那以北的沼泽地。从里格利翁到那里需要跨越12 000米的距离。列奥纳多估计这一项目需要54 000个工作日的工作量。他设计了一个巨大的挖掘机来推进工程进度。8月底，2000名工人开始挖掘新的沟渠，与此同时，一支雇佣兵军队还要保护他们不受比萨人的攻击。

然而，人们很快就发现这项工作的难度远远超过了预期。10月底，这一计划被迫搁置。弗朗切斯科·索德里尼告诉马基雅弗利："虽然十分让人痛苦，但我们不得不接受水道项目失败的事实。""在我们看来，如果不是因为那位大师的过错，这一切都不会发生，他错得相当离谱；又或许这是上帝的旨意——出于某种我们不得而知但合理的原因。"马基雅弗利的上司比亚焦·博纳科尔西判断说，哪怕8万个工作日也无法完成运河一半的工程。整个项目的预算在7000达克特以上。一场摧毁运河大坝的暴风雨最终让整个项目化为泡影。历史学家弗朗切斯科·圭恰迪尼的《佛罗伦萨史》一书提到，委员会商议这一计划期间，一些聪明人已经认为这是一个"异想天开"的项目。瓦萨里用同样的词语来形容列奥纳多，大概也十分合情合理："这颗大脑永远不会停止异想天开。"

对了，在1509年，这一最初失败的策略还真的开始付诸实践。建筑师小安东尼奥·达·桑加洛将阿诺河和从比萨通往海边的"死河"都用围栏堵住。饥肠辘辘的比萨人终于不得不放弃了抵抗。

2.世界上最著名的油画
精神分析师躺椅上的列奥纳多

著名艺术史学家雅各布·布克哈特提出了后世对《蒙娜丽莎》（彩图24）主题的一种解释。在《艺术指南》中，他称《蒙娜丽莎》为"肖像之王"，而这归因于一种"完全梦幻般的效果"。这幅油画中一直蕴藏着这样一种梦幻般的灵气。英国散文家沃尔特·佩特（1839—1894）对《蒙娜丽莎》深入人心的联想成为对这种梦幻效果的最具影响力的诠释。他在发表于1873年的关于列奥纳多的文章中把这位美人看成复仇者和妖艳女郎的混合体。"她集世界上所有的想象力于一身……希腊的兽性、罗马的欲望、中世纪灵性野心的神秘主义，还有富有想象力的爱情、异教世界的回归以及博尔吉亚的罪恶。她比自己身下的岩石更为古老；她像吸血鬼一样已经死了很多次，并且知道墓穴中的秘密；她是深海中的潜水者，带着身后的故事一同进入深海；她和东方的商人进行奇怪的交易；像勒达一样，她是特洛伊的海伦的母亲；像圣安妮一样，她是圣母玛利亚的母亲。"艺术史学家理查德·穆瑟（1860—1909）说《蒙娜丽莎》让所有提及它的人都失去了理智，此话毫无半点过分之处。而他自己在评论这幅画的时候，手中的羽毛笔也因狂热而滑落。"一切的一切，包括风景，都神秘如梦，仿佛在雷霆万钧的感性世界中颤抖。"

西格蒙德·弗洛伊德（1856—1939）也是布克哈特和佩特的读者，他在《达·芬奇的童年回忆》一书中也引用了上面的话，这位大师和他的作品也因此承受了一番精神分析的拷问。在他的论证中，《蒙娜丽莎》和《圣母子与圣安妮》，包括画中人物的笑容，都具有核心意义。但是首先我们需要从许久之前的故事说起。

在研究列奥纳多的时候，弗洛伊德看到了他于1505年左右完成的《大西洋古抄本》中的一个注释。他将这一注释翻译成："看来很久之前就注定，我要和秃鹰来一次彻底的正面交锋，这记忆仿佛在很久之前就已经存在于我的脑海中了。当我还在摇篮里的时候，有一只秃鹰飞到我的身边，用尾巴让我张开嘴，同时还多次用尾巴顶我的嘴唇。"弗洛伊德将这一情节解释为年长的列奥纳多童年时期的性幻想。同时这也是对舒适地吸吮母亲乳头这一场景的"重现"。也就是说，这一解读使人们相信秃鹰也象征着母亲。弗洛伊德说，其实早在古埃及，鸟就已经被当作母神接受崇拜了。在一篇据说是神话中的赫耳墨斯·特里斯墨吉斯忒斯所写的文章中，弗洛伊德也发现，秃鹰是专属于女性的一种象征。与此同时，赫拉波罗的《象形文字》，这一文艺复兴时期用以破译象形文字关键的书告诉人们，秃鹰会在飞行中通过风来受孕。弗洛伊德认为列奥纳多知道这一传说。所以在他的记忆中，秃鹰相当于代替了私生子的母亲这一角色。

"秃鹰幻想"说明，正是因为对母亲的情欲幻想，列奥纳多才会成为同性恋者。

这种关系最终促成了画中蒙娜丽莎的神秘微笑。按照弗洛伊德的说法，除了记忆中母亲的真实笑容之外，其余一切都没有在列奥纳多的心间留下光亮。但唤起列奥纳多想象的一定是一个真实的形象。"我们开始怀疑，列奥纳多曾经遗忘了母亲拥有的神秘微笑，因此当在佛罗伦萨的一位女士身上重新发现这样的笑容时，他完全被迷住了。"能画出《蒙娜丽莎》的人只有列奥纳多，也只有他才能创作出关于秃鹰的幻想诗篇。"这幅画呈现出了他童年故事的一种综合书写；我们可以用列奥纳多最个人的生活痕迹来诠释画中的细节。"从《蒙娜丽莎》开始，母亲的微笑也出现在《圣母子与圣安妮》《伯林顿府草图》《施洗者圣约翰》中的人物形象上（彩图22、8、31）。

因此，圣母玛利亚和圣安妮身上都含有列奥纳多母亲形象的影子，也就是卡特琳娜和阿尔贝耶拉的特质。弗洛伊德认为，在卡特琳娜的照顾下，列奥纳多度过了生命中第一个，也是具有决定意义的三到五年，接下来的日子都是阿尔贝耶拉·阿玛多利在照顾他。据说母亲卡特琳娜对列奥纳多的爱真挚浓烈，仿佛把他当成已经失去了的丈夫。由于"情欲过早成熟"，他的男子气概的一部分也被夺走了。秃鹰幻想展示出的爱抚强度足以诠释列奥纳多的童年故事，包括后来父亲与儿子之间的对立——儿子已经成为父亲的情敌。

弗洛伊德还把列奥纳多的创造力作为自己种种假设的证据之一。列奥纳多的创造力弥补了他爱情上的失败，也帮助他驯服了自己的欲望。"埋头苦读"使他脱离了"人类动物兽性"这一困境。因此，从另一个角度看，列奥纳多醉心科学和艺术是被抑制的性欲的反面体现。与此同时，他的同性恋倾向只是自己脑海中的想象，并非现实，弗洛伊德通过这一说辞来宽慰列奥纳多敏感的仰慕者。"他深入研究这个世界，以此来替代爱。这也许就是列奥纳多的一生比其他伟人和艺术家少了许多爱情故事的原因。"弗洛伊德升华了列奥纳多的一切行为。

弗洛伊德的论证完全找不到历史依据。能证明卡特琳娜曾用热切的爱拥抱小列奥纳多的证据并不多，同样，也没有资料能表明瑟·皮耶罗嫉妒自己的儿子。不管怎样，弗洛伊德还是用"恋父情结"来诠释列奥纳多与宗教的距离，但他的描述还是很恰当的——列奥纳多对宗教不屑一顾。也没有什么证据能表明人们所谓的芬奇的性欲缺乏。正如资料记录的一样，他很了解男性的身体。

弗洛伊德从未经证实的假设中建构了列奥纳多的心理。经他诠释的列奥纳多表现出的正是自己开创的精神分析的模式，而这一模式反过来又能折射出列奥纳多的心理。众所周知，弗洛伊德在他的论证中犯了一个致命的翻译错误。因为列奥纳多所说的"nibbio"其实并不是秃鹰，而是鸢，根据典籍，指的应该是"冲击鸟"。"秃鹰"在意大利语中应该是"avvoltoio"。弗洛伊德也有可能是被误导了，因为鸢也被称为"叉尾鹰"。列奥纳多则把"nibbio"当成嫉妒的象征，按照这一族群的习性，一旦幼崽在窝里变得太胖，母亲就会把它们用嘴巴戳到窝的角落里，让它们吃不到食物。

不过，弗洛伊德的文章还是影响深远。弗洛伊德主义者试图拯救偶像的论文，尽管这些论文的基石——"关于秃鹰的回忆"——早已经站不住脚。与此同时，也有人为之叫好。从精神分析的角度来诠释列奥纳多的画作，经常在不经意间就闹出笑话。

弗洛伊德的研究不仅没能帮助破译列奥纳多的个人生活及其作品，反而使这一切变得更模糊难辨。不管怎样，从留下的学术成果来看，弗洛伊德仍不愧为一位伟大的启蒙者，他能在科学史上享有突出地位也实至名归。在自己的文章中，弗洛伊德引用了列奥纳多的一句名言："凡是在观点交锋中引经据典的人，都是在用记忆而非智力工作。"从这一点看来，弗洛伊德一定觉得同这位来自芬奇镇的男人十分亲近。在他的时代，即使用科学理性的方式来处理同性恋问题也会招致麻烦。1938年，弗洛伊德写信给一位年轻的同性恋者绝望的母亲，强调这一取向不是恶习，不是堕落，更不是疾病，这样的澄清在当时的时代背景下显得至关重要。古今中外德高望重的人中都曾有过同性恋者，其中包括一些独领风骚的人物，比如列奥纳多等。就像精神分析学派的宣言一样，弗洛伊德关于列奥纳多的论文始终在努力抵制激愤的读者的偏见。不仅如此，他的研究涉及心理学领域一个引人关注的问题：人类的创造力究竟从何而来？

韦斯普奇的笔记，奶酪和蜗牛水：真正的蒙娜丽莎

这位被称为"蒙娜丽莎"或"焦孔多"的女子的身份引起了无数讨论。画面中描绘的人物的可能身份有：阿拉贡的伊莎贝拉和伊莎贝拉·德斯特，分别为朱利亚诺·德·美第奇的情人和加莱亚佐·玛利亚·斯福尔扎的私生女，画中人物和这两位本人还真的有一点像。甚至还有人改变了画中人物的性别，把它想象成萨莱。最后，我们还有"列奥纳多主义"这一充满想象力的"珍品柜"。神话学家认为，沃尔特笔下如复仇者般的吸血鬼和弗洛伊德描绘的雌雄同体的母亲有可能是佛罗伦萨一位商人的妻子，这是一种过于现实的想法，同样如此的还有他们对以下假设的评价：这一肖像画也许只是为了让一位画家赚取生活费，因为这位画家在游历了宫廷世界后又重新回到了这一行业中的低地。不过，很有可能事实就是这样。

十年前，在一个出人意料的地点——德国海德堡，人们对《蒙娜丽莎》无止境的犯罪故事仍在继续。海德堡大学图书馆管理员阿曼·席莱斯特的发现轰动一时。在一部1477年的古版书中，西塞罗写给朋友的信的一个版本中，席莱斯特发现一个边注提到了古希腊画家阿佩莱斯（图40）。这是西塞罗对那些将信将疑的支持者的控诉："就像阿佩莱斯用最精湛的技艺完成了维纳斯的头部和胸部上半身，而没有完成身体的其他部分一样，某些人也只是在我的头上下功夫，而让我身体的其他部分不完整。"注释写道："这就是画家阿佩莱斯。列奥纳多·达·芬奇的所有画作也是如此，比如丽莎·焦孔多和

圣母的母亲圣安妮。我们来看看他在大议事厅里做些什么；他已经同旗手就这件事达成了协议。1503年，10月。"这份边注提供了列奥纳多创作肖像的最早证据。我们可以确定的是，其作者正是西塞罗这一著作的原主人阿戈斯蒂诺·韦斯普奇，阿梅里戈·韦斯普奇的侄子，也是马基雅弗利的同事，与佛罗伦萨元首关系密切。因此证明，这是可靠的信息来源。还有证据表明他曾与列奥纳多直接有过接触。那么，韦斯普奇提到的丽莎·焦孔多是谁呢？

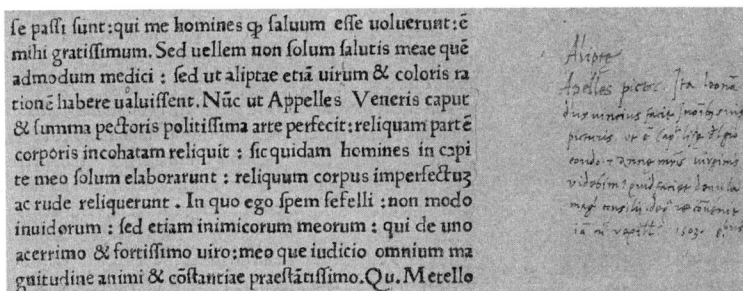

图40：阿戈斯蒂诺·韦斯普奇，提到《蒙娜丽莎》的边注，
《致友人书信集》（1477），博洛尼亚，海德堡，大学图书馆

丽莎来自托斯卡纳古老的格拉迪尼家族，她于1479年出生在佛罗伦萨马吉奥路和今天的斯瓜扎尔路街角的一栋父母租下的房子里。她的父亲似乎通过在基安蒂拥有的土地收入养活了一家人：他的妻子卢克雷齐娅和除丽莎之外的6个孩子。不过他似乎并不是很有钱。为了筹集女儿的嫁妆，他不得不卖掉自己最好的一块地皮。最后他还是设

法为自己的女儿找到了一个好对象：1495年，丽莎嫁给了富商弗朗切斯科·德尔·焦孔多（1465—1538）。这是这位富商的第二次婚姻，在此之前他曾与出身名门望族的卡米拉结过婚，后者在1494年去世，年仅19岁。继任者丽莎很乐意和自己的新郎一起住在圣奥索拉修道院附近的斯图法路最北端的一座宫殿里。丽莎之前经常和家人搬家。最后，格拉迪尼一家住在了佩皮街与皇帝党路交会的地方，离列奥纳多的父亲瑟·皮耶罗不远。这对邻里之间是否建立了联系甚至培养了友谊呢？是因为如此才为后来的画像委托订单铺平了道路吗？

弗朗切斯科·德尔·焦孔多是一位富有的商人。为妻子支付一幅画像的费用对他来说完全不是问题，即便作画的人是列奥纳多。他经营丝绸、锦缎、织锦缎和其他珍贵织物的贸易，还从马德拉岛进口甘蔗，从普罗旺斯进口羊皮，从爱尔兰进口皮革，提供来自西班牙的羊毛和蜡、法国的粗布和热那亚的肥皂。此外，他还经营银行业务，因此落了个放高利贷的坏名声。也许他还进行过奴隶交易，这一行当就更加不受欢迎了。他的收益继续被投入房地产事业中。他最为得意的财产中有一幢位于佛罗伦萨南部蒙图吉的别墅。

他年轻的新娘在此有可能过着乡村淑女的生活，与此同时在城市里拥有一座大房子——摆满了缂织壁毯、绘画和雕塑，日常生活由仆人和奴隶照顾。资料对她的人生经历只是简短带过。她完成了当时女性的主要任务，为自己的丈夫生了6个孩子，其中两个孩子早夭。她的女儿卡米拉和玛丽埃塔作为修女被"遗弃"在了圣奥索拉修道院。丽莎夫人一生都与这个修道院保持着紧密联系，而"蒙娜"这一称呼在意大利语中有时候正是"夫人"的意思。有一次，她给修道院捐了10里拉作为施舍，还有一次又捐了18个弗罗林金币的巨款，这笔钱是她女儿玛丽埃塔在修道院中半年的伙食费。除此之外，她还给修女们买了95磅奶酪，当然这是焦孔多一个庄园里的产品。她还在修道院的药房里买了蜗牛水配剂——用于外敷有助于防止疣和鸡眼。每天在饮料中添加三四个罗特[1]的剂量，对肺痨有效，也可作为化妆品使用。据18世纪的百科全书记载："如果用它勤洗手洗脸还能使脸和手的皮肤变得白皙光滑。"不知道在成为列奥纳多的模特之前，丽莎是否也使用过这一美容配方呢？这种配剂中除了碾碎的蜗牛外，还加入了驴奶的劣质混合饮料，而且在户外发酵了好几天。鉴于这一配方中含有的可怕成分，人们认为这一药方有助于减肥。

1515年，菲利波·斯特罗齐给他的继兄洛伦佐·迪·皮耶罗·德·美第奇写了一封信，提出了丽莎会引诱男人的怀疑。弗朗切斯科·德尔·焦孔多得知菲利波和洛伦佐在"未经她同意的情况下"就引诱了自己的妻子。焦孔多虽然是美第奇家族的忠实追随者，但发誓要复仇，因为他们毕竟玷污了丽莎的名誉。菲利波向弗朗切斯科保证，他和洛伦佐一样没有任何责任。在丽莎和这位美第奇家族成员的一次会面中，丽莎所指责的事并没有发生。然而这是一次"小屋"里的会面，所以弗朗切斯科的嫉妒似乎不无根据。在文艺复兴时期的佛

---

1. 罗特，重量单位，一罗特约三十分之一磅。

罗伦萨，"名誉"是一件严肃的事情，而洛伦佐似乎也很有理由害怕
这位被戴了绿帽子的丈夫掏出匕首。不管怎样，这件事最后似乎还是
和平解决了。

弗朗切斯科·德尔·焦孔多在遗嘱中形容自己的妻子为"天真
的"女性，真诚而坦率，但是他留给妻子的遗产并没有超出继承法的
要求很多。一切也许在当时已经尘埃落定，在丈夫死后，丽莎将披上
的是修女袍而非寡妇的面纱。弗朗切斯科死于1538年，不久后，丽莎
就加入了圣奥索拉修道院的修女会。1542年7月15日，她在修道院去
世，并被葬在修道院的教堂里。那时，那幅让她名垂青史的画像已经
离开佛罗伦萨很久了。

我们的梦境和阴影

在列奥纳多的描述中，理想的画家公寓呈现出奢华的模样。优雅
的画作应该遍布其中，摆放得干净利落。音乐和朗诵悠扬婉转，人们
会听得津津有味，同时不会像在雕塑家的工作室那样被锤子的声音打
扰。画家会以一个高贵的绅士形象出现："他衣冠楚楚、惬意无比地
端坐在自己的作品前，挥动着羽毛般轻盈的画笔，优雅的色彩流溢而
出。"按照瓦萨里的说法，在绘制《蒙娜丽莎》的时候，列奥纳多努
力地将自己表现为音乐家和小丑，只有这样才能让一直保持坐姿的焦
孔多心情愉快。他这样做是"为了消除画像中经常会出现的一种忧郁

感。最终，在列奥纳多的画作中，人物露出了如此愉快的笑容，看起来更像神性的而非人类的表情"。

《蒙娜丽莎》背景上的风景与蒙图吉山上那栋别墅外围的景色并无关联。总之，希望在现实世界追踪这样的风景绝无可能。列奥纳多不想成为现实世界的肖像画家。他想要重新创造世界。险峻的岩石建立于画家的哲学观与对山脉破裂和倒塌的理解这一基础之上。而对真实山水风景的观察最多只是为他提供了一些灵感。研究者们对这幅画中人与景的关系多番推测，推而广之，这也是对时间长河中人与世界的关系的思索。但是尚无证据可以证明这样的论点。

作为一位富裕家庭的女士，对丽莎·焦孔多来说，自己的肖像画的创作过程看起来可能像今天美容院的经历一样。然而，根据列奥纳多描述的文艺复兴时期画家工作室的情形，那里的情况则属于"Paragone"的一部分。"Paragone"是一种围绕着绘画、诗歌、雕塑还有音乐孰优孰劣这一问题展开的文学游戏。不言而喻，列奥纳多挺身而出。而事实上，画家这门营生比他所想的要更为平淡。他许多画作中使用的"手指涂抹"技法和想象中崇高、美好的场景相去甚远。晚上他总是不辞辛苦地清洗顽固附着在手指上的颜色。琴尼尼知道应如何去除油画颜料等浑浊液体：用蛋黄和温水的混合物来清洗，里面掺入一些麸皮。事实上，列奥纳多的购物清单上偶尔也确实会出现麸皮。他用土耳其栎树灰和明矾石制成的碱液来清洗自己的画笔。

让我们暂时先忘掉蒙娜丽莎的笑容，对这幅画背后的真实工作及所涉及的画室知识多说几句。这一切都要从准备木板开始。列奥纳多建议先用乳香和蒸馏松节油涂抹木板，上面再加上铅白，有时还要用上石灰。然后，把木板放在与砷混合的茴香烧酒中过两到三次，并用煮沸的亚麻油浸渍。在木材冷却之前必须用布把它擦干。"把液体清漆倒在上面，用棍子把它涂白。干了以后用尿液清洗，然后再次擦干。"

列奥纳多的画具材料知识令人惊叹。例如，他知道，在铜绿中加入"骆驼芦荟"，就可以让绿色变得更好看。如果再加上取自藏红花的橘黄色，效果就更好了，"烟消云散"的效果随之而生。整个混合物很快就会变成黑色，因为它不经晒。为了制作油画上的肉色，列奥纳多建议使用铅白、清漆和铅锡黄。也可以加入磨成粉的红宝石和石榴石。可能是因为太昂贵了，他自己似乎没有付诸实践。笔记表明，他关注的主要是能够产生细微明暗色调的颜料混合物。为了获得红调，他建议："取黄色与烧焦的赭石混合，调成深色阴影的颜色；浅色阴影用代赭石和红铅；光影则只用红铅；最后覆盖上漂亮的清漆。"

丽莎·焦孔多的肖像最后被覆盖上了一层富含氧化锰的薄釉，制作这种薄釉本身就是一门科学。列奥纳多尝试将松脂溶解在亚麻油中，然后加入松节油，并将核桃油与松脂或油脂树脂混合，这些材料是他从有缺口的杜松或柏树中提取的。据瓦萨里介绍，当教皇利奥十世向列奥纳多订购一幅画时，他立即开始蒸馏油和草药来制作清漆。"哦，悲哀啊！"教皇评论道，"他将一事无成，因为在开始工作之前他就开始考虑结局。"教皇完全不知道釉料对列奥纳多的绘画具有怎样的决定性作用。

　　我们并没有理由认为这位艺术家对自己的某幅画作感到满意。诗人乌戈利诺·韦里诺（1438—1516）写道："列奥纳多或许超越了所有人。""但他的手始终不曾从画布上移开，对一个形象的探索无止无尽，就像普罗托耶尼斯[1]一样，他在很多年里几乎没有完成一幅作品。"丽莎脸部最暗的地方有多达三十层釉料，每层厚度不到两微米。最上面敷了一层透明清漆。画家每涂上一层都必须等到干掉后再涂另一层，这也是"焦孔多"花费了如此多的时间的原因之一。列奥纳多建议："完成了'晕涂'后，就把它晾干；干了以后，就用清漆和鳞片昆虫的分泌物虫胶重新加工"，"如果能和上了胶的水混合足够的时间，那就更好了，因为这样就既能发挥材料的作用，又不会过于发亮"。在瓦萨里眼中，正是这种"晕涂法"的艺术奠定了列奥纳多在艺术史上的地位。为了赋予自己的创作最高度的立体感，伟大的灵魂芬奇竟然用暗影来试图找到最黑暗的底色，他寻求创作一种更深的阴影，比别的黑色更暗的黑色，在此衬托之下，光线就可以显得更加明亮……所有这一切的出现都是为了寻求自己的艺术目标和臻于完美的境界，芬奇试图塑造对比更强烈的立体变化。

　　对瓦萨里来说，列奥纳多标志着艺术史上一个新时代的开始。他列举了数不胜数的名人：从皮耶罗·德拉·弗朗西斯卡到曼特尼亚和

---

1. 普罗托耶尼斯，古希腊与阿佩莱斯同时代的画家。

波提切利，再到弗朗切斯科·弗朗西亚和彼得罗·佩鲁吉诺，这些大师留下的色彩已经"芳香四溢"。人们像疯了一样蜂拥而至，一起去看那"新鲜而生动的美"。"但在列奥纳多·达·芬奇画作的对比之下，这些大师的缺陷便凸显得淋漓尽致。芬奇开启了第三种风格，我们称之为'现代'风格。除了设计所彰显的力量和勇气之外，列奥纳多还以最精确的方式再现了自然界的所有细节。他笔下的人物栩栩如生，画面体现了更好的规则和秩序、正确的尺度、更完美的描绘和神性般的优雅，是最丰富也最深刻的艺术。"

瓦萨里对《蒙娜丽莎》的描述强调了逼真这一古老的品质。他说到丽莎眼睛的光泽和水灵，称赞画中她"极端精致"的头发。他讲述了她的眉毛如何从皮肤的毛孔中生长出来，哪一部分比较粗，哪一部分比较细，以及眉毛的弧度。他提到她的鼻子那精致的玫瑰色开口，还对嘴的颜色称赞不已。如果你仔细观察喉窝，仿佛可以看到跳动的脉搏。"面对这幅画，任何有勇气的艺术家，不论是谁，都会感到震惊和害怕，这并无半点夸张之处。"但将瓦萨里的吹捧与列奥纳多的画作相比较，就会发现前后矛盾。丽莎的眉毛没有什么值得注意的地方，背后的风景也没有被提及。对这一现象的解释很简单：瓦萨里本人从未见过蒙娜丽莎的画像。他是通过别人的讲述或相关画作了解这幅画的。但是，画面上的笑容——关于画室里的音乐家和小丑的逸事，这幅画的魅力之所在，必定已经长久留存于人们心间。

瓦萨里提到，肖像画中的人物通常有一种"忧郁感"，这说得没错，但蒙娜丽莎的表情却有其独一无二之处。"严肃"这种罗马人的美德大概适合于男人，展开来说就是认真、温和、权威。无数文艺复兴时期的画像赋予了统治者、圣人、军事领袖、哲学家和学者适当的面部表情。比如，切法卢博物馆中安托内罗·达·梅西那笔下的无名氏，就因这样的表情而名声大噪。除了愉快地看着圣子的圣母形象外，当时的女性大多也是一副严肃、虔诚、贞洁的模样。但丽莎的嘴始终紧闭。这是当时骑士风度的要求。而挑衅性的微笑可以被视为一种色情的象征，也是一种优越性的标志。两者都违背了当时虔诚的父权制社会传统。列奥纳多建议："必须将女性描绘为一种害羞、忸怩的姿态……双臂交叉，头微微低下并向一侧倾斜。"

在画《蒙娜丽莎》的时候，列奥纳多修改了自己在画面底板上涂抹的草稿，一开始他显然是打算画一个用针固定在一起的头饰，并且考虑让丽莎直视前方。从她两个瞳孔左侧颜料下隐藏着的小十字就可以得出这一结论。但最终她以画中的姿态看着我们，在列奥纳多所描绘的女性中，这一表情独一无二。她的笑容非但不像神父指出的那样"有些不祥"，而且还恰恰相反。就像有时候自己所扮演的词语杂耍演员和字谜爱好者一样，列奥纳多让加莱拉尼的鼬（galä）低声说出了画中人物的名字，他也一定是用丽莎的名字丽莎·焦孔多玩起了自己的字谜游戏。"焦孔多"有"欢快"或"愉快"的意思。这么一来，围绕着《蒙娜丽莎》微笑的谜语可以说是解开了。

然而，稍晚一点的资料却让人产生了疑问。于1517年到昂布瓦斯拜访列奥纳多的教士安东尼奥·德·贝蒂斯认为，《蒙娜丽莎》是受朱利亚诺·德·美第奇委托所作。事实上，这幅画似乎完成于1503年之后很久。而根据瓦萨里的记录，这幅肖像画是列奥纳多为弗朗切斯科·德尔·焦孔多的妻子所作，他为此花了四年时间，最终仍然没有完成。后来画作被法国国王占有。所以，在1513年到1516年的罗马时期，列奥纳多也许还在创作这幅画。也许当时他的赞助人朱利亚诺要求他必须完成这幅画。和伊莎贝拉·德斯特一样，朱利亚诺可能只是希望拥有一幅"列奥纳多"的亲笔之作。

一个技术上的细节可能表明，《蒙娜丽莎》最初并不是为了这样的高级客户而创作的：列奥纳多所使用的蓝色并非单纯用昂贵的青金石制成，用这种珍贵材料制成的颜色最终被铺在一层便宜的蓝铜矿上。如果是商人订制的作品，这也许还能理解，但如果是一幅为公爵制作的作品呢？如果朱利亚诺当时只是希望拥有一件收藏品，那么丽莎画像的意义就会变成（其实也一直如此）一幅列奥纳多的美丽画作，一件真正意义上的艺术品，至于画像中的人物是谁其实无关紧要。

米开朗琪罗在谈到自己为朱利亚诺和洛伦佐·德·美第奇制作的大理石人物雕像时写道，他不想按照自然的形态进行塑造，而是要赋予人物大小、比例和光彩。这样会使作品更加名声大噪。一千年后，并没有人知道他们的真实长相和雕像上的不同之处。所以他并不是在描绘他们身体的本来面貌。米开朗琪罗希望能表现出自己对现实的想法，而不是复制现实。至于"蒙娜丽莎"，则早已陶醉在神话般的朦胧意境中。正如威尼斯人文主义者斯佩罗内·斯佩罗尼在1543年对这幅伟大肖像画本质的阐释一样，画中的"蒙娜丽莎"脱离了时间，成了"我们的梦境和阴影"。

3.不知名的大师之作

一场胜利的战役

那份证明了列奥纳多创作"焦孔多"的海德堡边注文件还回顾说，这位大师在1503年正忙于其他一些项目：一幅《安妮，圣母的母亲》（这里指的可能是《圣母子与圣安妮》），以及佛罗伦萨旧宫五百人大厅中的一项工作。后一项工作的主题是一个战斗场景，对列奥纳多来说，这是一个新的领域。他要画的是安吉亚里的一场战斗，1440年6月29日，佛罗伦萨军队在教皇的支持下在这里打败了维斯孔蒂的米兰军队。这场交战在战争史上并无特殊之处。贝内代托·德伊却夸张地称之为佛罗伦萨人民"最光荣"和"最有力"的巨大胜利。据说有12000匹马被俘。而马基雅弗利则称，只有一个战士倒下了，他从自己的马背上摔下来后被践踏至死。这自然也并不属实，马基雅弗利只是想诋毁让人憎恨的雇佣兵的本性。尽管如此，这场战役还是远近闻名，这都得益于列奥纳多为此所创作的战争壁画。

索德里尼政权想用对光辉往日的回忆来转移人们对不那么辉煌的现在的注意力。这正是他们雇列奥纳多的用意所在。这时他才刚刚重新加入圣路加行会，这绝非偶然。1503年10月18日，在圣路加行会的守护神圣路加的节日，列奥纳多向圣路加行会支付了第一笔款项。一个星期后，他就收到了"教皇房间"和新圣母大殿其他房间的钥匙。这让他有足够的空间来绘制"安吉亚里之战"的原型。教皇在佛罗伦萨时，这间公寓就是教皇的住处。列奥纳多毕竟不是一个随随便便的无名工匠。领主们不遗余力地为他提供了有利的创作氛围。他们让人翻修楼顶，密封窗户，购置窗帘，搭好脚手架。为了舒适，列奥纳多的起居室和"教皇房间"的一扇门被拆除了。1504年2月，他已经收到了140里拉的付款。他的绘画用具也同时准备妥当，其中包括铅白、海绵、松节油和大量的纸张。

列奥纳多又一次冒险开启了"历史画"[1]的创作。阿尔贝蒂称这一形式为"画家的最高事业"。这一概念不能简单地翻译为现代意义上的"历史画"。它指的是一次"事件经过"，一种图像叙事，列奥纳多自己也曾尝试用这一形式来呈现《三博士来朝》和《最后的晚餐》。

1504年5月4日，在马基雅弗利的见证下，修道院院长和正义旗手索德里尼与"列奥纳多·达·芬奇"签订了项目合同。绘制草图这一工作已经让他得到了35个弗罗林金币的工作报酬。他必须在第二年2月前完成这项工作，这条条款用惯用的公证模式写道："不存在任何保留和例外。"作为回报，他每个月可以得到15个弗罗林。如果他没有按期交付，索德里尼可以通过适当的方式逼迫他退还已经收到的

---

1. 原文为storia，应该是istoria，"历史画"。

钱。此外，他还要把已经完成部分的草图交给他们。这一合同只涉及设计稿和草图，但同时也考虑到这些工作与第三步骤重叠的可能性，即在墙上作画。如果在纸上绘制的同时，画家也开始在墙上作画，那么期限可以延长。合同还承诺，如果列奥纳多不能完成壁画，未经他本人同意不允许其他人执行他的草图。据估计，这幅壁画计划绘于大厅东墙的南边半面，长宽大约为17米和7米，即面积约为120平方米。

多明我会修道士列奥纳多·达蒂的编年史让人们了解到了1440年这场战役的过程。阿戈斯蒂诺·韦斯普奇是那段提到了《蒙娜丽莎》的边注的作者，他从相应的文献中摘录了一些内容供列奥纳多使用。他的文字描述了一幅画所能讲述的内容。按照古典史学的模式，首先要呈现的画面是，米兰的雇佣兵队长尼科洛·皮奇尼诺对他的士兵和佛罗伦萨流亡者讲话的场景。另一幕则是"族长"在凌晨时分侦察战场时的情景，他就是阿奎莱亚里族长、教皇军队的上尉将军卢多维科·特雷维桑，他似乎在这场战斗中起到了决定性的作用。里面还提到了列奥纳多在去乌尔比诺的旅途中见到的安吉亚里周围的风景：丘陵、田野和台伯河流经的宽阔山谷。从那里可以看到，皮奇尼诺和他的军队匆匆赶来，"尘土飞扬"。飞扬的尘土其实已经警告了佛罗伦萨人，敌人将发动突然袭击。

故事的一大亮点是对一座大桥的争夺。列奥纳多后来的一幅速描也描绘了这一场景（图42）。最后，卢多维科·特雷维桑的大炮将敌方步兵彻底打败。避难的人都躲在博戈圣塞波克罗的城墙内。"他们进行了一场大屠杀。"战斗一直持续到日落。"族长负责叫回士兵，埋葬死者。象征胜利的标志四处飘扬。"韦斯普奇的文字为这一场景提供了灵感，这是一种漫画式的图画叙事脚本，就像在描绘圣徒传说一类的场景时，一些画家习惯于在教堂的墙壁上作画一样。但列奥纳多不喜欢这样做，因为这会产生多个不同的消失点。他觉得自己应该以这些情节为基础创造出一个独立的场景。

瑟·皮耶罗之死

在《安吉亚里之战》的创作过程中，瑟·皮耶罗去世了。列奥纳多准确地记下："1504年7月9日，星期三，七点钟，波德斯塔宫的公证人瑟·皮耶罗·达·芬奇去世了，我的父亲……80岁，留下了十个儿子和两个女儿。"他子女满堂要归功于另外两次婚姻和自己的一些不忠行为，弗朗西斯卡·兰弗雷迪尼已于1474年去世。最后一个儿子乔瓦尼出生时，这位精力旺盛的先生已经73岁了。

在皮耶罗去世前不久，列奥纳多曾给他写过几句话，表现出父子之间的感情，这也就否定了弗洛伊德主张的两人之间的对立关系。"最亲爱的父亲，上个月的最后一天，我收到了你写给我的信，感到既高兴又悲伤。得知你身体健康我很高兴，为此我感谢上帝；悲伤是因为听闻你仍有小病缠身。"皮耶罗去世时77岁（而不是列奥纳多写的80岁）。尽管如此，对于16世纪而言，他也算高寿，没什么好抱怨的了。皮耶罗被埋葬在他于1472年在巴迪亚教堂安排好的家族墓地中。这样，他就安息在巴杰罗宫对面，自己的工作室附近，他也把自己几十年来的人生以法律形式写了千万遍。

瑟·皮耶罗的去世让我们得以更多地了解列奥纳多的青少年时代。通过皮耶罗去世后的一份清单，我们可以对他的生活环境有所了解。当然这也是成年后的列奥纳多偶尔活动的地方。宽敞的厨房里摆放着碗筷、一袋一袋的粮食和面粉盒——良好的食品供应帮助这个家庭顺利度过了物价飞涨的时期。除此之外，一个烤槽、秤、装家禽的容器，还有3瓶芬奇镇产的葡萄酒也让这里充满生机。各种零碎的物品让人想起了逝去的往日时光：眼镜袋、几根马刺、一面镜子，还有一个"给女孩"的木制玩偶和22本木质封面的内容不明的书，甚至连拉屎时用的椅子也出现在清单上。

这间房子属于一个基督教家庭。清单上提到"羔羊赞"，装点有9颗珍珠和60根供奉的蜡烛。除此之外还有用于祈祷的虔诚的圣像和雕塑，包括圣母玛利亚和圣方济各。可能还有一些比较俗气、制作拙劣的物品，比如圣母玛利亚和塞巴斯蒂安的石膏像，纯白一片，没有上色或镀金。一幅"德国"耶稣受难铜版画可能是去罗马朝圣带回来的纪念品，在当时的罗马，这也是市面上常见的商品。这个家庭拥有的世俗艺术品只有妇女的肖像画和某位弗朗切斯科（也许是列奥纳多的叔叔）的肖像。这是不是他的侄子画的呢？

瑟·皮耶罗的家符合当时人们对佛罗伦萨中上层阶级家庭的想象。家中藏有长期累积的名目繁多的物品。有用烤漆、雕饰和镶嵌工艺做成的长凳、桌子、沙发。小心翼翼列出的大量纺织品清单比现在的值钱多了：被褥、窗帘、毛巾、裙子、地毯、"饰有鸟类图案的蓝白相间的缎子"，以及至少55条小手帕。这位一家之主明显是在显示自己家庭的富裕。一些熠熠生辉的物品凸显了他的身份，比如镀金和水晶的玻璃杯，还有一个同样是水晶的冰镇饮料柜。两个鸵鸟蛋和一个小盒子里的磁铁证明了这位主人对奇珍异品的兴趣，侯爵的珍奇屋中经常能看到这类物品。皮耶罗还将目光投向了佛罗伦萨城墙以外的地方，一张航海地图和一张世界地图证明了这一点。父亲家中的这些物品与少年时代的列奥纳多相伴，唤醒了他对自然界事物及其隐秘力量的好奇心。

巨匠：列奥纳多和米开朗琪罗

1504年1月25日，一场不同寻常的会议在佛罗伦萨举行，地点可能是在旧宫。会议将就艺术政策的一个重要问题向领主提出建议：米开朗琪罗最近完成的《大卫》的选址。除了毛织品公会的领事、共和国的官员和手工艺者之外，城中的创意精英也聚集在一起。列奥纳多也在其中，与他同在的还有洛伦佐·迪·克雷蒂和彼得罗·佩鲁吉诺。米兰时期的故人，建筑师桑加洛，以及钟表匠、金匠和建筑师洛伦佐·佛帕亚（1446—1512）也在，后者是旧宫中一座令人惊叹的天文钟的建造者，与列奥纳多也相识已久。

在场的大多数人希望将雕像摆放在旧宫或离它不远的地方。科西莫·罗塞利和桑德罗·波提切利则更偏爱大教堂附近的位置。桑加洛提出了一个实际的考虑，建议将"大卫"放置在旧宫旁边的凉廊里，因为精致的大理石在那里可以免受风吹日晒。列奥纳多表示他同意桑加洛的建议。雕像应"配以适当的装饰"放置在通常悬挂缂织壁毯的地方，而且要保证不影响"办公"。政府最后决定把雕像放在宫殿入口处台阶抬高的地方。今天，这里的一个大卫像的复制品还俯视着广场。多纳泰罗的《朱迪思和霍洛芬斯》不得不让出凉廊下的有利位置。

1504年5月中旬，这个"巨人"被安置到位。40余人花了4天时间才把它从米开朗琪罗位于大教堂工作室的梁上拉到现场。兰杜奇提到，有人在晚上朝这尊雕像投掷石头。人们推测可能是萨佛纳罗拉的虔诚信徒反感"古典主义"的裸体。或者说是美第奇的追随者在看到这位大理石英雄后变得更加坚定：共和国的自由宣言。因此，或许可以说，这是一尊用来抵制拥有球形图案纹章的家族专制的宣传雕像？

作为直接相关人士，意大利艺术天堂的新星米开朗琪罗·博纳罗蒂（1475—1564）并没有参加1504年的这场会议。他与列奥纳多的共同点不仅在于性取向。他出生在阿雷佐附近的卡普雷塞，和芬奇一样，也成长于托斯卡纳人才辈出的文化水土中。他的父亲洛多维科当时是村里的司法行政官，因此可能也接受过法律专业的教育。在父亲的帮助下，米开朗琪罗得以进入一所拉丁学校学习。在佛罗伦萨，年轻的米开朗琪罗加入了吉兰达约的工作室。和列奥纳多一样，他也得到了伟大的洛伦佐的支持，可以在他的花园里研究古典雕像。年纪轻轻的他就已经完成了一系列卓越的作品。年仅20岁时，他就创作了大理石雕像《酒神巴库斯》，几年后又创作了著名的《圣殇》。

在博洛尼亚和罗马停留之后，米开朗琪罗于1501年回到了佛罗伦萨，受命创作《大卫》。作为奖励，他将得到400达克特。瓦萨里说政府想把已经由别人加工好的大理石块首先分配给列奥纳多，两位伟大艺术家之间的激烈竞争自然而然，但这样的传闻实属巧合，并不可信。两人之间仍然存在着等级差距。如果说列奥纳多住在教皇的公寓里，那么米开朗琪罗只拥有一间佛罗伦萨东南郊的印染工医院里的房间。

1504年的夏天或秋天，佛罗伦萨的领主萌生了一个独特的想法。政府委托米开朗琪罗在列奥纳多正在创作的《安吉亚里之战》旁边再画一幅表现战争的作品。《卡辛那之战》这一主题自然有其现实意义。佛罗伦萨于1364年7月28日在这场战役中战胜了比萨。而就在当时，在阿诺河改道这一蛮横之举失败后，两个共和国又打了起来。"向祖先学习如何胜利"无疑是这幅画希望传递的信息。

和列奥纳多的《最后的晚餐》一样，米开朗琪罗的"历史画"也面临着相类似的挑战：表现一群人对突发事件的不同反应。其画面主题来自编年史家菲利波·维拉尼传下来的一个情节。佛罗伦萨的雇佣兵在那个炎热的夏天于阿诺河边寻觅清凉，比萨人突然发动了进攻。然而，其中一个人发现敌人来了，就大喊："我们迷路了！"这便惊动了正在沐浴的雇佣兵。米开朗琪罗表现的正是这一场景。

然而，他的想法只通过素描和副本的形式流传了下来，其中包括巴斯提亚诺·达·桑加罗的一张图画（图41）。通过这些图画可以看出，米开朗琪罗只是将这一场景作为借景，重点在表现肌肉发达、摆出各种姿势的裸体。前文提到的安东尼奥·德尔·波拉约洛的雕刻或许给他提供了灵感。当时的观看者们一定惊叹于其细致的精简建构，以及构图所体现的"多样性"，整个画面没有任何重复的姿势和面部表情。就像列奥纳多在《安吉亚里之战》中的表现手法一样，米开朗琪罗也并不愿细致入微地重现这一历史事件。比如说，其中有3个战士穿的是古典式的盔甲，而不是15世纪的盔甲。

图41：巴斯提亚诺·达·桑加罗，米开朗琪罗同名作复制品，
《卡辛那之战》（约1542），油画，木板，76.4厘米×130.2厘米，
诺福克，候克汉厅，莱斯特伯爵艺术收藏

于是，世界艺术界最伟大的两位大师将一决高下。人们用最华丽

的辞藻来形容当时的场面：巨头之争、天才之战。其中一位——列奥纳多，描绘了不朽的微笑的大师，仿如太阳神阿波罗一般，而并不像一位愤怒的创造者。另一位则被视为一位完人，他暴躁且锋芒毕露，纵情呈现极致的美。据说，他甚至想把卡拉拉附近的一整座山塑造成一个巨人。而当面对采购卡拉拉大理石过程中遇到的阻力时，他宣布："我承诺将让死人复活，驯服这些山脉，让艺术在这片土地上遍地开花！"在这一比较的过程中，我们很容易忽略的是，米开朗琪罗也写过伤感的十四行诗，而芬奇的妄自尊大其实也毫不逊色。

　　除了在旧宫的大厅里上演的创作比赛之外，几乎没有证据表明两位"超级巨星"（艺术史学家拉布·哈特菲尔德的说法）是作为竞争对手而结识的。据了解，列奥纳多从未对这位后辈发表过意见。不过，我们可以猜测他不喜欢米开朗琪罗笔下的肌肉男。他曾写道，画家必须知道肌腱和肌肉引起动作的原理，并且应该突出重点。"伟大的素描家似乎会把人物画得木讷而没有美感，看起来更像一袋坚果，而不是人的样子。"比起赤裸裸的肌肉，米开朗琪罗笔下的肉身看起来更像萝卜。这可以说是对米开朗琪罗画中力量型人物相当直白的批评了。

　　但如果真的想要了解这两位泰斗之间的斗争，就应参考瓦萨里的一段记录。芬奇和博纳罗蒂"极度轻视"对方，两人曾为美第奇家族的洛伦佐教堂的外墙设计工作展开竞争。米开朗琪罗因此离开了佛罗伦萨，来到罗马。但这并不属实。1516年美第奇家族才开始认真考虑教堂立面的规划，但当时身在罗马的列奥纳多即将前往法国。

　　第二个经常被引用来证明他与米开朗琪罗之间的敌意的证据，可以在"阿诺尼莫·加迪亚诺"的记录中找到。列奥纳多曾经和某位同性伴侣乔瓦尼一起走过斯皮尼·费罗尼宫，佛罗伦萨的一些宫殿中至今还会上演这样的场景：许多人聚在一起讨论但丁。"他们让之前提到过的列奥纳多向他们解释这段话。凑巧的是，米凯莱·阿尼奥洛[1]正好路过，当他们中的一个人叫他过来时，列奥纳多说：'米凯莱·阿尼奥洛会向你解释的。'在米凯莱·阿尼奥洛看来，列奥纳多说这话是在嘲笑他，所以他生气地回答说：'你倒是解释一下，你设计了一匹马，要用青铜铸造，但是造不出来，就无耻地抛下不管了。'说完，他转身就走了。列奥纳多呆住了，因为这些话而红了脸。"他到底是出于羞愧还是愤怒才红了脸，作者并没有透露。还有一次，同样是米开朗琪罗对列奥纳多冷嘲热讽，打算"刺痛"他一下："那些米兰的猪头们竟然相信了你吗？"如果他真的说过这样的话，那肯定深深地伤害了列奥纳多。因为米开朗琪罗在斯福尔扎雕像计划失败的伤口上狠狠地撒了一把盐。

两场失败的战役

温莎城堡里的一幅画让人们对列奥纳多工作时的情景有所体会。

---

1. 米凯莱·阿尼奥洛（Michele Agnolo）即米开朗琪罗（Michelangelo）。

画中并无关联的骑士和士兵似乎表明，该作品只是"最初的想法"落在纸张上的一些沉淀，也许列奥纳多还在模糊地思考着具体的实施办法。保罗·乌切洛（1397—1475）绘有一幅描绘战争场景的巨型画作——收藏于美第奇宫，骑手的姿势让人联想到画中的指挥官尼科洛·达·托伦蒂诺的姿态。因此，我们完全可以设想，列奥纳多快速地勾画、思考，尝试着不同的变化，在美第奇宫绘制透视法作品。在我们想象的这张画上，芬奇把乌切洛画面右边边缘的马移到了离尼科洛的白马很近的地方。这是否可以说明，芬奇已经萌生将"争夺军旗"作为人与动物之间的戏剧性斗争来呈现的想法呢？作为军队身份的象征，军旗一直受到所有士兵的虔诚崇拜。列奥纳多甚至似乎还制作了小型的蜡制模型来设计构图。

这幅描绘骑马场景的画作有多件复制品，画面希望表达的内容也因此被很好地保存记录了下来，比如《塔沃拉多里亚》[1]这幅大尺寸的油画，以及鲁本斯绘画艺术的一张画（彩图26）。画面左边的是米兰雇佣军队长尼科洛·皮奇尼诺和他的儿子，他们试图在抵御佛罗伦萨人的进攻，同时捍卫自己的军队标志。瓦萨里称赞了列奥纳多的构图（他显然只想展示"争夺军旗"这一场景），变化多端的盔甲装饰变化，以及画得"精美绝伦"的马及其形态出色的身体肌肉。他描述了为争夺军旗而进行的激烈斗争，拥有军旗就意味着胜利，失去军旗就

1.《塔沃拉多里亚》是达·芬奇为《安吉亚里之战》所绘的部分。

意味着失败，同时他还突出表现了马匹的愤怒。它们甚至用牙齿作为武器来战斗。芬奇钟爱透视投影的艺术，两个躺在地上的人就是很好的例子。

　　阿尔伯特·波斯顿·斯坦格尔根据列奥纳多现存素描作品所做的复原图，呈现出了列奥纳多的整体设计概念（图42，彩图25）。画面的中心是"军旗之战"。在背景中可以看到达蒂提到过的那座桥。桥上有一门大炮，右边是一群挥舞着旗帜的骑兵。列奥纳多似乎有意在左边表现一队骑兵冲锋陷阵的场景。所有这一切都以宽阔的风景为背景，地平线位于画面很高的位置。画面复原的色调则沿用了《塔沃拉

图42：列奥纳多·达·芬奇，《为安吉亚里之战所做的研究》（1503），
羽毛笔和墨水，10.1厘米×14.2厘米，威尼斯，学院美术馆

多里亚》的颜色。

着手开始画这幅壁画时，列奥纳多试图使用一种从古典时期流传下来的技术：用蜡作为黏合剂的一种蜡画法。这样，画面的色调会比使用油画颜料更美。关于这一技术最重要的资料是老普林尼的《自然史》中的一些段落。"最先使用蜡来作画的人是谁？这一点尚不确定。"这是其中一句。画家会用一种象牙制成的笔或铲子把蜡分成多份。关于船的绘制，老普林尼写到要用刷子来涂抹融化的颜料。这样画成的画同时能免于盐分和阳光的伤害。

在1505年的头几个月，木匠和铁匠在一个列奥纳多设计的脚手架上工作，脚手架装有铁转轮，因此可以自由移动。6月，他们终于开始画画了。一本账目记录了大量的采购物品：画布和亚麻油，颜料和罐子，还有沃尔泰拉生产石膏和底漆用的铅白。他们还订购了"希腊沥青"——松香——用于制作清漆。从威尼斯进口的海绵用于擦拭和涂抹，胶水是用从面包师那里买来的细面粉制作的。另外，帮工的工资也列在清单上。除了帮助粉碎颜料的"佐罗阿斯特罗"托马索·马西尼之外，名单上还出现了两位画家的名字：比亚焦·德·安东尼奥（1446—1516）——他曾协助过罗塞利和佩鲁吉诺，还有一位"费兰多·斯帕尼奥洛"，很有可能是费尔南多·亚涅斯·德·拉·埃尔梅迪纳（约1480—约1537），后者也是列奥纳多·达·芬奇的米兰工作坊中的重要成员。

偏偏在这样一笔大的订单上第一次使用蜡画法，这并不是一个好主意。失败在所难免。"阿诺尼莫·加迪亚诺"讲道："从普林尼那里，列奥纳多学到了作画用的黏合剂，但他并不是太懂。出于工作原因，他在'教皇房间'里用一幅画进行了首次尝试；在靠墙的一幅画前，他点燃了一大堆煤火，由于煤的热量很大，所以把蜡画使用的材料给烤干了——彻底干透了。然后，他想在五百人大厅展示这幅油画。然而，火烧到了'材料'的底部，底部干了，但上半部分没有达到应有的热度，蜡因此就流了下来。"就像列奥纳多自己所说的那样，连上天都做出了讽刺的评价。"我在6月5日，也就是星期五的13点整，开始在宫廷里作画。我一放下画笔，天气就变坏了，钟声响了起来。纸板软了，水流掉了，装水的壶也破了……雨下得很大，一直下到晚上，天色看起来就像夜晚一样。"安东尼奥·比利认为列奥纳多失败的原因是添加了过多的亚麻籽油。列奥纳多似乎确实在颜料所凝结的黏性物质中加入了过多的亚麻籽油。政府也开始恼火了，没有按时发放他的工资。1505年的最后几个月，这一项目走到了尽头。芬奇于10月31日得到了最后一笔支付款项，这些钱也是支付坚果油等原料的费用。

像列奥纳多一样，米开朗琪罗也没能履行自己的合同。他的设计工作一直持续到1505年底，短暂中断后，又延续到次年8月。但项目并没有执行到底。最后，米开朗琪罗又搬到了罗马。还在佛罗伦萨的时候，他就开始用卡拉拉大理石为教皇朱利叶斯二世的陵墓雕刻人物。于是，又一个失败的故事开始了——一次惨痛的失败，一个不属于我们所述故事的文艺复兴时期的悲剧。

直到1558年，列奥纳多尝试过蜡画法的那幅油画还在新圣母大殿修道院展出。战役画的草稿最早陈列在"教皇房间"或它旁边的小教堂里，后来又成为美第奇的收藏，但最终还是失传了。欧洲艺术界的一些伟人，比如拉斐尔、鲁本斯和德拉克洛瓦，都曾把这些草稿作为学习范本。列奥纳多的构思为另一种新的绘画风格——巴洛克风格——铺平了道路。

4.一个全新的艺术世界

眼睛的贪婪和恋书癖

1504年10月底，列奥纳多前往皮翁比诺。他有可能在博尔吉亚统治时期就在那里短暂停留过，而现在，皮翁比诺的合法主人是雅各布四世，阿皮亚诺。芬奇提出了修建军事建筑的计划，包括一个看起来很可怕的现代碉堡式建筑群，炮台呈同心排列。作为马基雅弗利同时代的人，列奥纳多考虑的是该如何保护自己免于背叛或民众起义的伤害，以及对付外敌的措施。此外，他还利用这一机会画出了皮翁比诺的港口建筑群和帆船，还考察了是否能排出周边地区沼泽地的水。

让我们从这位艺术大师的肩膀上看过去，看一看他在欣赏的场景，他似乎早已沉醉其中：他是否注意到白墙上的影子不是简单的灰色，而是附近海面在日落时分隐约呈现的绿色？他是否看见大海中变幻莫测的水流和海浪上泛起的一片片白沫？在这样的时刻，他同样没有忘记"飞翔"这一伟大课题。在3月的一次漫步途中，他看到了一只位于切切里山脚下的飞鸟，此书的开头部分我们曾提起过这座山。列奥纳多仔细观察着这只动物如何跃到空中："鸟儿翅膀大，尾巴小，想飞起来的时候，就会有力地旋转身体，振动翅膀，这样就能利用翅膀下方的风。最后，风形成了一个锥体，迅速将鸟儿往上抬升。"

此外，在为《安吉亚里之战》工作的这些年里，列奥纳多还抽出时间把自己的书籍进行整理和编目。它们被存放在新圣母大殿的两个箱子里。清单上共列举了116部作品，其中包括他自己的图画草稿本，比如《为马所绘的草稿》等。这批藏品是非常珍贵的财产。芬奇的书籍甚至比许多贵族所拥有的书籍还要多得多。有时候我们会注意到其中的一些特别之处，木质的封面、羊皮纸、色泽明亮的装饰。其中一本书有一个绿色的麂皮套。书籍中包括关于农业、解剖学、建筑学和占星学的著作，涉及手相学和相面术等不被人重视的主题的作品，还有光学、医学、记忆法、军事学和道德哲学的著作。托勒密的宇宙学面向宇宙。一本不知名的《大标本馆》帮助识别或画出草药。从历史学家李维的《罗马史》、卢坎的《法沙利亚》、塞维利亚的圣依西多禄的编年史中，列奥纳多获得了历史知识，而1493年出版的哈特曼·舍德尔的《世界编年史》（*Weltchronik*）则让他对欧洲城市的历史、地理和形态有了一定的了解。芬奇只有10部宗教著作，这只占他藏书的一小部分。不知道列奥纳多读到那位有强烈反同性恋倾向的锡耶纳的贝尔纳迪诺·奥基诺的布道时，会有怎样的感受呢？

在他的收藏中，古典和中世纪的自然科学占了很大比重。亚里士多德的著作占据绝对的统治地位。此外，还有大阿尔伯特[1]（约1200—1280）和萨克森的阿尔贝茨（约1320—1390）的作品，从他们的自然科学著作中，列奥纳多大概学到了一个关键的词语——"冲力"，即猛烈的运动、冲动。此外，在芬奇的笔记中，我们还能找到比亚乔·佩拉加尼（1350或1354—1416）发展的运动物理学的内容。

文艺复兴时期的各个图书馆应该都藏有一本奥维德的《变形记》，这样说丝毫不夸张，列奥纳多自然也有。他拥有三个版本的《伊索寓言》，包括一个法文译本。贺拉斯的作品他也至少有所了解，或许他读过《诗艺》？骑士小说与前面提到的布尔基耶洛的十四行诗和喜剧则为他提供了娱乐和消遣。布尔基耶洛称自己的俚语诗为"没有秩序的海盗诗，这里取一点，那里拿一点"，从而讽刺了彼特拉克的主流风格。对爱好艺术和讽刺滑稽作品的列奥纳多来说，这位写诗的理发师的双关语和狂野的联想完全满足了自己的脾胃。在这位诗人的作品中，月亮会说话，洋葱会跳舞，狗会唱"哈利路亚"，而乌鸦会问："这些毛毛虫身体里到底有什么东西，它们总是拉出来丝、啃噬树叶？"

在芬奇的藏书中，就文艺复兴初期的人文学者而言，除了阿尔贝蒂，还有佛罗伦萨执政官及历史学家列奥纳多·布鲁尼，弗朗切斯科·菲莱尔福和马泰奥·帕尔米耶里及其著作《市民生活》，我们同

---

1. 大阿尔伯特，全名艾尔伯图斯·麦格努斯，欧洲中世纪经院哲学家和神学家，认为宗教与科学可以共存，本姓de Groot，拉丁语中即"大的"的意思。

时还能看到塞巴斯蒂安·勃兰特的《愚人船》——可能是拉丁文译本。不管出于怎样的原因，我们并没有发现意大利语版本。

尤其值得注意的是，列奥纳多的图书宝藏体现出一种实用性导向。列奥纳多努力自学未能到场听讲的文学院课程的内容。他拥有除音乐以外的所有人文七艺学科的著作。"更高级的"有欧几里得的《几何原本》和帕乔利的《算术、几何、比及比例概要》以及一系列的算盘教科书。他还有洛伦佐·瓦拉的《拉丁语的优雅》——讲述了一种历经打磨的拉丁文风格，旁边还堆着语法书、字典和一本教授写信艺术的著作《书写的艺术》。此外，名单中还提到了列奥纳多自己的词汇手册：《我的词汇本》。当然，没有拉丁语这把开启欧洲知识之门的钥匙是不可能的。因此，我们在想象中还能看到，这位巨匠老大不小的时候鼻子上架着眼镜刻苦学习词汇的画面。

涅普顿、勒达：列奥纳多与古典时期

列奥纳多十分崇慕古典时期的哲学家、自然科学家和工程师。他坚决反对"把自己塑造为反对死去的发明家的骑士形象"的人，这些人自己因为懒惰无法成为发明家，因为停止阅读是一件很容易的事。"于是，他们单凭一些错误的论据，用所有时间来谴责自己的主人。"法国国王弗朗西斯一世评论说，列奥纳多"对希腊和拉丁文学都有一定的了解"，皮亚蒂诺·皮亚蒂也表示，列奥纳多是一位"古典时代风格的崇拜者和学生"。古希腊机械师亚历山大里亚的希罗发明的希罗喷泉激发列奥纳多设计了一个优雅的喷泉。他详细研究了古代的武器技术。而在小普林尼那里，他找到了对双人剧场的描述，盖乌斯·斯克里伯尼乌斯·库里奥把它建造了出来。这一设计有两个半圆形的戏台，背对背挨着，旋转后就可以变成一个圆形剧场。芬奇似乎也是第一个仿照著名的维特鲁威作品设计出透视舞台空间的人。他的一些城市规划项目也可以追溯对古典时期建筑的研究。

他向新晋画家建议道："啊，你可以向希腊人和拉丁人学到如此多的形式，比如在风吹拂起布料时，如何遮挡人物的肢体。"与古典艺术的邂逅有两幅草图为证，其中一幅画的内容可能呈现了一尊赫拉克勒斯的雕像，另一幅描绘的是这位英雄与一头尼米亚雄狮在一起的场景。列奥纳多偶尔也会用古钱币、宝石和雕像作为自己的设计原型。例如，《岩间圣母》中的耶稣男孩的姿势，灵感就来自古典时期的大理石雕像《抱鹅的少年》，该雕像是伟大的洛伦佐的收藏。

在1513年和1516年久居罗马之前，列奥纳多已经通过一次短暂的旅途了解过那里的废墟和雕像。约莫写于1501年年初的一些片段回忆道："在罗马蒂沃利大街上，哈德良的房子里……交换后付了钱……"莫非他把自己的钱换成了罗马货币，随后又参观了哈德良皇帝不朽的阿德利阿纳村庄的遗迹吗？

1504年左右，列奥纳多为他的朋友安东尼奥·塞尼绘制了一幅素描，画面上出现了海神涅普顿，这幅画现在已经遗失了。也许这幅画最初就是作为独立艺术品，一幅展示图画而作。一幅炭笔素描表现了那幅素描可能的模样，画面上，海洋之王驾驭着海马牵引的四驾马车。列奥纳多层层叠叠地画出了多种方案（图43）。他似乎是想画出运动着的形态，一种"连续摄影"的效果。在一张字条的笔记中，他要求自己把马匹再往下移一点。根据瓦萨里的说法，列奥纳多的画应该也描绘了风神的形象，维吉尔的《埃涅阿斯纪》中描绘的场景与列奥纳多的画作很接近，在这部作品中，愤怒的涅普顿征服了风神，并在摧毁埃涅阿斯的舰队时让洪水平息。据说安东尼奥·塞尼的儿子及继承人法比奥为执行画作创作了拉丁文的题词："维吉尔描绘了海王涅普顿，荷马也描绘了这一形象/他像马一样在波涛汹涌的海面上奔

图43：列奥纳多·达·芬奇，《涅普顿》（1504或1505），黑色粉笔，
25.1厘米×39.2厘米，温莎城堡，皇家图书馆

腾前进/如果说两位诗人在精神世界看到了他，那么芬奇则通过自己的双眼看到了他，并成功用自己的画作击败了诗人的文字。"这一次，不可或缺的文字游戏再次出现，芬奇（Vinci）的名字同意大利语中的"获胜、征服"（vincere）一词很接近。

列奥纳多的作品中几乎完全没有古典神话的主题。这也许是因为，从当时艺术市场的状况来看，市场需求普遍与大众审美相违，而很长一段时间之后青睐的也主要是宗教题材和肖像画。列奥纳多的作品忠实反映了这一点。如果真如瓦萨里所说，芬奇曾画过一个美杜莎头像，那也早已经遗失了。瓦萨里声称在科西莫·德·美第奇大公爵的宫殿里看到了这幅未完成的画作以及一个天使的头像。

"勒达"的几种变体简直如迷雾般让人费解。神话中的她是斯巴达国王廷达瑞俄斯的妻子。老骗子宙斯躲在一只纯洁的天鹅中，同美人勒达同房。但就在同一天晚上，廷达瑞俄斯也和她睡了。外遇和婚姻的双重"责任"下，她诞下了四胞胎：海伦，未来最美丽的女人，特洛伊战争的直接诱因，还有波吕丢刻斯、克吕泰涅斯特拉和卡斯托耳。列奥纳多亲笔画的《勒达与天鹅》的"原作"没有保存下来，是否真的存在过更值得怀疑。也许列奥纳多只是提供了设计稿，他的同事执行后才在自由市场上出售。就像彼得罗·达诺韦拉纳在列奥纳多的佛罗伦萨工作室中观察到的一样，列奥纳多可能只是这儿画一笔那儿描一下。如果"达·芬奇团队"经常这样工作，比如《纺车边的圣母》也是如此，那就可以解释为什么这位老板从来没有抱怨过缺钱的状况，他花在算术和研究上的时间肯定比花在绘画上的精力要多。他卖的从来都不是画，只是自己工作室实施的想法。其中有一次，拉斐尔就挪用了列奥纳多工作室的一个点子：抄袭了《勒达与天鹅》的一幅素描。

列奥纳多原作的一些复制品或更大幅的版本呈现了该主题的两种变体：据称，一位贾姆皮特里诺[1]创作了其中一件复制品，画面中，勒达正准备起身，而在其他版本中，她是站着的（彩图28）。她身边的一只天鹅极度渴望她的嘴唇和身体。事实上，《勒达与天鹅》可能是列奥纳多在创作《圣母子与圣安妮》时同时构思的，通过给贾姆皮特里诺版本的《勒达与天鹅》拍摄的红外照片，我们也许能知道这一点。照片上显示出一张初稿的痕迹，主题为圣安妮那一组人。

了解完《勒达与天鹅》的故事，神话画家列奥纳多的篇章就结束了。他显然几乎没有临摹过任何古典时期的艺术作品，但无疑极其欣赏古典艺术，他的画作对古典艺术美学的追求便能很好地体现这一点。他认为，古典艺术希望能模仿自然，但这并不意味着简单复制其他作品，无论是当代艺术家还是古代艺术家的作品。列奥纳多接着一针见血地指出，画家如果做不到这一点，那就只是自然的"侄子"，而不是自然之子。"画家永远在与自然讨论和竞争。"画家更应该避免托斯卡纳谚语所暗示的"画家始终在画自己"，即永远复制自己的形象。列奥纳多认为罗马艺术衰落的原因在于大师之间的互相抄袭。不过对古典的模仿总胜过对现代的仿效。他的《勒达与天鹅》打破了

---

1. 据说为达·芬奇的学生。

呈现女人与天鹅做爱情景的传统。他把夜合的四个果实连同鸡蛋和蛋壳一起送给她，从而对这一情节进行了全新的诠释。

和阿尔贝蒂一样，列奥纳多的自然主义是选择的结果。他写道"当你在田间漫步时，就需要练习对各种物体的判断力""在四处观察的过程中，你需要在所选择的众多事物中挑出不那么好的"。这个建议让人想起了老普林尼讲的一则逸事，宙克西斯为了画好海伦，把克罗托内城中最美丽的五位女子的特征结合起来。列奥纳多也同样如此。纷繁的事物经过选择重组后，最终化为他个人的创意。

"任何列奥纳多的作品"都可以

在维护绘画高于其他艺术的地位时，列奥纳多说道，绘画不像著作可以被复制，对著作而言，复制品和原作的价值相当。"不同于雕塑，人们不会复制绘画，浇铸的雕塑作品与原作几乎没有区别。和书籍不同，绘画没有数不胜数的复制品；绘画的原作保有高贵的姿态，唯有它会为创作者带来荣誉，并且始终具有独一无二的珍贵品质。"根据这一说法，在列奥纳多的时代，画作与其创作者的名字始终紧密地联系在一起。当然，最能表明这一时期创作者身份重要性的证据是：伊莎贝拉·德斯特千方百计希望拥有"列奥纳多"的画作。现在，我们来到1504年，此时的她还是没有放弃这一努力。

三年前，按照彼得罗·达诺韦拉纳自己的说法，他给列奥纳多留下了两位"好监工"，这里指的有可能就是钱：弗罗林金币。这两个"监工"并没有什么用。听说列奥纳多已经接到了《安吉亚里之战》这一大订单时，侯爵夫人立刻做出了反应，指派安吉洛·托瓦里亚去向列奥纳多申诉。因为伊莎贝拉·德斯特"极度地"渴望得到"任一列奥纳多·芬奇的作品"，所以托瓦里亚给列奥纳多带去了她的一封信。在这封信中，她提出对"12岁的小男孩基督"这一形象的渴望。当列奥纳多厌倦了"历史画"、战役画的时候，这一类型的工作可以让他在休息的同时更好地提升自己。他可以根据自己的时间按部就班地创作。

伊莎贝拉的经纪人有和不遵守期限的艺术家打交道的经验。她的经纪人弗朗切斯科·马拉泰斯塔刚刚与佩鲁吉诺谈妥了制作大幅寓言画《爱欲和纯洁的战斗》的合同。正如马拉泰斯塔指出的那样，事实证明这位艺术家也是一个拖延大王。佩鲁吉诺没有开始与伊莎贝拉约定的画作工作，而是在病倒后接受了浴疗，随后远游旅行，同时还承诺一定会绘制出奇迹之作。托瓦里亚写信给他的侯爵夫人，说他已经督促列奥纳多和佩鲁吉诺开始工作。两人都许下了美好的承诺，但这位经纪人还是在心里暗暗思忖，最终将在这场"拖延"比赛中获胜的人会是谁。他觉得肯定会是列奥纳多……这位佛罗伦萨经纪人的感觉是对的。佩鲁吉诺在拖延了很久之后，终于交付了自己的画作，列奥纳多根本什么也没交出来。侯爵夫人赋予他自行决定画作价格的自由，但这并不管用。在1506年年初，她让这位画家的一位亲戚，也许是列奥纳多的继母阿尔贝耶拉的一个兄弟——亚历山德罗·阿玛多利介入其中。可是这一步棋也并没有奏效。除了列奥纳多的再次承诺之外，亚历山德罗一无所获。

相较于与列奥纳多的关系，伊莎贝拉·德斯特与佩鲁吉诺的关系性质不同。她恳请佩鲁吉诺绘制一幅作品，佩鲁吉诺就接受了一份规定了每个小细节以及最终的效果的合同。这些规定由伊莎贝拉的宫廷诗人帕里德·达·切雷萨拉写成。他列出了一系列要求："为了让画面拥有更多的表达空间和装饰，雅典娜身边需要一棵橄榄树，橄榄树上要放上她带着的美杜莎头颅的盾牌，树枝上要画一只圣物猫头鹰；在维纳斯的身边一定要画一棵桃金娘，因为这是她最喜欢的树……"佩鲁吉诺都照做了：在他的画中可以找到条约规定的一切。但与之相反的是，列奥纳多完全没有理会侯爵夫人始终对他的尊敬和器重，更别提完成工作了。

在佩鲁吉诺和列奥纳多之间有一条细微的分界线。相较于以前工作室的同事，列奥纳多距离现代的"艺术世界"已经更近一步，在这个世界中，赞助人、经纪人、批评家、公众和艺术家自己规定作品的质量标准并决定价格。在16世纪的新艺术世界里，圣像也会变异成精美的艺术品，成为人们敬献的对象。这种发展并不会导致误解和纠纷，列奥纳多自己所讲的一个故事就能说明这一点。他曾经画过一幅描绘圣人的画作。买家十分钟爱这幅画，乃至于希望看到圣人宽衣解带后的样子，为的是不怀好意地亲吻他。最后，良心还是战胜了欲望，他把这幅画从家里搬走了。

至少在瓦萨里的观察中，古怪的创意越来越多地出现。怪念头一直是他作品的装饰品之一。例如，瓦萨里认为乔瓦尼·弗朗切斯科是一位魔术师。他在佛罗伦萨Via de' Martelli的家像一个动物园一样。他拥有一只会说话的乌鸦、一只老鹰和一只会叫的豪猪。他的同代人乔瓦尼·安东尼奥·巴齐（1477—1549）为自己赢得了"索多玛"的绰号，因为他与矮驴、獾、松鼠和其他牲畜同住，前三种动物有可能为他提供了毛刷上的毛，他为奥利韦托山修道院的修士们装饰了修道院中的十字形回廊，被这些修士称为"大傻瓜"。天才和疯狂这一对兄妹就像影子一样陪伴着他和其他一些艺术家。他们的行星被认为是土星，这是一颗属于黑胆汁、忧郁症患者和天才的行星。[1]

　　阿尔贝蒂早就认为，一幅美丽的画作其实根本不属于这个世界，因此也无法用金钱来衡量。他用一则逸事来说明：画家宙克西斯曾将自己的画作免费送人，因为实在无法给出合理的价格。瓦萨里也讲述了一则关于列奥纳多的与之类似的故事。当列奥纳多想领取创作《安吉亚里之战》期间政府付给他的钱时，出纳员递给他一整袋硬币，他拒绝接受，并大声说："我可不是随便就能打发的画家！"瓦萨里是坚决捍卫艺术之崇高地位的忠诚卫士之一。所以也可能是他自己希望听到心目中的英雄说出这句骄傲的宣言。

　　不过这个故事反映的实质毋庸置疑，从列奥纳多自己对于画家这一职业的描述中就能看出这一点。他告诫我们要永远追求完美，

---

1. 在占星术中，土星象征着忧郁、年老和疾病，在文学艺术领域也被视为悲伤的元素。

并认为这就是自己的工作方式。如果画家发现了错误，应该立即改正，而不是告诉自己还有下一次机会能恢复名誉。虽然有人说，修正需要花费更多的时间，同时也会有碍赚钱，但列奥纳多完全不接受这一反对意见。"如果你能有效借助两种视角将自己的作品打磨润色，留下的作品将带来的荣誉胜于金钱。"这里的两种视角指的是缩小和放大，以产生远距离或近距离的错觉。"艺术大师"往往会赢得超过富人的名声，就像学问永远是其作者的"见证人和荣誉号角"，因为这些都是"创造造化的亲生女儿，而不是像金钱一样的继女"。

在列奥纳多看来，人之所以为人是因为创造性的工作。有些"人"拥有的只是人的声音和形体，本质上仍然是动物，只是食物的袋子和排泄的通道。他们最终一无所得，只留下填满厕所的粪便。但是，凡人的记忆中不应抹去痛苦的人生片段。在自己所处的时代，列奥纳多也是坚决捍卫艺术之崇高地位的忠诚卫士，他认为，如果作为一种货币，艺术应该比达克特金币更有含金量。他后来更进一步，用"菲墨"[1]一词来形容艺术家的名誉，而阿尔贝蒂只用了"赞美"一词。像自己的前辈一样，列奥纳多也致力于将绘画提升为"自由七艺"之一，并将其与低级的"机械艺术"——工匠的"技术"——区分开来。

---

1. 菲墨，古希腊神话中的声望女神。

与此同时，由于所体现的创造性想象日益得到重视，素描也从一种绘画技艺一跃成为一门独立的艺术。在这之前，它一直被视为一种习作，或者是合同、草案或初步图纸的补充，过后便会像垃圾一样被扔弃。现在，作为艺术收藏品，它变得越来越受欢迎。列奥纳多那幅遗失的《涅普顿》大概就是这样的一个例子。作为创作者遗风和"神化"思想的留痕，这些"经典"完全不乏崇拜者和收藏者。单单是《安吉亚里之战》的设计图就为列奥纳多带来了丰厚的回报。然而，不应忽视的一点是，绝大多数画家仍然只是止步于行会手工艺的圈子中。列奥纳多、米开朗琪罗，以及不久后的拉斐尔，只是这种灰色规则中闪闪发光的例外。

第四章
国王的召唤
米兰时期，1506—1513

1.靠近王冠的地方

我们亲爱的、痛苦的列奥纳多·达·芬奇

《最后的晚餐》在开始后长久没有进展，《安吉亚里之战》这一项目最终以失败告终，这都是列奥纳多的完美主义和对新生事物进行试验尝试的兴致所致。最后留下来的是"军旗之争"的残余部分。参观者只说在"教皇房间"的墙上可以看到列奥纳多的"马"。但在瓦萨里于1567年完成壁画《马西阿诺之战》后，这些马也消失了。尽管现代科技无比发达，但人们仍未找到这幅世界上最著名，但未完成的战役图景的踪迹。

1506年春天，列奥纳多有机会暂时摆脱这份不受欢迎的佛罗伦萨委托订单。法国在米兰的总督查理·德·昂布瓦斯要求佛罗伦萨领主安排列奥纳多到米兰去住三个月。离开之前，他在公证人见证下被命令在三个月后返回，否则就要交付150个弗罗林金币的罚款。在这一期限到期前不久，昂布瓦斯请求将截止日期延长至9月底。他给出的理由不清不楚，但列奥纳多还得完成"我们的某项工作"。索德里尼咬牙切齿地同意了。

10月初，列奥纳多还是没有出现在佛罗伦萨，旗手自然会勃然大怒。他向昂布瓦斯抱怨的时候，展现出了一位共和派在王侯面前的霸气，他说"尊贵的圣上"已经和列奥纳多再次订立了协议。"他没有对这个共和国尽应尽的责任。因为他拿了一大笔钱，却只完成了一个大项目的开始。出于对尊贵的圣上的爱，他已经两次逾期不归。我们希望这件事不会再继续下去，因为这项工作。"这里指的是《安吉亚里之战》，"应该让大家满意，我们不能再不顾自己的困难向你们尊贵的圣上妥协了。"

12月16日，昂布瓦斯告诉这位佛罗伦萨人，自己不会阻挠列奥纳多的归来。但他也对列奥纳多极尽赞美之词，在那个时代，还从来没有艺术家能从自己的赞助人那里获得如此赞赏。"你们的同胞，列奥纳多·达·芬奇大师，在意大利，尤其是本市留下的作品，为他赢得了广泛赞誉，所有见过和没见过他作品的人都对他敬慕有加。我们必须得承认，即便没有见过他本人，我们也都是他的倾慕者。而在了解这位大师后，我们看到了他展现出的能力，同时也知道，在其绘画的盛名之下，这位大师身上还有许多值得称道的不为人知的才华。我们必须承认，他为我们提供的作品确实值得肯定，其中包括素描、建筑

彩图 17: 列奥纳多·达·芬奇，《桑树》（1496 或 1498），石膏上蛋彩画，米兰，斯福尔扎城堡，"木板室"

彩图 18：列奥纳多·达·芬奇，《最后的晚餐》（约 1495—1497），
石膏上蛋彩和油彩（？），460 厘米 ×880 厘米，米兰，恩宠圣母教堂

彩图 19：雅各布·德·巴尔巴里（？），《卢卡·帕乔利肖像画》（1495），木板上的油彩及蛋彩（？），98 厘米 × 108 厘米，那不勒斯，国立卡波迪蒙特博物馆

彩图 20：列奥纳多·达·芬奇及其工作坊（？），《救世主》（约 1499 或 1505），油彩，核桃木板，65.5 厘米 ×45.1 厘米，卢浮宫阿布扎比博物馆

彩图 21：列奥纳多·达·芬奇及其工作室，《圣母玛利亚与亚恩温德》
（约 1501 或 1507），木板，油画，50.2 厘米 ×36.4 厘米，纽约，私人收藏

彩图22: 列奥纳多·达·芬奇，《圣母子与圣安妮》（约 1503 1513 或 1515），
白杨木木板，油画，168.5 厘米 × 130 厘米，巴黎，卢浮宫博物馆

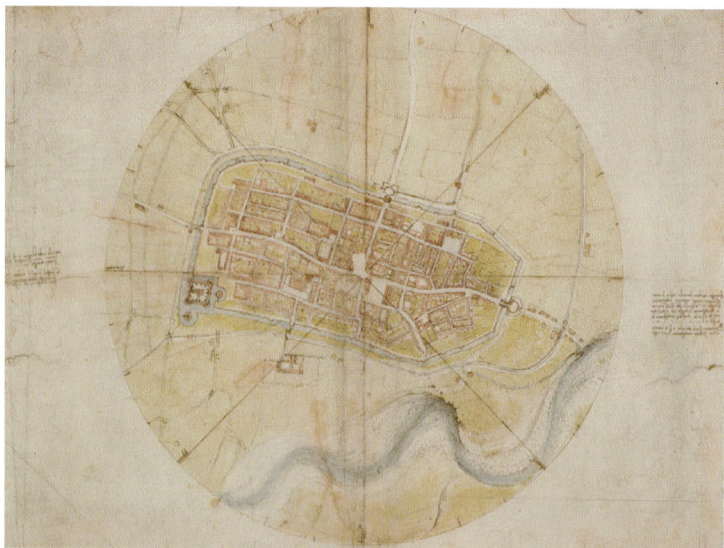

彩图23: 列奥纳多·达·芬奇，《伊莫拉城市地图》（约1502），羽毛笔，墨水，水彩，黑色粉笔，44厘米×60.2厘米，温莎城堡，皇家图书馆

彩图 24：列奥纳多·达·芬奇，《蒙娜丽莎》（1503—1515？），油彩，白杨木木板，79.1 厘米 ×53.3 厘米，巴黎，卢浮宫博物馆

彩图 25：列奥纳多·达·芬奇，《安吉亚里之战》，1503 年整体概念复原图

彩图26：无名画家仿列奥纳多原作，《塔沃拉多里亚》（《军旗之战》，1504后），油画，木板，86厘米×115厘米，东京富士美术馆（至本书德语原版出版时），佛罗伦萨，乌菲兹美术馆

彩图 27：安布罗焦·德·普雷迪斯，《奏乐的天使》（1495—1503？，
1508？），油彩，白杨木木板，每幅 116.8 厘米 ×61 厘米，伦敦，国家美术馆

彩图 28：列奥纳多·达·芬奇作品复制品，《勒达与天鹅》（约 1505—1515），
蛋彩，木板，112 厘米 ×86 厘米，罗马，博尔盖塞美术馆

彩图 29：弗朗切斯科·梅尔齐（？），《列奥纳多·达·芬奇》
（约 1515—1518），红粉笔，27.5 厘米 × 19 厘米，温莎城堡，皇家图书馆

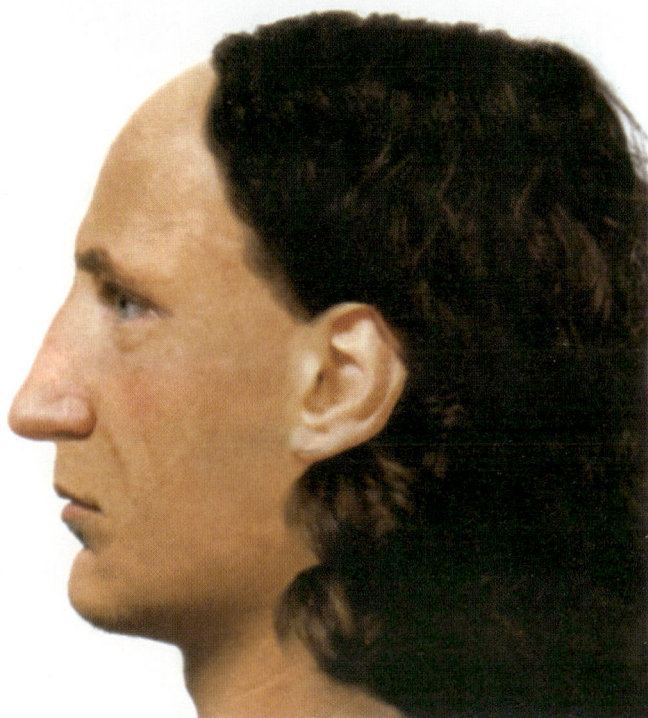

彩图 30：1490 年左右的列奥纳多·达·芬奇，模拟画像
（图像拼贴：格利特·舒勒，苏黎世）

彩图 31：列奥纳多·达·芬奇，《施洗者圣约翰》（1513 或 1516），油彩，木板，
69 厘米 ×57 厘米，巴黎，卢浮宫博物馆

和让我们为之欢欣的一切艺术，我们不仅感到满意，崇慕之心更是充满溢于言表。"在信的最后，他满含温情地说道："向圣上推荐一位具有这些品质的人再合适不过，所以我们尽我们所能地推荐他，并且保证，我们非常愿意帮助他获得更多的财产，同时也乐于为他带来荣誉，就像你们一样。"查理之所以选择热情盛赞的话语，当然是因为他不希望看到列奥纳多遇上任何不愉快的事情。佛罗伦萨自然也不会对保护其公民的这一强大势力置之不理。

查理·昂布瓦斯（1472或1473—1511）是法国元帅、米兰总督，即那位傲慢残暴的特里武尔齐奥的继任者。事实证明，这位贵族是一位聪明的管理者。一幅据说是安德里亚·索拉里奥画的画像让我们看到这位贵族的样子，索拉里奥是一位受列奥纳多影响的米兰画家。画上的查理戴着高贵的圣迈克尔勋章（图44）。在他的羽翼下，列奥纳多距离欧洲最闪亮的皇冠位置，即法国王室，就相当近了。这一切究竟是怎样发生的呢？

这段新关系最有可能的中间人是弗洛里蒙德·罗伯特（图45），他是《纺车边的圣母》的委托人。他的指导人是查理二世，红衣主教乔治·德·昂布瓦斯（1460—1510），他也是路易十二身边的重要人物。国王一定是通过这张关系网了解到列奥纳多的艺术。无论如何，佛罗伦萨派驻路易十二身边的特使弗朗切斯科·潘多尔菲尼写信说，他的主人，也就是法国君主，计划访问米兰，他希望"列奥纳多大师"能一直待到他到来，并为他画"一些作品"。最好是向他发出"立即"听候调遣的命令。这已经不是一个请求，而是命令了。"这

图44：安德里亚·索拉里奥（？），《查理·德·昂布瓦斯》（约1507），
油彩，白杨木木板，75厘米×52厘米，巴黎，卢浮宫博物馆

一切都是缘于他亲手画的一幅小画，"潘多尔菲尼报告说，"这幅画
是前几天被带到这里的。人们认为这是一件非常精美的作品。"这里
提到的画作可能是《纺车边的圣母》，罗伯特可能就是用这幅画向法

图45：未知艺术家，《弗洛里蒙德·罗伯特》（约1518），
油彩，木板，布卢瓦，阿鲁耶旅馆

国国王证明了列奥纳多的才华，潘多尔菲尼的进一步说法也支持了这一事实，他自称是芬奇的"密友"。"在谈话中，我问陛下希望看到怎样的作品。他回答说：'关于圣母的一些小图画和其他一些会在我

脑海中浮现的形象。'或许我会让他为我画一幅画。"会晤结束后，国王立即在给佛罗伦萨政府的一封正式信函中重申了自己希望列奥纳多留在米兰的愿望。这封信的落款日期是1507年1月14日，作者是罗伯特。

佛罗伦萨领主指示列奥纳多全方位为路易十二服务。芬奇这时就在米兰圣巴比拉区住了下来。萨莱和另一个工匠洛伦佐与他同住一室。就这样，他又回到了自己原来的工作地点。他还重新得到了在米兰被占领期间被没收的葡萄园。

查理·德·昂布瓦斯的别墅

查理·德·昂布瓦斯委托列奥纳多为自己设计了一栋别墅，位置就在米兰北部大运河和尼罗内河之间的土地上。从图纸来看，列奥纳多想在面积约为325平方米的土地上建起一座建筑。建筑的中心是一个大厅。开放式的凉廊可以接待客人，宽大的楼梯可以将客人引向"雅致"的一楼主厅。大厅两旁应该是主人的房间。列奥纳多还建议整治周围的运河，建立一个由自己的运河供给的磨坊。在炎热的夏天，运河可以提供清凉。沿着一条可以冷却葡萄酒的水渠，摆上供夏天宴会使用的桌子。运河的其他部分可以用于灌溉橘子树和柠檬树。种植的布局让柠檬树在冬天容易被覆盖起来，以防冻伤。小喷泉的水会打趣似的打湿路人的小腿。

列奥纳多考虑到了所有因素：保证所选择的鱼不能让水质变得浑浊，也就是说，"既不能用鳗鱼和丁鲅，也不能用狗鱼，因为后者会消灭掉其他鱼"。他还建议在树上铺上细铜网，以便让鸟儿有活动的地方。"所以，无论何时，你都能听到音乐声，与之相伴的还有雪松和柠檬的花朵。"在磨坊的帮助下，不同的乐器得以持续发声。

或许他也在考虑建造一座维纳斯神庙的计划。列奥纳多描述了位于一块岩石上的位置，这样通过四周的阶梯便都可以上去。在石头上应该开一个洞，壁柱和有水柱的门廊环绕在四周。对面，也就是"面向背面的位置"，一个小湖闪闪发光，湖中有一个小岛，周围是一片阴凉的小树林。

在画纸的背面，列奥纳多写下了一些句子，也许是为了解释神庙和湖泊的象征意义，同时也让自己的思绪自在漫游，去往塞浦路斯，神话中维纳斯的出生地，还有那个波提切利画得精致迷人的帝国。很多水手折服于女神的美貌，没有注意方向，因此在岛上的悬崖边把自己的船撞得粉碎。在塞浦路斯，优雅的"甜美山丘"邀请流浪的水手们在绿色植物的浓荫下放松，温柔的风让岛屿和大海充满甜蜜的馨香。这一切正是与查理花园的计划项目的相关之处。然后，这位画家又突破了叙述者的传统角色。接下来的部分精彩纷呈，他的联想思维如灵光闪现，碰撞的火花化为生动具体的形象。"哦，有多少沉了的船啊！哦，悬崖上有多少破船啊！在那里可以看到无数艘船，一艘破烂不堪，被沙子覆盖了一半，一艘露出船尾，另一艘露出船头，一艘露出龙骨，还有一艘露出拱肋。就像面临'最终审判'一样，这些濒死之船希望重新扬帆起航。船只的数量如此之多，以至于最终完全覆盖了北岸，而号角声则伴随着北风鸣响，惊心动魄的声音传向四面八方。"列奥纳多在波利齐亚诺的《比武篇》中找到了描绘维纳斯的灵感。但是，波利齐亚诺的作品并没有提到破损的船只和船只的墓地。当然，在关于维纳斯的诗作中，我们也能找到奥德修斯和海妖塞壬的踪影。

也许列奥纳多还为他的赞助人呈现了波利齐亚诺的《俄耳甫斯》，一个关于爱情、情伤和死亡的故事。一段资料显示，冥王普鲁托的阴间敞开了大门。12个魔鬼用锅奏起了地狱的音乐，人们可以看到死亡的化身，愤怒，地狱犬刻耳柏洛斯，哭泣的男孩，彩色的火焰……

此外，列奥纳多还画了一张米兰的鸟瞰图。他还向法国人提供了该地区的防御工事信息，这些工事都是由卢多维科·斯福尔扎建造的。也许西莫内·阿里戈尼上尉在瓦尔萨西纳山谷被宣判时，列奥纳多还在现场看过热闹。这位上尉及时离开斯福尔扎，转而投靠路易十二，试图为自己建立一个小王国。在米兰、威尼斯和旧瑞士联邦之间，他希望得到政治上的回旋余地。最后，法国的一支军队结束了他的这次冒险。1507年2月，阿里戈尼的拜厄多城堡因他人的出卖而陷落。列奥纳多在谈到关于建造要塞的一些言论时提到了这一悲剧性事件。阿里戈尼的头滚到他自己的脚前，他的身体被四分五裂。这个早期的现代国家又有了一个新的牺牲者。

查理二世的另一个建筑项目，即米兰科马西纳的圣玛利亚丰塔纳教堂，也许也得益于芬奇贡献的设计。很可能在路易十二正式迁入的时候，人们也使用了他的艺术作品。1507年5月底，凯旋门和其他装饰品更是营造出更浓的喜剧氛围。国王这时称列奥纳多为"我们正式的""画家和工程师"，也就是说，芬奇在此被长期雇用。正如恺撒·博尔吉亚也曾改用过亲切称呼，国王称他为"亲爱的、受人尊敬的朋友"。在先后由保罗·乔维奥和瓦萨里讲述过的故事中，路易十二曾想把《最后的晚餐》从墙上拆下来带往法国，这位国王对芬奇艺术的痴迷程度可见一斑。

佛罗伦萨间奏曲——返回米兰

作为私生子，列奥纳多没有得到任何瑟·皮耶罗的遗产。列奥纳多在1505年左右以一个成年男人的身份写过一个讽刺滑稽故事，足以说明他认为自己作为私生子的缺陷已成为一种伤害。"一个人斥责一个富有创意的人为违法的罪犯。他回答说，按照人类的规则和自然规律，他所做的一切合情合理。前者却说他是一个杂种私生子，因为他的道德属于畜类而非人类。"

1507年，列奥纳多的叔叔弗朗切斯科去世，两人之前一直保持着良好的关系。列奥纳多曾借钱给弗朗切斯科，并从芬奇镇或附近的一处房产中获得作为担保的收入。弗朗切斯科在遗嘱中写道，由列奥纳多继承芬奇镇周围的一些财产。然而，这引起了他与同父异母的兄弟之间的争执。在一封信的草稿碎片中，我们读到："你们想对弗朗切斯科做最卑鄙的事，"列奥纳多责备他们，"而对我，你们有过之而无不及。"继承权的争端迫使列奥纳多去了佛罗伦萨。他住在马尔泰利宫，距离美第奇宫只有几步之遥。我们通过《阿伦德尔抄本》第一页上的内容得知了以上信息，其中写道，1508年3月22日，列奥纳多开始了在那里的工作。这一宫殿的主人是一位博学的人文学者、希伯来语言文化学者和数学家。人们常读到，他同时也将雕塑家乔万尼·弗朗切斯科·鲁斯蒂奇安置在自己的屋檐下，但这并无根据，同样地，瓦萨里所言列奥纳多帮助鲁斯蒂奇创作青铜作品《施洗者圣约翰的布道》的说法也并没有得到证实。但毋庸置疑的是，鲁斯蒂奇的确受到列奥纳多风格的影响。也许他在列奥纳多的工作室里工作过一段时间。他手中的一些泥塑人物是对《安吉亚里之战》中的"骑士之战"进行细微修改后创作而成的。他的青铜雕像"涅普顿"是否也是对列奥纳多素描的复制呢？

至于对弗朗切斯科遗产的诉讼，芬奇动用了最高级别的说情者：曼托瓦侯爵，由阿戈斯蒂诺·韦斯普奇执笔写信的枢机主教，查理·德·昂布瓦斯，甚至还有路易十二本人。我们再次见到了乐于助人的罗伯特。他在信上签下了"法国国王恩典下的路易"，以此敦促佛罗伦萨的领主们尽快结束诉讼，因为列奥纳多还要为他完成工作。在回到米兰前不久，列奥纳多给萨莱带去了昂布瓦斯的消息。与兄弟间的官司即将结束。他自己也会在复活节的时候携两张大小不一的圣母像回来。这是为国王或查理二世喜欢的人而作。1508年春，列奥纳多回到了米兰。

那时列奥纳多开始的一个项目最终止于图纸上的设计。他的客户是吉安·贾科莫·特里武尔齐奥，当时刚被提升为法国元帅。在1504年的一份遗嘱中，他为在圣纳扎罗教堂建立一座墓碑预留了4000达克特，1507年9月的另一份遗嘱坚持了这一想法。列奥纳多带着满腔热情开始工作，着手绘制草图并进行计算。他建议铸造一尊骑马雕像，这尊雕像的基座将设计得像凯旋门一样。基座下面将是一尊特里武尔齐奥卧像的大理石石棺。

列奥纳多在1508年到1512年对这一项目做出的成本估算为3046达克特。估算的细节相当详细："一匹贵重的马，真人大小，连同马背上的人，共需要花费500达克特金属；用于制作模型的铁质材料，煤和木头，铸造以及围住模具用的坑，还有烧制用的炉子的费用……200达克特；用黏土和蜡制作模型……432达克特；铸造完成后清洗干净的工人费用，"这里指的是打磨和雕镂毛坯的金匠们的工作，"450达克特……马下的大理石，长4臂，宽2臂2盎司，厚9盎司……58达克特……6个带有烛台的哈耳庇厄怪物，每个25达克特……150达克特。"

列奥纳多将费用仔细分门别类，骑马雕像的材料和人工成本（1582达克特），大理石的成本（389达克特），大理石的加工成本（1075达克特）。他没有列出用于自己设计的费用。他可能希望通过这一工作得到遗嘱中提到的剩余遗产——不到1000达克特。从一些设计素描（其中一张附有成本估算）来看，他的想法是基于斯福尔扎骑马雕像的动态变体（图46）。他想到的是一匹骏马踏过躺在地上的敌

图46：列奥纳多·达·芬奇，《为特里武尔齐奥纪念碑所做的研究》
（约1508—1511），羽毛笔，墨水，28厘米×19.8厘米，温莎城堡，皇家图书馆

人的画面。骑士手持统帅的指挥棒骑在马的身上，面朝相反方向摆出优雅的姿势。显然，列奥纳多考虑在陵墓的周围设计四名绑在柱子上的囚犯，类似于米开朗琪罗为朱利叶斯二世设计的陵墓。然而，估算

清单中并没有包括这些设计的费用。我们并不知道这项计划最后没有付诸实践的原因。特里武尔齐奥后来的遗嘱中并没有提到这个项目，而布拉曼蒂诺设计的简朴的陵墓中心也一直空着，后来由二等雕塑家马克·达格拉特（Marco d'Agrate）和弗朗切斯科·布廖斯科完成。石棺上的铭文写道："安息此处的人永垂不朽。默哀。"

《岩间圣母》：第二幕和结局

与此同时，一桩不太令人愉快的交易似乎也已经完成了。1508年8月18日，列奥纳多和他的老生意伙伴安布罗焦·德·普雷迪斯获得许可，将《岩间圣母》运到圣弗朗西斯科修道院的一个房间，或是礼拜堂的一个祈祷室中，并就此制作一幅复制品。但在节日期间，这幅画必须物归原处。无论这幅复制品能卖出怎样的价格，最终得到的钱都由两位画家"平分"。创作时间估计为"至少4个月"。此处讲到的复制品很可能就是这幅名画现在位于伦敦的版本。

工作开始前的故事相当复杂，同时也提醒人们，无论有多么翔实的文字资料记载，重要艺术品的复原仍然存在诸多不确定性因素。如果我们相信安东尼奥·比利的说法，那列奥纳多就还曾为卢多维科·斯福尔扎画过一幅祭坛作品，"这是绘画界中最美丽的一幅"，列奥纳多把它送给了德国皇帝。这里指的是不是《岩间圣母》尚不确定。瓦萨里掌握了这一信息，但把"祭坛画"变成了一幅"基督的诞生"。另一个更值得怀疑的线索把我们带到了匈牙利。1485年的一份资料显示，卢多维科想把一位"杰出画家"的圣母画作为礼物送给他的统治者马加什一世，这可能与他侄女的联姻计划有关。不管是以上哪一种情况，可以确定的是第二个版本的复制品确实存在，很有可能就是伦敦的版本。然而，《岩间圣母》的第一个版本怎样来到法国的？在16世纪的前10年，米兰的画家又为何仍以此画为原型创作复制品，而并没有以伦敦版本作为原型？这都是让人疑惑的问题。

列奥纳多和安布罗焦·德·普雷迪斯的一份请愿书让我们对情况有了更多了解，该请愿书应该写于1499年年底。写这封信的原因也许十分具体：计划将安布罗焦·德·普雷迪斯所绘的"圣母"和"天使"卖给法国国王，所以有必要由圣母无玷始胎圣殿提供相应的复制品。收信人可能是法国政权的代表，如查理·德·昂布瓦斯、弗洛里蒙德·罗伯特或贾科莫·特里武尔齐奥。信的主题是1483年商定好的奖金，显然至今仍未支付。据申请人说，兄弟会只想给25个达克特。然而，祭坛的实际价值是300达克特。仅列奥纳多的"圣母像"——"佛罗伦萨人用油彩画的圣母"——就价值100达克特，并且也有"人"愿意出这样的价买下来。于是，这两位画家要求立即任命一个新的专家委员会来解决争端，这是此类案件的惯常程序。而修士并不是这方面的专家："盲人不辨色。"圣母无玷始胎圣殿要么需要满足申请者的要求，要么就把"佛罗伦萨人用油彩画的圣母"转让给他们。

这些客户会接受这个建议吗？而有意收购这幅画的"人"的真实

身份是路易十二吗？他于1499年10月开始米兰之行，也许不仅看到了《最后的晚餐》，也看到了列奥纳多在圣弗朗西斯科的圣母像，与壁画不同的是，圣母像是可以拆除带走的。想要拒绝法国国王几乎是不可能的。作为补偿，列奥纳多和安布罗焦·德·普雷迪斯将承诺为教会提供一件复制品作为替代品。安布罗焦将迅速开展这一项工作，而列奥纳多则会先动身前往佛罗伦萨。

另一封信的内容有力支持了对故事的这一解读。信的日期是1503年6月23日，收件人也是我们知道的。他就是"最尊贵的国王"法国国王本人。德·普雷迪斯想让他来调解纠纷。路易十二将此事提交给他的"民选官"，这里指的很可能是特里武尔齐奥，由他来根据法律提出解决方案。从补充材料中还可以看出，祭坛画实际上是在1503年完成的，但只是"由上述德·普雷迪斯负责"完成的，这一限制之前被忽视了。如果没有列奥纳多的参与，这笔交易就无法完成。为了弄清芬奇当时是否在米兰，人们甚至重新勘察了他在旧宫的房间，不出所料，房间无人居住。

在列奥纳多回来前不久，这场争端进入了新的阶段。1506年4月，仲裁委员会开始工作了，与画家们的意愿相反，仲裁委员会里都是圣母无玷始胎圣殿的成员。工作谨慎地开展着。成员们有时一起研究祭坛画，有时各自分开看。他们还征求了几位"有类似艺术经验的人"的意见。4月27日的一份公证契约记录了最终达成的协议。除了1491年去世的弟弟埃万杰利斯塔外，安布罗焦·德·普雷迪斯还代表了列奥纳多。

协议首先提醒画师，除了兄弟会支付的730里拉外，他们还"因上述的祭坛画"收到了额外的100里拉，这里指的大概是《岩间圣母》的复制品。根据相关文件描述，列奥纳多在没有完成工作的情况下就离开了米兰。德·普雷迪斯要"认真地完成好或让别人完成"圣母像，而这"要在未来两年内完成，而且要由上述的列奥纳多大师亲手完成，并且必须让这位大师在上述期间于米兰城完成，不允许任何其他方式"。这些油画以及"画有最光荣的圣母玛利亚与圣子、施洗者圣约翰的肖像的画板"，最终都应得到200里拉作为余款。这笔钱可以用不动产支付，也可以按每年分期的方式支付，即每期100里拉。圣母无玷始胎圣殿决定用现金支付。"的画板"这几个字是后来由另一人写进去的。他们可能希望确定列奥纳多的作品也包含在"总计划"中。

1507年8月底，德·普雷迪斯因已完成的工作获得了100里拉的报酬。在此之前，他和列奥纳多之间发生了纠纷，原因可能涉及工资的分配。一位多明我会神父进行了仲裁。芬奇回来后显然已经开始工作，虽然仍然是以他惯常的蜗牛速度。他同时接受了法国人的金钱和恩惠。在1508年7月到1509年4月间，他收到了340斯库多，随后又收到了200法郎——约250斯库多。也许部分款项与圣母像的工作有关。在此之前，列奥纳多已经获得了圣克里斯托法诺运河水的开采权。

第二个版本的执行工作主要由安布罗焦·德·普雷迪斯负责。它将于1508年8月完成。这一版本的设计图纸无疑是出自列奥纳多之手。红外线照片显示了他典型的"手指涂抹"技法，同时也能看出，他仍一如既往地在画板表层进行着各种不同尝试。所以他考虑呈现圣母玛利亚朝拜耶稣的画面。天使这一次没有指着救世主，而是用双手拥抱着小约翰。这幅画上的植被没有巴黎版本那么丰富，也没有那样清丽，因此也就没有典型的"列奥纳多风格"。这幅画的色彩饱和度更高，层次过渡更强烈。值得注意的是，天使的左手仍未完成。莫非安布罗焦想证明自己还有许多工作要做？最可能的情况是，法国人决定收购列奥纳多"亲笔"的第一版，而不是安布罗焦的复制品。

安布罗焦的版本在米兰一直保留到18世纪末。1785年，英国画家和艺术商人加文·汉弥尔顿买下了这一版本并带至英国。然而，第一版本和安布罗焦·德·普雷迪斯的天使可能是在1509年左右被带到法国的。到国王弗朗西斯一世在任的时候，列奥纳多的《岩间圣母》被挂在枫丹白露城堡的"浴盆公寓"里，因此可以说，这位君主当时就在列奥纳多的眼皮子底下洗澡、刮胡子。由于湿度太大，这幅画转而被放置在了"美炉翼楼"（Pavillon des Poêles）的油画柜中。而浴室里的那幅被一幅复制品替代。

那么天使们呢（彩图27）？皮埃尔·丹在描述城堡的"高级礼拜堂"时提到，在"现在的统治者"，也就是路易十三的统治下，人们对天使们进行了装饰，包括其他一些"几个天使演奏音乐的画板"。它们曾被放置在亨利二世（1547—1559在位）时期建立的歌唱家舞台上。只有两根爱奥尼柱还会让人想起伊奥尼亚海的"阳台"，而丹提到的那些天使，现在已经无迹可寻了。因此，此处提到的是否真的是德·普雷迪斯的那幅作品也就不得而知了，至于是否如1483年第一个条约所规定的那样，有两个以上版本的《岩间圣母》，我们也不得而知。

2.了解事物的原因
被剖开的尸体

在佛罗伦萨短暂停留期间，列奥纳多继续自己的解剖学研究。新圣母玛利亚修道院的医院里有足够多的"学习资料"，我们在前文提到，那里也是他的"主要银行"。其中有一具老者的尸体，老人在死前不久曾对列奥纳多说，自己已经活过了100岁，因此没有任何遗憾。就这样，这位老人坐在医院的病床上，"没有任何征兆，也没有任何挣扎的迹象，就这样离开了人世"。列奥纳多解剖了他的尸体，找到了他生命结束得如此温柔的原因。在他看来，他的四肢显得瘦弱干瘪。原因显而易见，他的四肢缺乏脂肪和汁液。而一个两岁孩子的尸体解剖结果则正好相反。这位身体其他方面都很健康的老人，死亡的原因是动脉管壁增厚，无法再为身体提供足够的营养。因此，老人的皮肤颜色像木色或栗子色。也就是说，杰出的解剖学家列奥纳多发现了动脉硬化的症状。

1510年左右，他写下了一份衣物备忘录：靴子、袜子、手套、梳子和衬衫。其中还包括他用于解剖和素描的物件：眼镜、木炭、粉笔、墨水瓶、木板、钳子、细齿骨锯和凿子。在帕维亚时，他曾与年轻的解剖学家马尔坎托尼奥·德拉·托雷（1481—1511）合作。他们希望能够在1510年冬天完成一本有解剖学彩图的书。虽然这最终只是一个并未付诸实践的出版计划，但无疑是具有里程碑意义的壮举。

列奥纳多向想象中的读者生动描述了自己为了解"人体组织"内脏所付出的努力："在做这些事的时候，你可能会因为感到恶心而想放弃；即便你并未因此止步，但也有可能会因为晚上要与可怕的被肢解剥皮的死人为伍而望而却步。假使这一切都不是问题，你也可能缺少良好的绘画能力。即便你已拥有一定的绘画能力，也可能并不具备透视方面的知识。"他想要解剖10具尸体，这是在与腐烂过程赛跑。最后，他一共解剖了30人的尸体。这种做法在当时并没有被明令禁止。兰杜奇曾记录过列奥纳多对一个因盗窃而被吊死的人的解剖情况。1506年1月，这项工作在圣十字教堂里公开持续了几天。胆大妄为的学者列奥纳多因惧怕宗教判决而在完全秘密的情况下进行着解剖事业，这完全只是传说。仅在罗马，他似乎就因解剖行为而被人向教皇告发，很明显，这并不会有任何影响。

列奥纳多的解剖学研究真正了不起的地方在于，他可以简洁描绘，简明扼要描述解剖的发现，就像他观察植物、动物、岩层或漩涡后所做的一样。他撇开形而上的角度，不问事物的"本质"。他的研究是一种理性的经验主义。为了更有利于研究而把眼球放入蛋清中的想法，他似乎并没有付诸实践。他把真正的赞美诗献给了视觉器官。

他写道："难道你没看到，眼睛包含了整个世界的美吗？""它是数学的王子，经它驾驭的科学毋庸置疑，它测出了星辰的高度和大小，找到了各种元素及其位置，并通过星辰的走向预测未来，建筑、透视以及绝美的绘画都因它而熠熠生辉。啊！你比上帝创造的万物更高尚啊！你是人体的窗口，人类通过你欣赏沿途的风景，享受万物之美……在这一点上，你超越了自然界，因为草药的数量是有限的，但人们可以通过双手创作出无数让眼睛愉悦的事物，正如画家创造出的无数动物、草药、植物和景致一样。"列奥纳多的部分表述提醒我们，他仿佛还有另外一个身份：诗人。如果没有眼睛，灵魂就无法抵达静谧的天堂，无法看到成荫的山谷，无法看到蜿蜒河水的嬉戏，也无法看到多姿多彩的花朵，更不用提色彩在眼睛中铺开的和谐画面。

列奥纳多尝试着描绘交媾的内部解剖结构，这要归功于柏拉图的《蒂迈欧篇》，以及女性身体的内部结构。因为有子宫而且能孕育胎儿，女性的身体本身就是"巨大的奥秘"。然而，他的兴趣不仅仅限于身体的结构。他想要理解人类身体比例的发展，事实上，他确实在这方面不断进行着新的尝试，细致地研究身体从头顶到脚底的一丝一毫。他还计划系统地研究人的相貌：有着各种细微差别的快乐表情，哭泣和争执时的不同表情。在他的数百幅画作中，有大笑的人、微笑的人、愤怒的人和忧郁的人，有战士和劳动人民，后者在"拉、推、扛、停住和扶住"。

尤其是在解剖学研究之初，列奥纳多还解剖过动物器官，比如牛的心脏或猪的肺。成为芸芸众生中的一员十分容易，列奥纳多的这句话经常被错误地解读，这仅仅是他由比较解剖学得出的结论，因为肌肉、神经和骨骼是地球上所有生物所共有的。他著名的胚胎素描图就展现了放置于牛的子宫中的人的胚胎（图47）。

亚里士多德、盖伦（约130—205或215）和被西方人称为阿维森纳的伊本·西那（约980—1037，中世纪最重要的医生）的著作为芬奇的研究提供了基础知识。他似乎参考过蒙迪诺·德·卢齐（卒于1326年）意大利语版本的《解破学》。这样一来，他同样也吸收了此书书名的错误。[1]

不过他最终并没有成功开创一门新的医学。他从16世纪前10年就开始潜心研究盖伦，也一直奉他为大师。但是他根本没有追随大师的脚步，他的观察指向另一个方向。与盖伦的教导不同，他注意到心脏不过是一块肌肉。这一认识并未让他的惊讶减少："由最伟大的大师发明的奇妙仪器"，他在1508年左右绘制的左心室图旁写下了这句话。当然，他的想法是错误的，心脏像烤箱一样为人体提供温暖，是生命的能量，"有生命的地方就有温暖"。

列奥纳多因其解剖图画的品质而超越了所有的前辈。这些图画集学者的缜密与绘画的高超技艺于一体。苏格兰解剖学家威廉·亨特（1718—1783）在国王乔治三世的图书馆里看到列奥纳多的一些画

---

1. 一说，该作品标题原文为拉丁语"Anatomia"（《解剖学》），而意大利语版把标题写成了"Anothomia"。

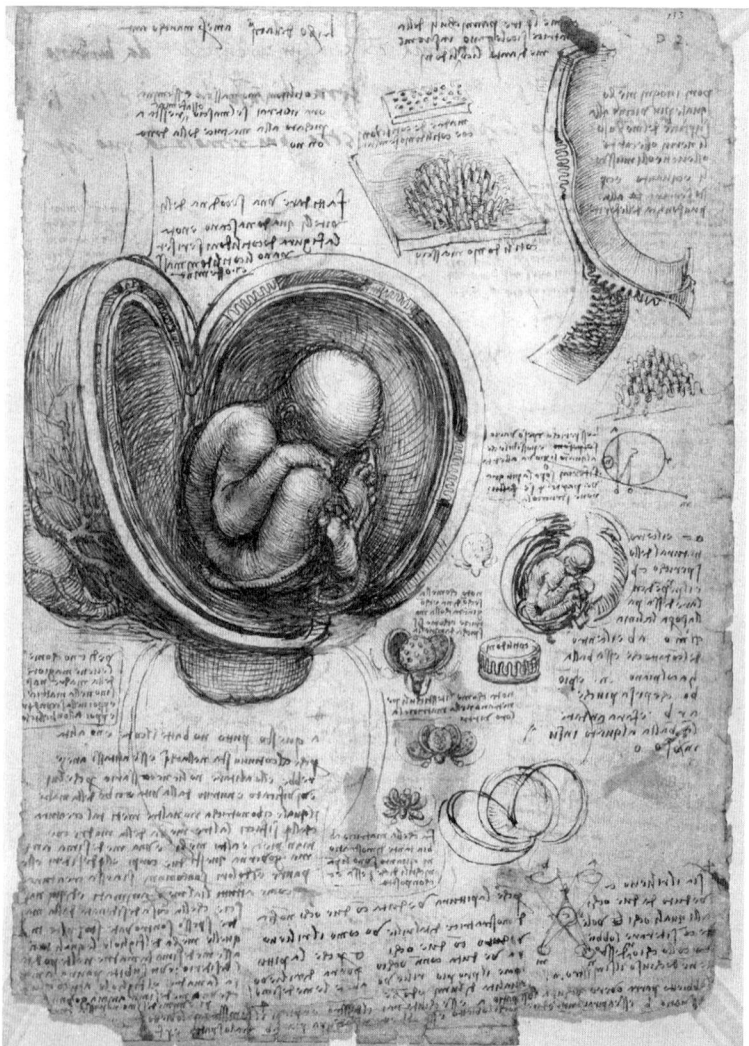

图47：列奥纳多·达·芬奇，《胚胎解剖图》（约1510或1511），羽毛笔，
棕色墨水，红色和黑色粉笔，30.4厘米×22厘米，温莎城堡，皇家图书馆

作后，顿时傻眼了。"我绝对相信，"他说，"列奥纳多是当时世界上最好的解剖学家。"芬奇用自己的解剖图画来说话，用这种一目了然的方式进行论证。他坚决强调画面优于文字。越是试图精确地用语言来描述，就越会让读者感到困惑。所以两者都是必要的：图示和描述。列奥纳多用眼睛思考，用视觉去理解。他甚至试图用金字塔的图像以及曲线变体来领会自己心目中"力"的物理概念。力量会以"金字塔"的比例增加或减少。他也以同样的方式来理解声音和光线的传播。

对肌肉和表情的研究对列奥纳多的绘画产生了影响。从《圣哲罗姆》到《安吉亚里之战》，他都表现出一位写实的解剖学和生理学大师的风采。在这方面，他超越了所有人，其中也包括米开朗琪罗及其笔下体态惊人的女先知，肌肉强壮的战士和先知。然而，他对人的兴趣已远远超过画家这一职业对此的要求。在这一点上，他自己也提出了前人没有提出过的问题。哪种神经会引起一只眼睛靠近另一只眼睛的运动？什么是伤风、喷嚏、打哈欠？什么是癫痫症？什么是疯狂？什么是饥饿和好色？什么是愤怒和恐惧？我们的呼吸、心脏运动、呕吐、排尿和排便的原因是什么？其中一个问题让列奥纳多非常接近一个伟大的发现：从心脏流出来的血液和之前打开心脏瓣膜的血液是一样的吗？不，他认为不是。威廉·哈维对血液的观察最终才让人们找到了正确的答案。我们并不排除哈维知道列奥纳多的上述想法的可能性。

早在伽利略之前，列奥纳多就进行了系统的实验。其中包括很多奇怪的行动，比如剪断苍蝇的翅膀，然后用蜂蜜给苍蝇擦拭，看它是用嘴还是用翅膀发出嗡嗡声等。为了探索脊髓的功能，列奥纳多将一只青蛙斩首，并取出其内脏。但它的躯干会移动，也有对刺激的反应，直至最终脊髓的最上层"延髓"被破坏，它才会死掉。因此，列奥纳多证实了自己的观点：骨髓对活动和生命至关重要，按照柏拉图的观点，它也是精子的生发源泉。这显然是热爱动物的列奥纳多唯一一次进行的活体解剖。

他的想法中新颖的一点是把蜡倒在脑室上以获得其形状。根据传统观点，他推测这些腔体的中间就是"常识"的位置，据亚里士多德所言，这也是人用来判断分辨感官经验的部位。列奥纳多认为，感觉是灵魂的执行器官，人生旅途的向导，感情的神秘主人。"神经与肌肉为肌腱服务，就像士兵为队长服务一样；而肌腱为'常识'服务，就像队长为首长服务一样；常识为灵魂服务，就像首长为国家主人服务一样。"也就是说，常识的颅腔——头骨的中心——里也有灵魂的位置。此前，在1489年，列奥纳多似乎一直认可柏拉图的观点，认为它的位置应该在心脏。他当时写道，眼泪来自心脏而非脑部。

地球、太阳、宇宙：问题与怀疑论

列奥纳多认为，在古代世界起源时期，人被视为一个微观宇宙，相当于宇宙和地球。就像宇宙和人类一样，地球由土、水、气、火组成，同样也拥有"植物的灵魂"，也会繁衍生长。其力量的寝殿是温泉、硫黄坑和火山喷薄而出的火，唯一区别于人类的是没有神经。作为"肉体的支撑和铠甲"，人类的骨头在宇宙和地球的对应物是岩石——地球的脚手架。"如果说人的体内有一个血液填满的湖泊，肺在呼吸时随之变大或变小，那么地球的身体也有属于自己的海洋，水的容量也会因为世界的呼吸每隔6小时增减一次。人体的血管会从上述血液湖泊中分支出来，与此相仿，海洋也以类似的方式向地球的身体中注入无数的水脉。"

　　然而，有迹象表明，在写作《莱斯特手稿》的16世纪第一个10年，列奥纳多放弃了宏观—微观这一模式。对这一模式的怀疑促使他进行了一系列实验，诸如将"地球之肺"与人的肺联系起来，通过对比计算其容量。实验结果数字表明，地球的"呼吸"会引起巨大的水量运动。此外，海洋动物化石记录的事实与《圣经》中关于洪水的记载相矛盾。洪水不可能冲走山顶的化石，因为它们太重了。而且，有的地方的海拔高于化石所在的地层。如果像《圣经》所说，洪水覆盖了整个地球，那么大量的水究竟流向何方呢？"这其中缺少自然的诱因，"列奥纳多得出结论，"所以，要解决这个疑问，要么需要神力相助，要么只能认为水因太阳的热量蒸发。"他对化石起源的解释事实上已经相当准确地说明了石化作用。

　　与古典时期的传统相反，列奥纳多认为地球不是永恒的，有其开始和结束的时间，周期性的持续变化终有一天会结束。他认为引起山川和谷地长期变化的决定性力量是水。在一篇受奥维德启发而作的文章中，他诠释了水在活跃、破坏和转化时的能量。"大水吞噬了高山峻岭，把大海推离古老的海岸，被冲刷过的泥沙抬高了地面，碾压并摧毁了原本高高的海岸；水永恒的本质就是变幻，所有即刻的状态会立即消失……人们能看到水千变万化的模样，何时锋利，何时强壮，何时尖酸，何时苦涩，何时甜美，何时阴郁，何时清朗，何时带来伤害，何时带来瘟疫，何时可以治疗，何时伴随毒害……就像镜子随时反射对象一样，水随时改变自己的形态……随着时间的推移，一切都在变化。"在一幅1510年至1513年期间所绘制的图画上，除了对水的运动的研究之外，还可以看到一个姿态忧伤的大胡子男子形象。他左手撑着下巴，看着远方若有所思。列奥纳多想通过这幅画表达时间流逝如水的哀伤，同时，人们也没有停止推测，画中的老者是否就是列奥纳多的自画像（图48）。

他越来越急切地希望弄清水的运动及其形态变化的特定规律。从这一意义上来说，他是一个逻辑缜密而富于联想的思想家。熊掌和人的脚掌相类似，血管的脉络就像植物的枝杈。水涡就像鬈发，水波就像声波。回声和倒影可以进行类比，河流中的漩涡就像鸟儿飞行的螺旋运动（图49）。游泳展示了鸟类在空中的运动方式。鸟类的飞翔又启迪人类学会飞翔。

就像经常发生的那样，列奥纳多的问题开始开枝散叶。为什么天生有脚掌的动物都能游泳，而人类却不能？海豚为什么能够从一个没有任何阻力的介质中奇迹般地加速飞出，从水中"逃脱"？人怎样才

图48：列奥纳多·达·芬奇，《姿态忧伤的老人和水流研究》（约1510—1513），
羽毛笔，墨水绘于纸上，15.4厘米×21.7厘米，温莎城堡，皇家图书馆

图49：列奥纳多·达·芬奇，《鸟儿飞行的螺旋运动》（约1505），羽毛笔和
墨水（截图大小约为22.7厘米×14.5厘米），米兰，盎博罗削图书馆

能通过某种设备在水下待一段时间，不吃东西也能维系生命？列奥纳多说，他知道怎样做到，但并不想公之于众，因为他相信人性本恶。因为人们一旦知道具体的方法，就可能会在大海深处给船钻个洞，让人与船一起沉没到海底。

从对天文领域的笔记可以看出，列奥纳多对古典时期权威的怀疑越来越深。他批评了许多古人，比如在1508年左右就指责伊壁鸠鲁，因为他曾宣称太阳不比人们肉眼看到的更大。苏格拉底极度轻视太阳，将之比作一块发光的石头，列奥纳多同样感到惊讶无比。他感到更无话可说的是那些宁可崇拜人类也不崇拜太阳的人，他们同样也蔑视木星、土星、火星等天体。宇宙中没有比太阳更大更有力量的天体，他的对手看不到这一切，这里指的是在学术辩论中会与自己争论的假想敌。太阳照亮了天体。滋养温暖一切生命的核心也源自太阳。

那地球呢？它是像月亮一样的小星体，虽然仅是宇宙中的一个点，却也足够辉煌灿烂。列奥纳多并不赞同水圈呈拱形环绕在岩石圈之上这一"普遍观点"，也不赞同月球由不同透明物质组成的提法。"许多学者，尤其是亚里士多德，对这一说法感到很高兴，但其实这是一种错误的结论。"芬奇认为月球表面为水所覆盖，像凸面镜一样能反射阳光，这当然也是错误的。但这还是打破了自古以来的物理定律，根据这一定律，轻的元素向着天空聚集，重的元素则向着世界中心靠拢。那么由固态或液态物质组成的月亮是如何悬在火和空气之上的呢？如果月亮的构造和地球一样，那不是会掉落吗？列奥纳多的结论是，月球的物理学原理与地球这颗"星体"相同。后者既不是太阳旋转的中心，也不是整个宇宙的中心，而是"与之相伴并与之结合的元素中心"。

相较于对其他主题的研究，列奥纳多对太阳、月亮和恒星的思考比较边缘化，但同样还是提出了许多有洞见的问题。金星和火星是自己发光还是反射太阳的光？为什么白天看不到星星？列奥纳多说，星星之所以显得如此渺小是因为距离的过远。而事实上，它们中的很多都比地球大很多倍。"现在想想我们的星球如何自浩渺宇宙诞生，想想有多少星辰与四面八方而来的其他星体一起，散播在黑暗的空间中。"

列奥纳多是一个敏锐的观察者。例如，他注意到了"地球反射"的现象：地球反射太阳光照亮了月亮上没有被太阳照亮的地方（图50）。"地球和月亮都在反射光。"他还注意到了古典时期就已经提出的"月亮错觉"。根据这一现象，月亮在地平线附近比在高处时显得更大。列奥纳多认为大气层的工作原理和透镜相似。其实，这种现象和人们的心理感知有关。随后，在1510年左右，列奥纳多在论文中提出了一个惊人的说法，这句话很简单："Il sole non si move"，即"太阳不动"。不过，这句名言并没有预料到哥白尼的革命。也许这句话是一个戏剧舞台的布景说明，也许是纹章上的座右铭。芬奇的其他言论表明，他并不怀疑太阳围绕地球运行这一说法。

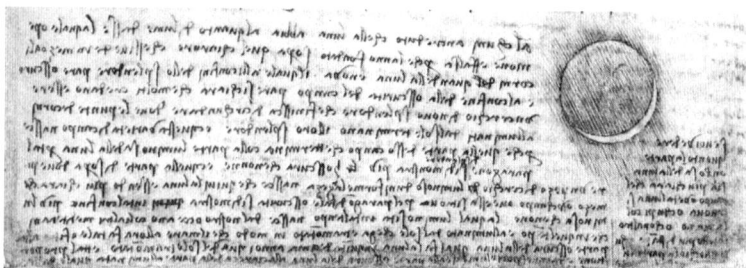

图50：列奥纳多·达·芬奇，《月亮与地球光》（约1508），羽毛笔和棕色墨水，
毛笔，棕色纸张，29.8厘米×44.8厘米（整张纸尺寸），《莱斯特手稿》，
对开本2B、2r，西雅图，比尔及梅琳达·盖茨收藏

经验的学生

大约在1510年，列奥纳多说："在米兰上空，往马焦雷湖的方向，我看到了一朵巨大的山形云朵，上面的岩石闪闪发光，已经染红地平线的太阳把光洒向了这儿。这朵云吸引了周围所有小的云朵，而大块的云朵一直没有从位置上移开，云朵形成的山峰一直映衬着太阳的光辉，在夜晚持续了一个半小时。令人惊讶的是，大约从夜晚的第二个小时开始，一阵猛烈的风吹过云朵山峰，真是闻所未闻。"对其他人来说，这种天象会引起恐惧：为什么云朵在夜晚还会发光？它的红色预示着什么，又形成了怎样的威胁呢？列奥纳多可不是这样想的。他思考着云层为什么会引起风暴，并解释说这是小云朵向大云朵聚集造成的。因此，后者所含的空气已经在最薄弱的地方逸出，并在连续的噪声下冲破空气，就像在水中挤压海绵，让其中的水流溢到周

围的水中。对列奥纳多来说，云雾并非任何征兆。这促使他冷静但饶有诗意地去讨论一个物理问题。

神学家和其他学者认为，通过自然现象和人类的特殊构造可以观察到上帝的神迹，列奥纳多却没有这样的发现。在他看来，人类没有义务要征服地球，而应该站在地球的神迹面前惊叹，即便这些神迹并未被赋予像"亚当"一样的名号，但同样也有自己的尊严。"仅因为人类一无所知，是不是就说明草药、石头以及植物的力量不存在呢？"列奥纳多问道。"当然不是。但我们会说，草药本身就有其独特的不凡之处，根本不需要借助人类的语言和科学。"

作为大自然的主人和保护者，列奥纳多将自然的缰绳和永恒的规则视为"奇妙的必需品"。一切自然现象必有其发生的原因。所有的自然过程都服从于一定的准则，以及来自最高的、不可改变的规律的力量。列奥纳多的脑海中一直萦绕着这样的想法，他在此指引下进行各种研究，即便面对的是诸如时钟和悬挂着它的绳子长度之间的平衡重力这样乏味的事情。"你看，思考自然界万物的运行是多么有趣的事，再进一步研究支配着这一切运行的因果规律，便会发现，哪怕是最细微之处，也不容一丝一毫的偏离。"列奥纳多当然也知道，自然界充满有悖既往经验的因果关系，如视觉错觉。

他很清楚，因为"才疏学浅"，自己很可能会被厚脸皮的人斥为"没有学问的人"。但他解释说，自己拒绝盲目将权威视作真理与学术。"愚蠢的人！他们会说，如果不接受教育，就会词不达意。但他们不知道，我的研究源自自身经验，而非他人之言。"当然，这也可能是一个自幼被剥夺了接受高等教育机会的人表达愤懑时会说的话。不管怎样，列奥纳多视这种匮乏为一种美德。他希望在大学的象牙塔之外做一个"经验的学生"，可与此同时他又是我们能够想到的最热衷于猎书的人，顺便说一下，他还是一个伟大的但丁专家。他表示："亲身经验永远不会错。""你们的判断仅仅是自欺欺人，只是希望获得期待中实验无法证明的结果。"

经验之后的下一步是确定决定自然运行的规律。为此，数学不可或缺。在计划中的解剖学著作的最开始，列奥纳多就建议那些不熟悉数学的人不要读自己的这部作品。这句话可以说是对柏拉图那句名言的一点改变，据说柏拉图在他的学院大门上写道："不懂几何者不得进入此门。"列奥纳多称机械力学为"数学科学的天堂"。

一开始，列奥纳多掌握的数学知识也有限。年轻的时候，他曾在一个算盘学校学习过。显然在那个时候，他的各种质疑和对疑难问题的讨论已经让他的老师大伤脑筋。他以日渐增长的、近乎狂热的热情研究几何学。大约从1496年起，他开始研究欧几里得的《几何原本》。他能很好地理解这部作品要得益于卢卡·帕乔利的帮助。列奥纳多的几百张纸上画满了图，写满了数字。列奥纳多试图将立方体翻倍，我们甚至会发现他在半夜仍在大胆地用积分算面积。他不厌其烦地将圆弧部分排列成新的图案，使其面积保持不变。这不仅是一个几何游戏，仿佛也是一种对自然的类比，只需通过最基本的元素组成变化，自然就能焕发夺目的光彩。

要想使观察和数学结合有很高的难度。通过实验，列奥纳多已经认识到，在空气阻力的作用下，炮弹的飞行路线会形成抛物线。但是他并没能从数学角度来解释这一现象，这一问题要留给日后的牛顿。不过，在设计流线型炮弹时，他从中得出了实用的结论（图51）。他还在其他领域将理论与实践相结合。修建运河的计划与水力学的研究，乐器的发明与声学规律的探索，他始终奉行这样的信条。关于这一点，在观察列奥纳多的画作时，我们会产生更强烈的印象。阴影和空气透视基于光学研究，人物身体形态则揭示了他的解剖学和几何比

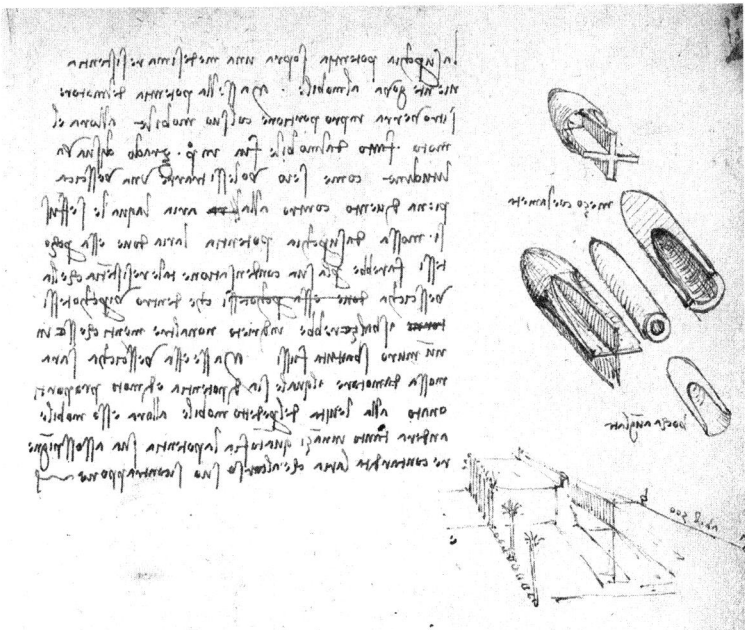

图51：列奥纳多·达·芬奇，《流线型炮弹》（约1500—1505），羽毛笔和棕色墨水，20.5厘米×29厘米（整张纸尺寸），《阿伦德尔抄本》，对开本第54r页，伦敦，大英博物馆

例知识。画中岩石和山峦的特征则体现了他地质学家的身份。

列奥纳多痴迷于柏拉图的哲学，很重要的一点在于从中能看到几何学和宇宙之间的关系。然而另一个故事则说明，他对柏拉图的学说保持了一定距离。故事发生在埃特纳火山上，埃特纳火山上地球的灵魂之火直喷向西西里岛蔚蓝的天空。"在强烈的渴望下，我十分希望一览神奇自然创造出的各种奇异形态，转悠了一圈后，我来到了一个大洞穴的门口。我停了下来，一时惊讶得哑口无言。"这位叙述者接着又变回了画家。"我俯身下来，背抵拱形的洞口，一只手支撑在膝盖上，右手挨着紧皱的眉毛。我不停弯腰四处察看，看能不能分辨出洞中的一些东西，但是除了漆黑一片一无所获。稍做停留之后，我的心头徘徊着两种情绪：恐惧和渴望。害怕那凶险的黑洞，却又渴望看到里面的神奇事物。"

洞穴故事讲的实际是寻找世间终极答案的过程。这似乎是对柏拉图寓言的反转，柏拉图的寓言中，人们被绑在山洞里，他们被捆绑着，背对着洞口，而洞口则若隐若现地闪烁着远处的火光。被束者看到的只是洞壁上的影子，也就是洞外不朽思想的幻影。而列奥纳多想要获得的知识，并不在洞外的那片光明中，而是在洞穴深处的黑暗里。这是世间一切可以被感知的知识。他确定地说道："我们所有的知识都始于感官。"而最重要的器官无疑是眼睛。这位叙述者就真实地站在我们面前，我们仿佛能看到他用紧张的目光穿透深处的阴影。就像列奥纳多自己的描述一样，我们可以想象到他绘画时的样子：仔细察看草稿，观察画面上的一切。他并没有提到自己冒险深入洞穴的原因是不是为了探寻埃特纳火山的奇观。故事也就此戛然而止。

反对占星术以及妖术和鬼神之说

列奥纳多对世界的理性态度，几乎超越了同时代的所有人。像皮科·德拉·米兰多拉一样，他也是"明辨理智"的占星术的批判者之一。占星术大肆宣扬可以预见未来。芬奇斥责其欺骗性，同时认为，相较于严肃的"数学"占星术——今天严格意义上的天文学，二者有本质的区别。芬奇对占星术的了解来自阿拉伯人艾布·麦尔舍尔（787—885或886），他的图书馆中就藏有这位占星学家的经典著作《占星学入门》。顺便说一句，列奥纳多对星象预言的态度前后并不完全一致。

他看待炼金术的方式有所不同。他反对的并非炼金方法本身，而是这一现代科学始祖走上歧途后的扭曲。只有自然界才能孕育出"太阳之子"黄金和"超越火焰之光"的群青。在地表之下，自然任其生发。人类无法通过熔炉制造出这样的珍品，塑造这一切的是植物的灵魂，而非人力的雕琢。"如果愚蠢的贪婪还在引诱你犯错，为什么不自己深入孕育黄金的自然矿井，成为孜孜探索的学生呢？"严肃的炼金术士只会借助于自然界最基础最简单的元素。树生树，花生花。而人类则通过繁衍后代延续自己的生命。但有一种炼金术士会对自然的造化之物进行改造，生产出玻璃或类似的物品。列奥纳多说的"严肃的炼金术士"指的大概是赫耳墨斯·特里斯墨吉斯忒斯这样的神话人物，他们理应得到无尽的赞美，因为他们为人类带来了福祉。如果不是因为同时也发明了毒药等有害物质，他们甚至会获得更多的赞誉。

列奥纳多可不是浮士德远在意大利的精神兄弟。带着对招魂术、鬼神之说或巫术的批判态度，他于1503年左右上了法庭。这一"炼金术的姐妹"比炼金术本身更应该受到斥责，是人类所能想到的最愚蠢的事。"就像一面被愚人带来的风吹得四处飘扬的军旗或旗帜，人群疯狗似的吠叫见证了这一'艺术'无止尽的奇效。"列奥纳多用传统自然哲学的论点反驳了无形生命存在的可能性。灵魂是无能的，它比空气还轻，除了向上飘动之外，自己并不能移动。它甚至不能说话，因为"声音"是有密度的物体在空气中产生摩擦而生成的。灵魂不可能负重前行，也不可能制造雨水和风暴。魔法信徒认为，人类会变成猫、狼和其他动物，坚决反对这一观点的列奥纳多则声称，这些人自己才是低等动物。

如果招魂术真能奏效，后果便不堪设想。因为如果巫术真的存在，人类就可以"把'平静安详'的景致转变成黑夜的景象，用雷电制造闪电和风暴来冲破黑暗，用狂风摧毁高楼，把森林连根拔起，让军队踌躇不前"。没有一支舰队能抵挡这位风神，他制造的风暴会让每一支舰队都沉没。"谁控制了这样的凶暴力量，谁就是万国之主。"土地中隐藏的宝藏、宝石，都会在招魂师面前显现，没有任何堡垒能够保护人免于招魂术的伤害。招魂师可以通过空气将自己从东方带到西方，带到宇宙中任何方向相反的两个地方。除了起死回生之外，没有他做不到的事。根据列奥纳多的结论来看，招魂术之所以没有传播开来，是因为灵魂并不存在。如果不是这样，可怕的事也许就真的会发生，无数人或许会为了满足一己之私欲而毁灭上帝和整个宇宙。列奥纳多在此表现出深刻的人道主义关怀。在经历了20世纪的灾难之后，列奥纳多的这番话听起来相当有预见性。

渴望结束

列奥纳多提到的古代著作包括卢克莱修的哲理长诗《物性论》。这一让所有虔诚人士愤慨的著作，将伊壁鸠鲁的唯物主义引入了文艺复兴。卢克莱修呈现了一个没有神的世界，在这个世界里，所有存在之物都由浮动原子的永恒运动形成。列奥纳多究竟在多大程度上吸收了这种思想，我们不得而知。就他对自然科学的研究而言，古代原子理论几乎没有发挥任何作用。但卢克莱修在文艺复兴时期传递的一个信息可以被视为芬奇各种研究的座右铭，这便是维吉尔《农事诗集》中的一句话："了解事物起因的人是幸福的，他把所有的恐惧、无情的命运都踩在脚下，使贪得无厌的地狱之喧嚣消失不见。"

列奥纳多是如何看待万物之因，即宗教人士所说的"上帝"的呢？"我服从你，主啊，"他冷静地承认，"首先因为我有责任用爱报答你，其次是因为你懂得如何缩短或延长人类的生命。"他在另一处写下了一句经过修改的彼特拉克名言："上帝啊，请你以劳力的价格卖出所有商品。"虔诚的信仰听起来可不该是这样。

亚里士多德提出世界是永恒的，这一观点似乎与《创世记》相矛盾，但似乎得到了列奥纳多的认可。但亚里士多德的自然哲学中存在一个不变的永恒的"第一推动者"，中世纪偶尔视他为上帝。这位"第一推动者"也影响到了列奥纳多。他写道："你那奇妙的正义啊，第一推动者！""你希望每一种力量都能遵循一定的秩序发挥作用。"他称他为"作家"，而非里希特翻译的"伟大作家"。列奥纳多视大自然为真正的创造者。人类虽然通过自己的才智构思出各种奇思妙想，但永远都无法创造出来自大自然的那种更美丽、简单，也更实用的发明。因为自然造化完美无缺，没有一丝一毫的多余之物。大自然同样还赋予人以灵魂，而灵魂又塑造了人类的外形。

然而，在一次为解剖学作品绘制草稿时，列奥纳多突然写下了一个想法，由此也能看出他是一位真正的人文主义者。"而你，人类啊，你通过我的作品思索自然界的美妙杰作，如果你认为破坏是可耻的，那么难道你不认为夺走一个人的生命也是极其恶心的吗？如果在你看来人类的体态是一件美妙的艺术品，那么你同样应该想到，与寄身其中的灵魂相比，体态根本不算什么。因为不论本质如何，灵魂都是神圣的。因此，我们应该让灵魂幸福地寄居在自己选择的躯壳中，不让愤怒或邪恶破坏这样的生命存在。不尊重灵魂的人自然也不配拥有它。既然灵魂始终不愿轻易与肉身分离，我真的相信，所有的哭泣和痛苦都有其原因。"列奥纳多把身体"其余部分"的决定权留给了

"修士们的心智，各民族的祖先，他们灵机一动便能通晓世间的一切秘密"。此处的讽刺意味几乎不言而喻，因为不像许多同时代的其他人，列奥纳多对修士并没有什么好的看法。他称这些圣洁的"兄弟"为"法利赛人"[1]，而这些兄弟也一次又一次成为他嘲讽的对象。

他对神学家也不以为然。他嘲讽地说，神学家把宇宙切割成无数的碎片，然后在金秤上称重，就像要解剖宇宙一样，他们通过这种方式拥抱容纳宇宙的上帝之精神。"哦，愚蠢的人类啊！"他评价道。"在和自己共度一生之后，难道你不知道，自己的最突出之处就是愚蠢吗？"如果你和这样的诡辩者为伍，就是在蔑视代表真知的数学科学，也就是在自欺欺人。"而你却想迷失在神迹之中，用笔记录并描绘对他们的认识，而人类的心智根本无法理解，任何自然界的现象都无法证实其真实性！"

围绕着神的本质和"有悖感性的事物"，人们辩论不断。列奥纳多在1508年左右写道："缺乏理性的地方总是会充满争吵。而当叫嚣声主导一切时，真正的科学便不存在。"他最后用一句讽刺的话了结了自己的这一预言："我不理会那些冠冕堂皇的书，"此处指的是《圣经》和其他神学著作，"因为那都是高不可攀的真理。"稍早一些的时候，大约在1490年，他还会讨论"上帝和星体的影响"。

列奥纳多始终保有一个关于"灵魂"的概念。他认为这是源自

---

1. 法利赛人通常代表标榜道义的假卫道士。

古代哲学的"世界灵魂"的一部分。在柏拉图的《蒂迈欧篇》中，世界灵魂在宇宙生命体的"肉身"中发挥作用。它被视为一种理性的力量，控制着过去、现在和未来，由"源自天堂的神圣"组成：除空气、水、火、土之外的第五元素。若想与世界灵魂以及自身的起源相结合，第五元素必须将自身渴望囚禁于人类的肉身监狱之中。列奥纳多说，就像蝴蝶向光一样，人也一次次地期待着新的春天、夏天，新的一年和新的一月。他没有注意到，自己的渴望是因为解脱而存在，渴望即解脱。然而，列奥纳多的灵魂对天堂的渴望源自大自然，而非宗教皈依。

能证明列奥纳多观点的主要证人是前苏格拉底哲学家阿那克萨哥拉，他通过卢克莱修的长诗认识了这位伊奥尼亚的圣哲。"阿那克萨哥拉：一物生一物，一物成一物，一物归一物，由元素构成的一切事物也都是元素的组成部分。"按照列奥纳多的理解，灵魂是不朽的，因为构成灵魂的第五元素是永恒的。这种超轻的元素必然将向天堂靠近，然而肉体却几乎不动。如果没有肉身，灵魂就既不能感知和感受，也不能行动和记忆。因此，如果没有肉身，便不存在个体差异。

这些思想很难兼容基督教的思想。列奥纳多所说的"一"源自柏拉图的理念，或许还涉及阿维森纳那难以理解却又无所不包的"一"的概念，一种不可或缺的存在。这一巨大的抽象概念与《旧约》中的圣父并没有多少共通之处，与基督及其启蒙故事更没有关联。现在就只剩下一个悬而未决的问题了。这是一种不断自我更新却又渴望死亡的力量的始祖，也就是生命。"看着光，思考美。闭上眼睛后再沉思一下。你此刻所见，之前并不存在，而之前存在的一切，现在也消失了。如果生命的创造者不断死去，那么新生命的创造者在哪儿呢？"

3.米兰之秋

变革

1509年5月14日，在阿达河畔的阿尼亚德洛附近，"康布雷同盟"的一支军队击败了威尼斯的军队。不久之后，威尼斯的敌人就已经站在了这座城市的潟湖岸边。此时能阻止他们的只有威尼斯的"水墙"。这次失败是对自查理八世以来的意大利战役形势严重预判失误的结果，威尼斯面对的不再是实力相当的斯福尔扎统治下的米兰，而是强大的法国和西班牙。威尼斯人先是与路易十二相持，又在威尼斯内陆抵御马克西米利安国王的进攻，继而开始占领和征服，同时还缔结了停战协定。随后，法国让这头威尼斯圣马可飞狮断翅折翼。路易十二的外交官成功说服前盟友和其他各路反对者组成了一个新的联盟，也就是康布雷同盟，联盟军队商定了阿尼亚德洛战役的结果。这一联盟还包括此时被提升为皇帝的马克西米利安、教皇、阿拉贡的费尔南多二世，以及匈牙利和英格兰的国王。

有人怀疑，列奥纳多当时就在战役现场，因为他的赞助人查理·德·昂布瓦斯是联盟军的指挥官之一。这种可能性不大。因为我们发现他当时在伦巴第地区和1509年被征服的领土上游荡。几幅画都呈现了我们可以确定的真实景观，如瓦尔萨西纳山谷，瓦尔瓦罗内镇，莱切和贝加莫附近的前阿尔卑斯山脉。

对列奥纳多来说，体验风景并不像彼特拉克所说，是对造物主及自我的一个思考机会。他写道："人啊，你为何而感动，你离开城市里的家，离开亲朋好友，翻山越岭穿越山谷到乡村，若不是因为自然美景，还会有别的原因吗？"他对地质学也很感兴趣。同样，他还关注河道的整治和运河建设，比如从阿达河到米兰的德拉马特萨纳运河。他不断地描绘着漩涡和涡流。他试图捕捉水行将冻结的瞬间，同时想描绘水流如何击碎岩石，冲破眼前的障碍物，或跳跃着绕过。他的一份文件记录了超过64个用以描述水的动态的术语：从"冒泡""上涌""泛滥"，到"交汇"。言语不足以掌控混乱的局面。还是画画吧。

他还有很多事情要做。几幅描绘庆典预备工作的素描可能创作于列奥纳多的第二个米兰时期。其中一张描绘了一个身着奇幻服装的骑手和一个衣着华丽，右手拿着长枪的年轻人。一幅速写描绘了一个装扮成大象的骑士，这可能是对一场节日或游行活动的设想。此外，列奥纳多还参与了米兰大教堂唱诗班席位的"设计"工作。在阿尼亚德洛的光荣胜利之后，他还可能在那个夏天担任了路易十二一项相关庆祝活动的经纪人。城堡前摆放着国王的骑马像。为了庆祝路易十二的胜利，列奥纳多创作了一幅素描，很可能是一个徽章的设计，但后来保存下来的是复制品。画面表现的是一条龙与一头几乎被打败的狮子之间的战斗，这头狮子象征着圣马可共和国，也就是威尼斯共和国（图52）。

图52：列奥纳多作品复制品（？），《龙狮之战》（1490年版本？），
羽毛笔和棕色墨水，27厘米×19厘米，佛罗伦萨，乌菲兹美术馆

这幅画相当符合真实情况，因为当时的威尼斯虽然战败于尘埃中，但并没有被彻底摧毁。很快，帕多瓦、布雷西亚和维罗纳等内陆大城市更倾向于选择威尼斯的暴力统治，而非法国人的枷锁。胜利者也因为战利品的分配问题而争吵不休。1511年，在儒略二世的推动下，一个新的神圣同盟成立了，它所针对的对象是法国。

当时米兰的情况相当不明朗。列奥纳多在1511年12月18日了解

到，瑞士的德意志雇佣步兵放火烧了代西奥村，这可能是他们试图从法国人手中重夺米兰失败后的报复行为，列奥纳多用绘画记录了从那儿升起的火焰和烟柱。他更愿意到阿达河畔的瓦普里奥去避难，因为他的学生弗朗切斯科·梅尔齐的家就在那里。他一定在这里对水的物理学进行了研究。在动身去罗马前不久，他对这位主人的别墅提出了扩建和美化的建议。

与此同时，法国人的力量正在逐步瓦解。1512年，神圣同盟成功将卢多维科·斯福尔扎的儿子马西米利亚诺（1493—1530）带回自己的公国，但他在那里仍然只是胜利者的一个傀儡。他的父亲已于1508年5月27日在洛什去世，米兰人几乎已将他遗忘，而且显然只表现出了克制的哀悼。也许列奥纳多在那时就摩尔人的命运发表了一些评论。他设计的一个纹饰是随着水轮的运转不断转动的罗盘。罗盘的指针不慌不忙地指向一颗星星，上面画着三朵小百合，这是法国的象征。题词写道："在这一恒星守护下的人都没有被推翻。"但如果卢多维科把方向对准了百合花——法国人，那么根据人们的说法，他仍然会是一个公爵。

过渡

梅尔齐别墅现在的样子基本上成形于16世纪后期。它与曾经作为列奥纳多避难所的建筑已经迥然相异。壁画残骸上剩下的一幅圣母像可能是由列奥纳多的一个学生完成的，也许就是弗朗切斯科·梅尔齐。瓦萨里在这栋别墅中与梅尔齐有过会面。他将梅尔齐描述为一个帅气、友善的老人。当时的他是个漂亮的年轻人，很受老师列奥纳多的喜爱。瓦萨里看到了这位别墅主人收藏的列奥纳多的解剖图，"像敬重圣骨一样"珍视这些素描。除此之外还有一幅大师的肖像画。

梅尔齐一家是米兰一个古老的贵族家庭，在大都市周围拥有众多庄园产地。列奥纳多可能在第二次逗留米兰之初就遇到了他，随后便收他为徒。作为富家子弟，梅尔齐并不需要依靠手艺谋生。他之所以培养绘画兴趣一定是出于个人爱好，根据列奥纳多的传记作者阿尔塞纳·乌赛（1815—1896）的说法，这位富家子弟现在可以说拥有双重贵族身份：出身和艺术作品。至于是否如人们所说，他此时和已经30岁有余的萨莱形成了竞争关系，我们不得而知。

列奥纳多在一封信中曾问候梅尔齐："早上好，梅尔齐先生！"在这封信中，他请后者在米兰的副掌玺若弗鲁瓦·卡莱斯面前为他求情。留给芬奇利用的运河有效水位太低了。他无法从中获得收入，所以希望找到补救的办法。这封信是列奥纳多和梅尔齐之间关系的唯一直接证据。但两人的关系无疑相当密切。1525年，德斯特的使者向费拉拉报告说，梅尔齐知道列奥纳多的许多秘密和学说。我们还要感谢梅尔齐，是他让列奥纳多对绘画理论的诸多思考得以在后世保存下来。在自己的老师去世后，他开始着手根据老师的笔记本整理出一个文集，这其中还包括一些今天已经丢失的画作。这部作品被称为《绘画论》，我们在前文已经多次引用。这部作品中最重要的存世副本《乌尔比诺手稿》现在由梵蒂冈保存。

这本书的记录时间从1487年开始，一直持续到列奥纳多的最后时光。列奥纳多在书中表达了自己对人体运动和比例的看法，一本关于这一主题的完整著作据称于1498年完成，但是并未保存下来，其中包括关于衣褶、光线、阴影、透视法、植物和云彩造型的记录，以及地平线的几何定义问题。

《绘画论》还记录了列奥纳多对"Paragone"的重要贡献。这是一次不可小觑的争执，朝臣和人文主义者都投入了时间。不出所料，列奥纳多将绘画置于其他艺术之上。在研究了阿尔贝蒂的想法后，列奥纳多写道，画家的思想具有神性。他自由创作各种动物、植物、水果、风景、崎岖的山峦和各种恐怖景致，以及开满五颜六色鲜花的宜人风光，"微风形成轻柔的波浪，人们目送微风从指尖滑过"。

列奥纳多用西摩尼得斯的"无声之诗"来形容绘画艺术，视眼睛为最高级的感官。与音乐不同，绘画在创作后不会立即消失。甚至可以说，绘画留存的美超越了自然和时间。它是大自然的恩赐，学习数学等学科时，教师教多少学生就掌握多少；雕塑作品时，创作者须埋头苦干，他们通常浑身都是汗水和大理石粉，看起来像个面包师傅。绘画完全不同。如果说画家也是学者，那么雕塑家从事的就是低级的机械艺术。与绘画相比，雕塑作品缺乏的不仅是色彩，还有许多其他品质。列奥纳多通过这样的方式继续评论着。

从这部作品的创作角度来看，其中内容不一致的地方并不会让人感到奇怪。其中关于植物的一章似乎来自一部植物学著作，其他的内容则更适合出现在解剖学论文里。整部作品自始至终都充满着浓厚的学术气息。列奥纳多从中世纪作者的著作中挖掘出对光学的研究，包括对阿拉伯人海什木（约965—1040）和阿尔贝蒂作品的钻研。从这些著作中，他了解到，空气中充满了无限相互渗透的"视线棱锥"。起初他认为眼睛本身也会发散出视觉能量。巴吉里斯克就是这样用目光杀人，女孩也因双眼迷人的光彩才得以吸引男人。而一条被农民称为"拉弥亚"的蛇就像磁铁吸引铁一样吸引了夜莺。鸟儿吟唱着凄惨的歌儿匆匆赴死。然而，1492年左右，列奥纳多放弃了这些钻研，似乎也不再认可视线呈棱锥形式的观点。大约自1500年以来，他更加深入地反思了这样一个事实：画家以几何方式构建的透视和"自然"的透视是两回事，前者呈现的是事物在双眼中的模样，而非基于数学理论的精确形象。

列奥纳多绝不会固执坚持传统的观点。所以，他并没有简单地认为远处的山峦、树木和人必然渐渐消失于视野尽头的蓝色中，也并不认为应该画得模模糊糊。他倒是希望找出其中的原因。他的解释是，眼睛和物体之间的空气量随着距离的增加而增加。空气即便是无色的，也会吸收"置身其中"的事物的"相似性"。所以，傍晚的蓝色必须更深一点，因为随后夜幕即将降临。在1506年至1509年7月的一天，当列奥纳多爬上了罗莎峰或瓦尔塞西亚的一座山（后者更有可能）上时，他证实了自己之前的所思所想。天空真的看起来更暗了。他断定，山顶和太阳之间的空气量同样比太阳和下方平原之间的空气量要少。

列奥纳多或许是对光与影、"明暗"这一话题描述得最为详尽的人。他称光影创造的立体感为"绘画的灵魂"。肖像画最适宜在天气不佳的环境中绘制，模特的位置可以选在大门下或黑墙院落中。这样一来，对比度就不会过分强烈，模特就会显得优雅而迷人。他在旧宫工作室的窗户上就安装了一个卷帘，上面开了一个大洞（图53）。这样就可以精确调节亮度。

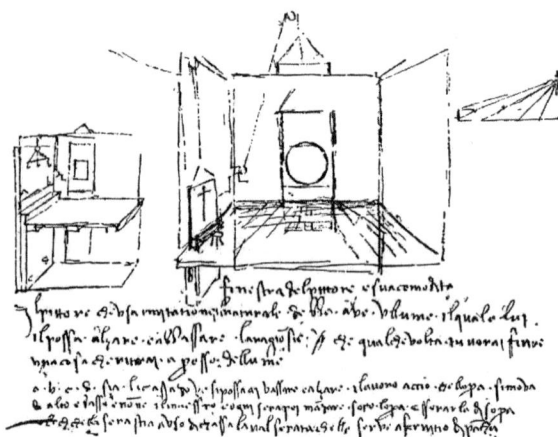

图53：列奥纳多·达·芬奇，《画家工作室》（1490或1492），羽毛笔，墨水绘于纸上，23厘米×16厘米（整张纸尺寸），巴黎，法兰西学会图书馆

列奥纳多希望画面的光影色彩过渡趋于平和，就像瓦萨里所说的，"在看到和看不到之间有一种优雅的轻盈感"。事物都拥有哲学层面的意义，因为涉及对立统一的问题。几十年前，这个问题就是

尼古拉·库萨（1401—1464）思考的中心议题。在光与影之间，就像个体的存在与周围空间之间，虚无的过渡始终存在。列奥纳多写道："在我们周围无穷无尽的事物中，虚无就像帝王将相。""它在时间轴上位于过去和未来之间，并不存在于当下。"它介于"不再"和"尚未"之间。他认为几何元素的物质实体同样不稳定。数学中的点没有延展性，它就是虚无的现实，就像原子核的中心和力的中心一样。上千个点和一个点一样"虚无"，表面既没有包围它的"空气体"的性质，也没有它所包围的东西的性质，但它却与这两者都有接触。它们之间必然一无所有。所以，它徒有其名，因为物质实体必然有存在的地方。

列奥纳多通过自己的"晕涂法"将虚无的现实悖论转化为图像。他想画出不露笔锋的画作。"画家，不要用线条包围你的身体！"他建议道，"注意对阴影和灯光的统一，不要露出笔触或线条，而应像烟雾一样。"在一种颜色和另一种颜色之间应该没有数学上的界限，相反，一种颜色的结束就是另一种颜色的开始。列奥纳多成功地完成了接近虚无的壮举，除了《蒙娜丽莎》之外，最令人印象深刻的是他那幅神秘的《施洗者圣约翰》（彩图31）。

第五章
最后的时光
1513—1519

- - - - - - - - -

1.罗马

圣彼得大教堂的柱子

1513年，伦巴第地区的动荡似乎已经平息，列奥纳多可以从梅尔齐在乡下的庇护所回到首都了。他住在"伟大的主人"普雷沃斯蒂诺·维奥拉那里，他是一位负责军事刑事事务的军官，或许也是米兰大教堂建筑协会的成员。他的赞助人查理·德·昂布瓦斯于1511年入土为安；他的继任者加斯东·德·富瓦次年在拉文纳附近去世。

再往南走，当时的形势已经朝对美第奇家族有利的方向发展了。索德里尼政府由于优柔寡断的外交政策而失势。佛罗伦萨拒绝了神圣联盟的邀请，继续与法国人合作，误判了西班牙的军事力量。在那不勒斯总督雷蒙多·迪·卡多纳的带领下，一支强大的军队于1512年夏天在佛罗伦萨附近行进。索德里尼逃走了，共和党的委员会被迫解散。一小部分与美第奇有关的贵族接管了他们的位置。

随着西班牙雇佣兵的进入，美第奇家族回到了自己的城市。与此同时，罗马也归属于这一球状纹章家族的麾下，当时的红衣主教乔瓦尼·德·美第奇是伟大的洛伦佐在世的最年长的儿子，被选为1513年去世的儒略二世的继承人。他取号利奥十世，1513年至1521年在位，自称是文艺复兴时期教皇的化身。他性格开朗、学识渊博，在很大范围内延续了自己前辈的艺术政策。维纳斯、阿波罗、巴克科斯和墨丘利的雕像在拉特兰大教堂的加冕仪式上一字排开。虽然美第奇认真地履行着自己的宗教职责，但他的一位同时代人士评价道："但他想要生活，想要享受生活，他尤其喜欢打猎。"和当时所有的教皇一样，他也十分关心自己家族的利益。伟大的洛伦佐的一个孙子洛伦佐二世·德·美第奇被授予乌尔比诺公爵之位，前面已提及对他诱惑蒙娜丽莎的怀疑。

排在教皇利奥十世之后最重要的美第奇家族成员是他的弟弟朱利亚诺（1479—1516）。赢得他的赞助对列奥纳多来说一定很有诱惑力，因为这样就可以打开通往梵蒂冈的财路。除此之外，正如他所说，对他而言，罗马是"唯一与素描有关的艺术大师圣地"。1513年9月，在梅尔齐、萨莱、他的工匠洛伦佐和助手的陪同下，他启程前往罗马。

在文艺复兴时期，这个古典时期拥有百万人口的大都市的城墙依然绵延向遥远的远方。城墙把灌木丛生的废弃田地、耕地和牧场都围了起来。可能有多达5万人在其中迷失方向。他们以手工艺品和小买卖为生，同时还试图从朝圣者和游客的口袋里弄几块钱出来。当然，如果是较大规模的生意，对象则换成了教皇。虽然巨额的钱财涌入了教皇的房间，但日常的借贷需求也很大，毕竟战争、艺术、粮食和宫廷人员都需要资金支撑。

15世纪下半叶，教皇已经开始规划重整罗马荒芜的城市景观了。新修的街道在房屋的丛林中开辟了一条条林间小道，它们的名字也让人永远记住了这些街道的创造者：纪念教皇西克斯图斯四世的西斯蒂纳街、纪念亚历山大六世的亚历山德里纳街和纪念儒略二世的朱利亚街。古典风格的纪念性宫殿在城市中心铺展开来。为了让出一片空地，城市中的这整片区域都被清理掉了。威尼斯宫和从1489年起兴建的拉法埃莱·里亚里奥的宫殿是最开始的亮点，后者是西克斯图斯四世的一位侄子，枢机及红衣主教。

罗马慷慨地贡献出了古典时期的宝藏，现在这些宝藏进入了这座城市和欧洲各地的宫殿及收藏中。1506年，人们在埃斯奎林山上的一个葡萄园中发现了随后举世闻名的拉奥孔雕像。人文主义者雅各布·萨多莱托写道："即使是在艺术如此兴盛辉煌的古典时期，拉奥孔也显得格外高贵。""而现在，它再次审视着从黑暗中被解放出来的、复活的罗马高耸的城墙。"

罗马仍然是西方基督教世界无可争议的中心。在文艺复兴之光的照耀下，改革的阴影并没有罩住这座城市。1508年至1511年间，似乎与列奥纳多相识的巴尔达萨雷·佩鲁齐在特拉斯提弗列为银行家阿戈斯蒂诺·基吉建造了一栋别墅，后来的主人将这栋别墅命名为法尔内西纳别墅。在梵蒂冈，拉斐尔正在进行宫廷内房间的绘画装饰工作，几步之遥之外，米开朗琪罗正在西斯廷小教堂的天花板下弯着腰工作。这些工作都要花费大量的钱。米开朗琪罗因壁画工作得到了3200达克特，而为教皇儒略二世墓葬所创作的雕塑则为他带来了10000达克特。罗马艺坛的另一位领军人物是列奥纳多的老伙伴——多纳托·布拉曼特。大约在世纪之交，他在蒙托里奥的圣彼得修道院的庭院里建造了他的坦比哀多礼拜堂。在早先访问罗马时，列奥纳多似乎就对这一完美诠释了古典时期圆形神庙之美的建筑赞叹不已。然而，最重要的是，布拉曼特成功赢得了所有委托订单中的头牌：圣彼得大教堂的重建工作。

1513年12月，当列奥纳多和他的团队抵达台伯河时，圣彼得大教堂未来的辉煌还只是人们心中的一个愿景。布拉曼特拥有"毁灭大师"的绰号。因为他已经开始拆除圣彼得大教堂的旧殿。刚刚完成的只有教堂的圣坛。人们可以预见，代表着历史的辩证发展过程的穹顶的柱子将直冲上罗马的天空，而这些柱子支撑的建筑的资金来源是通过赎罪券买卖获得的，这一肮脏的买卖正是路德最后一个攻击腐朽的教会和教皇制度的理由。几乎正好在列奥纳多到达罗马前一年，路德这位未来的改革家已经完成了自己的旅程，并形成了自己对这座城市的印象，他后来称其为"巴比伦的妓女"和"地狱"。列奥纳多则嘲笑这座城市中那些没有获得许可就以最高价格出售这座天堂的人。

布拉曼特于1514年4月11日去世，如果说列奥纳多曾希望能够接管圣彼得大教堂的施工负责人的职位，那他最终也许将感到失望。因为教皇利奥十世让拉斐尔担任了这一重要职位。这个项目直到17世纪才完成，正如它的建筑师之一卡洛·丰塔纳在1694年所写的那样，圣彼得大教堂无疑是"地球上最伟大的建筑"。

在美景宫：羊肠子、"奥尔吉拉姆"和"埃里涅夫"

列奥纳多现在属于朱利亚诺·德·美第奇的"家庭"了，也许拉斐尔当时也是这个家庭的成员。无论如何，他画下了刺杀朱利亚诺·德·美第奇的罪犯的肖像。我们对朱利亚诺这位美第奇家族成员的个性了解不多。他似乎对科学问题很感兴趣，尤其是炼金术。他因卡斯蒂廖内《廷臣论》中对话的参与者身份获得了身后的名誉。他更多的是把列奥纳多当成自己的兄弟，而非一位工匠，同时，他还为这位被保护人在梵蒂冈美景宫安排了一套公寓。负责美景宫设计的施工负责人朱利亚诺·莱诺精心为列奥纳多安排了一处合适的住所。公寓里加了隔墙，铺了地板，窗户也被拓宽了。一份结算清单把公寓里的家具列为重点。其中提到了一套柜子和箱子，一个研磨颜料的长凳，此外还有四张餐桌、八个小板凳和三把长椅。我们当然可以想象到访的人在那儿喝着产自阿尔巴尼亚山间的葡萄酒，度过难忘的欢愉时光。其中可能就有列奥纳多已经相识了半辈子的音乐家阿塔兰特·米廖罗蒂，他现在是教皇建筑管理部门的负责人。拉斐尔或者米开朗琪罗是不是也偶尔会来拜访呢？

列奥纳多的罗马时光几乎没有任何资料记载。我们不知道他当时带着什么画，也不知道他在研究什么。和以前一样，他仍在研究数学问题。他开展了声学实验，并研究了在马里奥山发现的贝壳化石。瓦萨里说他致力于制造"疯狂"的笑话。他用"蜡质面团"做了重量很轻的空心的动物形象，只要从里面一吹，这些动物就会飞起来。他还把一只羊的肠子充气充到能填满整个房间的大小。据瓦萨里说，气球在列奥纳多看来是一个美德的隐喻，一开始只有一点点大小，后来则会越来越大。另一个故事听起来不太可信：列奥纳多从美景宫的园丁那儿弄来了一只长相奇特的蜥蜴，他驯服了这只蜥蜴，并用蜥蜴的皮做成了一只长着胡子和角的怪物。一旦运动，它那充满水银混合物的翅膀就会颤动，但是当列奥纳多打算向朋友们展示这个怪物时，所有人都被吓跑了。

1514年9月，他跟随朱利亚诺·德·美第奇前往伦巴第地区。与此同时，他又获得了和水利工程有关的工作。他的赞助人从自己的教皇兄弟那里获得了一份巨大的礼物：塞尔莫内塔以南的庞廷沼泽地——这块荒凉的土地被疟疾折磨着，被强盗统治着。列奥纳多与一位工程师和一位技术娴熟的修士一起制订了该地区的排水计划。恺撒就曾经试图完成这项艰巨的任务，最后当然徒劳无功，即便现在也不可能成功。该项目现在的遗留部分是一幅列奥纳多绘制的涵盖以上所有区域的地图。

令人吃惊的是，他之前似乎并没有对古迹表现出什么兴趣，但却对此处和罗马出现的大量古迹表现出浓厚的兴趣。在刚才提到的地图上，位于泰拉奇纳的朱庇特神庙雄伟的附属建筑以"安苏尔"的名字出现，这也许暗示了列奥纳多曾绕道去那里游览过。在美景宫的庭院中，他为一个哈德良时代以古希腊风格为原型的雕塑"沉睡的阿里阿德涅"绘制了素描，这尊雕塑于1512年被儒略二世收藏（图54）。也许次年在古罗马练兵场上发现的《尼罗河的寓言》这一雕塑外围的天使形象，为列奥纳多的《勒达与天鹅》中两个孩子的形象提供了原型。这就说明这幅油画诞生于列奥纳多的罗马时期。

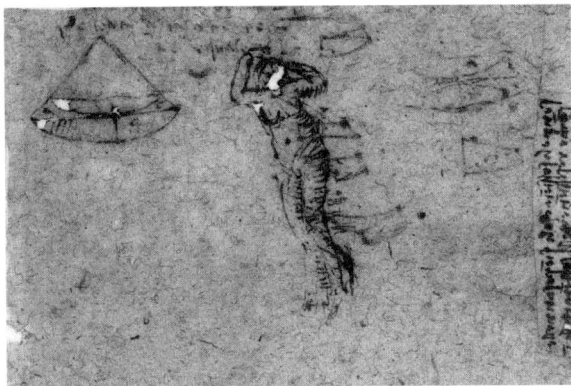

图54：列奥纳多·达·芬奇，《沉睡的阿里阿德涅》（约1514），羽毛笔，41.9厘米×30.3厘米（整张纸尺寸），米兰，盎博罗削图书馆

一支考察团带领列奥纳多来到了奇维塔韦基亚。他们在那里考察古代港口大概是为了探索新建筑的建造条件。无论是《拉奥孔》群雕

还是古典纪念建筑，都没有出现在列奥纳多的记录中。但里面至少提到了埃斯奎利诺山上的卡斯托耳和波鲁克斯雕像，以及梵蒂冈的方尖碑。《大西洋古抄本》中的一幅画描绘了对一座古典神庙的重建。在快要离开台伯河的时候，不知出于什么原因，芬奇测量了古典时代晚期建筑城外圣保禄大殿。

其他的记录只是描绘了他的日常生活碎片。列奥纳多曾经从一个机关赶到另一个机关去寻找文件。列奥纳多同父异母的弟弟乔瓦尼当时在罗马请哥哥支持自己的一份请愿书。在继承权之争后，芬奇家族似乎恢复了和平。同负责请愿的宗座的交涉最后无疾而终，至于内容，我们不得而知。这件事似乎微不足道，宗座已经满足了请愿者的请求。此外，这件事也凸显了病态的教皇官僚体系，如果想要获得成功，除了要和神职人员建立联系之外，还需要说情人的帮助。事实上，列奥纳多可能亲自向当局首脑——佩夏的巴尔达萨雷·图里尼主教（1486—1543）提出过请求。据说他送来了一幅"以万分的精细技艺"画成的圣母和耶稣男孩小画，还有一幅绘有小孩的肖像画。但这两幅作品似乎都失传了。瓦萨里显然在佩夏见到过前者——已经被毁坏了，要么是上底漆的人的过错，要么是列奥纳多惯常的独特调色法所致。

从芬奇给他的赞助人朱利亚诺·德·美第奇的一封愤怒的长信草稿中可以看出，在美景宫，有两个德国人让列奥纳多大为不满。这封信展示了罗马工作坊的日常生活。更重要的是，这也说明列奥纳多的详细施工图计划用于一些设备的设计，就像《马德里手稿》中出现的例子一样。其中一个德国人是一个叫乔治的工具匠，在列奥纳多的公寓里工作。他制作了锉刀和螺丝，捣鼓出了老虎钳和其他"带螺丝的器械"，还有能拧丝、压金的轧压机。列奥纳多写道，乔治对这一切都保密。"他用极端可怕的咒骂和侮辱"阻止别人进入工作室。"一开始我邀请他和我一起居住和生活，这样便能经常看到他工作，方便纠正他的错误。此外，他还会学习意大利语。"但他更喜欢和教皇卫队的"德国人"一起吃饭，在古建筑的废墟中打鸟。朱利亚诺·德·美第奇的工作已经被搁置了。乔治在他的寝室里设立了一个自己的工作室，在那里，他以自己的名义为别人工作。之后，他又去了瑞士卫队，闲杂人等都在那里逗留，乔治在懒惰方面超过了他们所有人。不过每个月月初，他都会积极地督促发放工资。他想要把铁制工件的木制模型带回自己的祖国，列奥纳多拒绝了这一要求，并提出给他图纸作为回报。

第二个德国人叫乔瓦尼·德利·斯皮格尔·约翰内斯，也叫"镜子约翰内斯"，他显然与"骗子"乔治关系密切。他曾当众谈起自己在工作室的所见所闻，对自己不理解的地方耿耿于怀。他总是和乔治交换意见，所以从列奥纳多的角度看来他不可能保守"秘密"。更糟糕的是，乔瓦尼似乎还向教皇和教堂医院告发列奥纳多，阻碍他在行会的工作。很明显，这个德国人之所以这样做，是因为竞争和嫉妒。"乔治说我的到来让他失去了你的宠爱。"不仅如此，他还强行进入了铁匠乔治的工作坊。在众多助手的帮助下，他在这间工作室里制作了很多镜子，然后投入市场销售。

列奥纳多是否真的寄出了这封求情信，朱利亚诺·德·美第奇是否曾批评和介入，我们都不得而知。芬奇曾寻求与"镜子约翰内斯"的合作，这提醒了我们，在制镜领域，北方领先于意大利。例如，纽伦堡在1373年就已经有了制镜公会。列奥纳多肯定是咬牙切齿地和这位专家达成了妥协。他赞赏镜子是"画家的老师"。早在1490年，他就梦想着用八面人高的镜子组装成一个柜子，让人能够从四面八方看到"无数个"自己。然而，当时的技术还不足以支持。

列奥纳多的"秘密"指的是发明，其中包括一面凹面镜。这一发明需要一种所谓的"萨格玛"，这是一种"样式"或"模板"。对它的描述听起来让人摸不着头脑。"据说'萨格玛'来自金星、木星或土星，常被灌入母亲的子宫，需要用细密的'奥尔吉拉姆'（Olgirams）和'埃里涅夫'（Erenev）加工，随后还要用金星和木星混合在金星上。但首先需要将金星和水星与木星混在一起进行试验，以便利用水星扩散，然后再折叠得尽量让金星和木星巧妙地结合。"这些语句透露出制作镜面的指南，列奥纳多进行加密可能是为了让乔治和乔瓦尼看不懂。木星在这里代表这颗行星所属的金属，即锡，金星代表的是铜，土星代表铅。最后，水星代表水银。"奥尔吉拉姆"（Olgirams）从后往前读就是"金刚砂"（smariglo）；"埃里涅夫"（Erenev）从后往前念即为"金星"，而金星所代表的元素是铜。一个大的抛物镜可能是由许多小的板块组装而成的。显然，列奥纳多希望能够用它来烧水或焊接，几十年后，比林古乔的《火法技艺》描述了如何完成这一工作。或许列奥纳多也已经认识到，凹面镜可以放大天体。他可能是第一个考虑建造望远镜的人："发明能够看到更大月亮的眼镜"。但他从来没有成功看到过星星。艾萨克·牛顿是第一个制造反射式望远镜的人。

现存资料并未记录列奥纳多在罗马期间承担的大型艺术委托项目。有人认为，卢浮宫那幅《施洗者圣约翰》（彩图31）就创作于当时，也许是利奥十世的委托任务，支撑这一观点的证据是，这位圣约翰是美第奇家族的守护神。在列奥纳多停留罗马之后，拉斐尔及其工作室的画作也立刻呈现出这幅杰作的影响。对于这一委托任务，还有一个进一步的说明，也就是之前已经讲过的一则逸事：在动笔绘制利奥十世的委托作品之前，列奥纳多就已经做了底漆的混合实验。而这一实验的结果很可能就是《施洗者圣约翰》，神圣之光的见证者，这也成就了绘画技术上的一个奇迹。无数层的釉料产生了最精致的阴影色调。卡罗·佩德雷蒂称这幅画为列奥纳多的艺术宣言。

神奇之物：喷泉、手表、机器人

虽然几乎没有创作出任何画作，但列奥纳多在罗马时也一直在努力挣钱。根据一份记录，1515年，他收到了33个达克特，其中7个达克特是给不听话的"德国人"乔治的。我们也不用枉费心机猜测，是否是列奥纳多身后的工作室最终把这位大师的想法付诸实践的。列奥纳多的作品不计其数，远不止绘画。文艺复兴时期，工程行业无疑享有至高无上的荣誉。舞台器具的建造费用，建筑物或技术设备的设计报酬，几乎不低于一幅画的价格。因此，工程师或建筑师的社会地位也高于画家。查理·德·昂布瓦斯将独一无二的赞扬献给了一位多才多艺的人，他不仅是建筑师，还是发明家。人们之所以向列奥纳多支付报酬，当然不只是为了获得他所掌握或声称掌握的"秘密"。那如果他为竞争对手提供了可怕的武器呢？比如说，乔治的镜子就可以加以利用。琉善曾提到一个传说：阿基米德曾用凹面镜的"死光"烧毁了船只。

列奥纳多创造的奇迹更多的是通过无伤大雅的玩意儿表现出来的。比如，他曾制作了一只内部结构复杂的鸽子。当鸟儿从装有滚轮的绳索上滑到地面时，内部构造就会使鸟儿的翅膀颤动起来。他还设计过一个敲钟器，这可能与查理·德·昂布瓦斯花园的规划有关。他收到的指示是，铜人在特定时间必须通过一个带有阀门和浮子的管道系统让锤子摆动。列奥纳多在威尼斯逗留期间曾研究过一个类似的模型。完成于1499年的圣马可钟楼上有两个会敲钟报时的"莫尔斯人"。每两年在主显圣容节上，两个小人会在一个发条的带动下拉紧一个正襟危坐的大理石圣母像。

列奥纳多一直痴迷于钟表。它被视为人民、国家和宇宙的隐喻，同时也是权力的象征。米兰的城主阿佐·维斯孔蒂（1302—1339）在圣戈塔尔多的钟楼上连接了一个机械钟，每到整点就会报时，回音继而就会传入列奥纳多位于旧宫的工作室里。带擒纵装置的手动机械表是中世纪晚期真正的天才发明之一，其原理已经远远超出了亚历山大里亚的希罗的想法。诸如《马德里手稿》中所记载的那些大量的大齿轮、小齿轮和其他工件的结构图显示出，列奥纳多是这类钟表内部构造的解剖专家。他处理了弹簧钢的制作和高湿度下弹簧弹力下降的问题。此外，部分资料还记录了关于天文钟的运作和自鸣钟的十二小时的控制机制。列奥纳多知道，擒纵装置中每一个极其微小的阻力都会在很大程度上延长时间，而只需一滴油就能纠正这种错误。他认为羊脂是一种特别合适的润滑剂。

轴承是最能体现他灵感火花的设计，在《马德里手稿》被人们重新发现之前，人们一致认为这一发明诞生于18世纪。他系统地研究了摩擦问题，观察到摩擦的作用力取决于表面的粗糙程度、物体自身的重量以及表面的倾斜角度，这已经非常接近现代科学的描述了。他意识到建立永动机是不可能的。"你们这些为永动机埋头苦想的人啊，"他写道，"你们进行了多少荒唐的探索！你们简直就是淘金者的伙伴！"

自动装置同样可以根据手表自身的发展原理制造。早在佛罗伦萨时期，列奥纳多就已经设计出一个小型的自动装置（图55）。它可以通过不同形状、可更换的凸轮进行"编程"，从而改变移动方向，也可以被称为世界历史舞台上第一台"计算机"。这台"自动装置"的能量来自通过机械擒纵装置使齿轮运动的弹簧。

在设计出骑士机器人的时候，芬奇仿佛觉得自己就像人类的创造

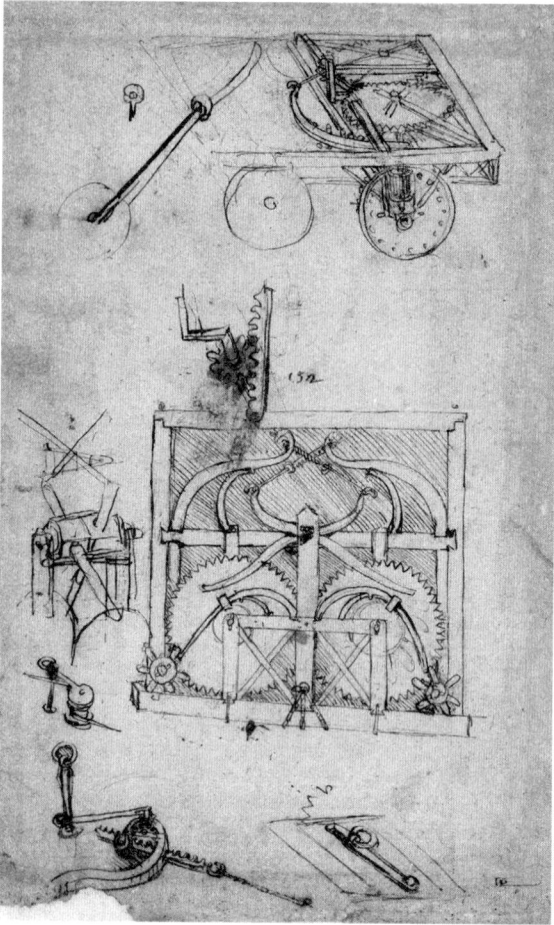

图55：列奥纳多·达·芬奇，《自动装置》（1478或1480），羽毛笔和
金属墨水笔，26.5厘米×16.7厘米，米兰，盎博罗削图书馆

者。一些难以解释的草图证明了这一点。他的骑士机器人由一种发条
驱动。他借助复杂的滚轮和绳索系统移动骑士的头盔面罩、四肢和下

领。在向查理·德·昂布瓦斯承诺自己将设计出能让路易十二非常高兴的发明时，列奥纳多也许已经想到了这种设备。法国国王在米兰逗留时，要求他创作出"一些奇特的玩意儿"，他便设计了一只通过机械装置移动的狮子，在向前走几步后，这家伙便会打开胸膛，里面装满了百合花——既是法国也是威尼斯的象征，寓意着法国和威尼斯的友好结盟。

列奥纳多一定花了大量时间才弄清自动装置的原理。他设计了齿轮、擒纵装置、凸轮、配重、阀门和其他部件。当然，经过无数次的尝试，这些机器才如愿以偿地完成了工作。可想而知，创造者必然承受了相当大的压力，因为为了在剧院演出、婚礼或接待尊贵访客时顺利使用，必须随时做好准备。不难想象，这位大师当时常常无暇顾及麻烦的绘画工作。

在艺术的边界上

来到罗马时，列奥纳多已经年逾六旬了。在那个年代，这已经是高寿了，似乎也是时候为人生的最后阶段规划打算了。于是，他加入了当地的佛罗伦萨圣若望洗礼堂，这一组织聚集了居住在罗马的佛罗伦萨人，不过他并未尽过应尽的责任。修士们立刻意识到，这位新人也许将不久于人世，而洗礼堂就必须支付他的丧葬费用！于是，他们立刻开除了列奥纳多。他的宗教需求看起来似乎并不十分热切。

    事实上，列奥纳多的身体真的发出了警告信号。他咨询了医生，其中包括一位监督教皇病情的医生。但他对医术其实不以为意。他认为医学是一种炼金术，要想获得健康就必须与之保持距离。他曾讽刺地写道："美第奇家族造就了我，而'medici'——意大利语中'医生'的意思——'则毁灭了我'。"他对一首题为《如果你想保持健康》的十四行诗给出的建议比较满意。他非常喜欢这一作品，而且在1515年左右手抄了下来。饮食应简单而有营养，烹调的食物要让人产生食欲，饭菜要清淡，咀嚼宜适度。吃药的人都是不明智的。为了健康，应保持良好的心态，注意空气质量，吃完饭后宜站立一段时间，不要立即午睡。喝酒时应当掺入一定量的水。可以经常喝酒，但每次只能喝少许，而且不能不吃饭空腹喝酒。"有感觉的时候，不要犹豫，立刻去那间秘密小屋[1]，但不要在那里耽误过多时间。运动要适度，躺着的时候不要肚子朝上、低着头，晚上要盖好被子。让头脑得到休息，保持精神愉快，远离淫乱，保持良好的饮食习惯。"这段文字描述了15世纪盛行的观念。文艺复兴时期，医学知识已经表明，身体和精神相辅相成——至少密切相关。就连医生之敌彼特拉克也推崇隐士和禁欲主义传统中的"简朴生活"，学识渊博的医生费奇诺也持有这样的观点。他警告说，切不可暴饮暴食，同时应节制性生活，尽

---

1. 这里指的是洗手间。

量不要熬夜工作。列奥纳多至少很难避免最后一项。

不知道芬奇是否知道费奇诺对忧郁症的分析？根据盖伦的说法，这种疯子和天才罹患的疾病有两大主要诱因：其一是大脑中的黑胆汁过多，其二是缺乏运动。因此，费奇诺建议，游戏、体操、散步和旅行都十分有益，同时还可多欣赏美景、游山玩水、漫步花园，享受音乐和接触愉快的人则是更好的保健方法。列奥纳多确实也践行了这一切。即使作品中的人物始终保持着微笑，但芬奇自己的身体里却翻腾着过量的黑色胆汁。列奥纳多将布尔基耶洛的一些神秘而色彩斑斓的诗句视为自己心情的写照，这些诗句充满智慧和哀愁，通常有着开放式的荒诞结局。"白色希望中的蓝色叹息涌上心头，急切希望跳出园圃，在门槛上排遣自己的痛苦，因为那内在的黑暗中既没有椅子，也没有凳子……"

列奥纳多视人类为自己世界的毁灭者。"我们通过别人的死亡获得生存。"他最黑暗的预言之一《论人之残忍》就探讨了这一主题，但很快又跳出了这一范围，升级为一种普世的人道主义关怀。"我们看到地球上的生物不断互相争斗，每一方都会承受巨大的损失，甚至失去生命。人类的罪恶永无止境，依靠四肢野性的力量放倒宇宙中大片森林中的树木。开始放牧以后又想满足自己的渴望：让生命面对死亡、悲伤、辛劳、恐惧和逃亡。由于极端自负，人类总希望能升入天堂。但是，过度沉重的四肢拖住了自己的身体。地上、地下、水上、水下的一切将无一保留，而免于迫害者会从一个国家被赶到另一个国家。迫害者的身体将沦为被迫害者灵魂的坟墓和通道。哦，世界啊，为何你不敢开心扉，把恶棍扔进你的深渊和洞穴，让上天不再看到这样一个残忍无情的怪物呢？"这一次，寓言最后没有变成一个好笑的游戏。

这些写于1497年至1500年的句子，读起来就像一首献给"文艺复兴"的终曲，而其中最完美的例子莫过于这篇令人不安的文字。《论人之残忍》是对皮科·德拉·米兰多拉（1463—1494）的《论人的尊严》的直接回应吗？就在1496年，皮科·德拉·米兰多拉的弟弟皮埃弗兰斯科出版了此书。其中心段落是上帝与亚当之间的一段对话："我们既没有视你为天堂之人，也没有视你为地狱之人，既没有让你免于一死，也没有让你永垂不朽，这样一来，作为自己自由而可敬的设计者和雕塑家，你便能将自己塑造成理想的形象。你可以堕落为低级的禽兽不如的一类，也可以在灵魂的指引下走向高等神圣的生命世界。"在列奥纳多看来，第二种选择是一种极端的狂妄。如果上帝会对自己的臣民发表演讲，那人类定会像西西弗斯一样不断寻找上帝的著作。如果说皮科笔下的人可以自由地作为自己的第二创造者，那么列奥纳多笔下的人类就是坟墓，甚至是凡人的粪坑。列奥纳多最希望看到世界上那些自称人类的怪物被彻底清除。

《大洪水》大约创作于1515年，芬奇将刑事法庭描绘成一幅建筑碑式的油画，也把古典作家，如维吉尔和奥维德的建议远远抛在了身后。"城中高楼的废墟旋起层层尘土，水涨如烟，堆积的云层逆雨而动。但不断上涨的洪水随即开始奔涌，激起千层万层浪花，最终都汇入大海。"列奥纳多让海浪一直撞击着障碍物，泥泞黏稠的泡沫溅到空中又落下，我们看到洪水中漂浮着被连根拔起劈成两半的树木，人群和牛群都向山上逃去。桌子、床板、小船随海浪漂浮着，都被作为应对紧急状况和解除死亡恐惧的装备，男人、女人和儿童紧紧依偎着，呻吟、哭泣，十分畏惧正怒吼不止的风暴。"水大抵最为柔软轻盈，各种动物都附着其上，所有武器已经卸下，各种生命体站在一起结成了可怕的联盟，其中有狼、蛇和逃脱了死亡的各种生物……你可以看到一群被困的人，他们双手武装，奋力保卫着自己足下的方寸之地，不让狮子、狼和其他寻求救赎的食肉动物伤害自己。啊！黑暗的空气中充满恐怖的声音，狂暴的雷声和闪电则似乎要刺穿一切！人们用手遮住眼，捂住耳朵，不想感受神的愤怒所施加的痛苦。"

叙述者仿佛跟随着那令人眼花缭乱的想象完全走失，最终走向越来越多不同的世界末日场景中。他看到飓风把树枝上吊着人的巨大橡树抛向空中，描述那些在痛苦和绝望中自杀的人。母亲为被淹死的孩子默哀，向天空举起双臂，号叫着谴责神的愤怒。饥饿这一"死神的仆人"已经夺走了大部分生命，大量尸体漂浮在海浪上，像膨胀的气球一样相互碰撞着。"而在这一切不幸之上，人们看到天空布满乌云，狂暴闪电的蜿蜒运动将一切撕裂，这些可怖的景象此一处彼一处，照亮了昏暗中的黑暗。"在这些叙述中，洪水的形态以近乎科学的缜密被呈现出来。列奥纳多在阿诺河、阿达河，在海边和山中看到的景象，最终化为笔下的种种幻象。我们可以想象，想要创作《安吉亚里之战》这样的"历史画"的难度。他脑海中的人物形象丰满，在用油彩进行绘制时，这些形象始终在身后推着列奥纳多。从一些晚期的素描来看，画面呈现了巨大的洪水、瓢泼大雨、烧毁的城市、破碎的森林、爆裂的岩石、崩塌的山脉，还有被风暴扭曲成巨大旋涡的云层（图56）。在一幅画上，无法辨识的力量推动着风神制造灾难。到此为止，艺术家已经将自己的艺术发挥到了极致。这些带有先知性质的画作没有任何参照物，显然和列奥纳多阴郁的文字一样，非常接近于充满灾难的现代社会。我们姑且视之为这位大师的遗言吧。

图56：列奥纳多·达·芬奇，《大洪水》（1515—1518），黑色粉笔，
15.8厘米×21厘米，温莎城堡，皇家图书馆

2.在克卢的"平静时光"

告别佛罗伦萨

列奥纳多在一本笔记中写道："1月9日黎明时分，伟大的朱利亚诺·德·美第奇离开罗马，前往萨伏依娶妻。"他还补充说："法国国王死于同一天。"事实并非完全如此，因为路易十二已经于1515年1月1日去世。这里所谓的两件大事同时发生，究竟背后是否有某种神秘力量在发生作用呢？难道对列奥纳多而言，当时某种神奇的必然性已化为不可抗拒的命运？

他的赞助人2月安排了他与萨伏依的菲利贝尔的联姻，也因此赢得了内穆尔公爵的称号。此外，利奥十世还让他担任了教皇军队的最高指挥官，并将帕尔马、皮亚琴察等城市交由他指挥。菲利贝尔是路易十二的一个姑姑。依循传统，路易十二的继承者弗朗西斯一世（1515—1547）于同年1月在兰斯大教堂加冕为法兰西国王。瓦卢瓦家族和美第奇家族之间的联系印证了1513年以来意大利联盟的重新组合。借助朱利亚诺·德·美第奇之手，弗朗西斯还赢得了盟友利奥十世和佛罗伦萨，从而也为即将到来的意大利北部决战提供了支持。

战争为弗朗西斯开了个好头。1515年9月中旬，他的军队与威尼斯军队结盟，在马里尼亚诺附近击败了一支瑞士军队。于是，伦巴第地区再次落入法国人手中。马西米利亚诺·斯福尔扎也被法国王室控制。当时代表米兰势力的是"波旁统帅"，即波旁公爵查理三世。

在美第奇家族的新朋友弗朗西斯的带领下，文艺复兴的胜利之师开始穿越法国。国王能够为自己的宫廷收买的第一个名人就是列奥纳多。1515年7月，国王对他的实力已经有所了解。在里昂的一次宴会上，这座罗讷河畔城市中的佛罗伦萨人集体向他赠送了列奥纳多的一台自动装置，即在米兰已经使用过的狮子机器。我们不知道这位设计师是否亲自进行了展示。也有可能是人们把米兰的那台机器运到了里昂。

11月底，佛罗伦萨为"自己的"教皇利奥十世举办了一场招待会，这座城市已经习惯了各式各样庆典活动的市民此前经历的一切立即黯然失色。卢卡·兰杜奇一页页地描述了关于该活动的开始部分，"如此伟大的胜利荣誉以及不可思议的高昂费用"支撑起这一切，其恢宏壮观难以用语言形容。在华丽的天盖下，教皇被一众步兵和骑兵包围。箫鼓声伴着他一路前行。城中的钟声也响起了，城墙上炮声雷动。大祭司为人们祈求祝福并为他们投掷硬币。"之前从未有如此多的人聚集在佛罗伦萨。"兰杜奇写道。他提到了凯旋门、护庭、柱子，这里有8个，那里还有24个；还有人物、缂织壁毯、一匹骏马和描绘"美丽的幻想"以及"美丽的历史场景"的图画。

他的描写有意思的地方在于对"老百姓"的面貌的呈现。兰杜奇似乎并不理解这一幕幕生动场景所传达的信息。但他记录下了工作中付出的巨大努力。在一个多月的时间里，成千上万的人不分昼夜、不分工作日和节假日地工作。他叹息说，这一切的代价太高了，一切都不会永垂不朽，而是会像幻影一样逝去。但是他确实为自己的佛罗伦萨感到骄傲。他不相信世界上还有哪个城市能有如此恢宏壮观的场面。他并不知道参与构思的具体有哪些艺术家，或者说他并不关心。资料中提到了老安东尼奥·达·桑加洛、安德烈亚·德尔·萨尔托、蓬托莫和巴乔·班迪内利等人。他曾在主广场的佣兵的凉廊下设置了一个"巨人"形象，那是一尊赫拉克勒斯的雕像，已经被用颜料塑造成了一尊铜像。兰杜奇很干脆地指出："但人们似乎并不重视。"

教皇的随行人员中有列奥纳多。他对同事们的作品肯定也很挑剔。他的一幅画也许表明，罗马建筑雅努斯拱门与这一活动有关。兰杜奇曾提到过一个节庆建筑，一个有四个凯旋门的广场，人可以"纵横交错地走过去"。

在佛罗伦萨短暂停留期间，列奥纳多显然被要求参与改造圣劳伦佐周围区域的计划。此外，他还画了一幅新的美第奇宫殿的平面图。该建筑以其宏大规模来庆祝美第奇家族重获权力。圣马可广场附近的马厩可以容纳128匹马——实际建造于1516年至1519年，但当时的规模显然已远远超过原计划。

12月，教皇前往博洛尼亚，在那里会见了弗朗西斯一世。双方达成并签订了一份协议，国王因此有权处置法国的领地，而作为回报，教皇则有权就下层神职人员和征税进行安排。教皇在博洛尼亚只停留了几天，不久便动身前往佛罗伦萨。直到2月，马车才将教皇拖回了罗马。列奥纳多得到消息说，自己的赞助人朱利亚诺·德·美第奇于1516年3月17日在菲耶索莱去世。在与萨伏依公主结婚后不久，朱利亚诺就已经病入膏肓。在前面提到的列奥纳多抱怨那两个无耻的德国人的信件中，我们了解到朱利亚诺的病情在那时有所好转，列奥纳多在信中表达了自己的喜悦之情，但病情的好转并没有持续很久。

瓦萨里在旧宫"利奥十世室"的壁画是为了纪念教皇利奥十世访问佛罗伦萨而作。其中之一描绘了朱利亚诺和洛伦佐·迪·皮耶罗·德·美第奇，他们的两侧分别是列奥纳多和米开朗琪罗（图57）。如果不是因为身边站着当时最重要的艺术家，这两位美第奇家族成员早就被人遗忘了。

图57：乔尔乔·瓦萨里及工作室，《米开朗琪罗、洛伦佐·迪·皮耶罗·德·美第奇、朱利亚诺·德·美第奇、列奥纳多·达·芬奇》（1555或1562），湿壁画（部分），佛罗伦萨，旧宫，利奥十世室

第五章　最后的时光：1513—1519

最后的旅程

1515年11月，列奥纳多也许就收到了法国人的邀请。法国海军上将古菲耶·德·博尼韦于次年3月给利奥十世身边的法国大使马尔凯塞·安东尼奥·玛利亚·帕拉维奇尼写信说，国王和他的母亲都对列奥纳多表示欢迎。对列奥纳多来说，上层政权发生变化带来的结果是，在寻求与法国王室建立联系时，列奥纳多不必像1500年离开米兰时那样改变自己的立场。在宫廷艺术家的圈子中，这在当时并不显得尴尬棘手。即便在今天，像列奥纳多这样著名的艺术大师也只是宫廷和国际政治车轮上的一个小齿轮。

1517年，"列奥纳多大师"与梅尔齐一起启程前往法国。萨莱则留在米兰。取代列奥纳多身边仆人的是巴蒂斯塔·德·维拉尼。一份笔记记录道："在升天节那天，芬奇已经到达法国。"法国王室为他准备了一座名为"克洛吕斯"或"克卢"的城堡作为他的住所，正如米兰公爵的特使所评价的那样，这是一座"非常美丽的大宫殿"。该建筑距离昂布瓦斯城堡几步之遥，通过一条地下通道相连。在这座古老的哥特式风格宫殿里，列奥纳多将度过自己生命的最后时光。

但列奥纳多的这位邻居弗朗西斯一世并不经常在家。像中世纪的前辈一样，他的君主统治本领练就于马背上。他率领一支由朝臣、人文学者、艺术家、仆人和武装人员组成的600人至1000人的队伍在全国各地游走，马车拉着家具、画作、缂织壁毯、帐篷和精美的餐具尾随在队伍后面。这支大部队的食宿可以说是个大问题。但这也无疑是推动王室建造固定住宅的因素之一。昂布瓦斯城堡之后是布卢瓦城堡、尚博尔城堡、枫丹白露宫，最后是巴黎卢浮宫。这一系列城堡和宫殿虽然都拥有各自独特的风格，却也是受意大利影响的文艺复兴之潮在法国留下的痕迹，而法国也因此建立了新的城市中心。

列奥纳多的另一个邻居是他的老主顾弗洛里蒙德·罗伯特。罗伯特的事业已经登上巅峰。作为枢密院的成员，他被视为宫廷中的关键人物。他在布卢瓦建起了阿鲁耶旅馆，从昂布瓦斯骑马只需几小时就能到达，这座建筑是根据赐予他的一个爵位命名的。他的布利城堡于1515年在布卢瓦西边建成，这也是一座宏伟的建筑（图58）。内院里摆放着米开朗琪罗的青铜大卫像，这可是罗伯特费尽外交心思才从这位艺术家身上压榨出来的。顺便说一句，这位佛罗伦萨同行的作品也出现在列奥纳多的一幅草图中，这一草图将《圣经》中的英雄大卫变成了刚刚从海中出现的海王星。也许这幅画与某个委托任务有关，如布利城堡中的一口泉。这座建筑群由七座塔楼、带有锡顶的城墙和一座吊桥组成，集乡村庄园和堡垒的作用于一身。这座建筑的双重功能提醒我们，近代早期国家并不像霍布斯所描述的人造之神利维坦，后者能够用火药和铁炮的强权带来和平。列奥纳多在规划建造这座城堡时是否提出了建议呢？布利城堡大约在17世纪中叶被废弃。它城墙内的区域被用作采石场。如今这儿只是一片废墟了。

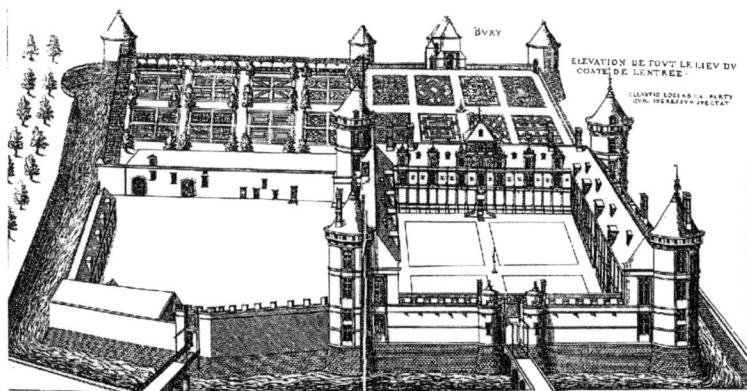

图58：雅克·安德鲁埃·迪塞尔索，《布利城堡》，铜版画，
出自《最优秀的法兰西城堡·卷二》，巴黎，吉勒斯·贝伊，1579年

和列奥纳多一样，罗伯特似乎也对自然界的事物充满兴趣。他不
计成本地从世界各地采购各种稀有物品。他的访客中有诗人和医生弗朗
索瓦·拉伯雷，他对布利城堡的一具骷髅赞叹不已。在罗伯特死后的一
份清单上，附在骷髅头骨上的羊皮字条"用暗语写出了人体各部位的名
称"。这不禁让我们联想到了列奥纳多，也想起了他的解剖学知识，以
及镜面写作。人们怀疑他和罗伯特之间不仅是生意上的关系。

但罗伯特在佛罗伦萨委托创作的《纺车边的圣母》后来的命运
如何呢？上述清单中并没有提到这幅画。也许它在昂布瓦斯，或者在
巴黎附近的维勒蒙布勒，罗伯特在那里也拥有一座城堡。贝克鲁的版
本经种种继承和联姻后落到奥斯坦和塔拉尔的一个公爵手中。他去世

后，这幅作品于1756年在巴黎被拍卖。10年后，它才抵达如今的安身之所。

在克卢，列奥纳多生活得十分惬意。有证据表明，列奥纳多共收到2000埃居奥索莱伊[1]，梅尔齐收到了800埃居奥索莱伊，从米兰赶来的萨莱也得到了100埃居奥索莱伊。弗朗西斯一世之所以给他的"首屈一指的画家、工程师和建筑师"支付薪水，并不仅因为此人是列奥纳多。这位意大利客人接下的最复杂的项目就是规划另一座王宫——将建在布卢瓦以南50 000米处的罗莫朗坦。列奥纳多的一幅粉笔画描绘了一个位于索尔德河畔的巨大建筑群（图59）。它有四座角楼，每

图59：列奥纳多·达·芬奇，《罗莫朗坦宫殿草图》（约1518），黑粉笔，18厘米×24.5厘米，温莎城堡，皇家图书馆

---

1. 埃居奥索莱伊，一种15世纪的欧洲货币。

座角楼又有两座塔楼，分别位于主入口和通往公园的门两侧，该建筑让人联想到布利城堡。后面是一个住宅区，主要是马厩和仆人的房间。宫殿的比例似乎受到菲拉雷特的理想城市项目"斯福津达"规划的启发，体现出一种音乐上的和谐之感。从宫殿的窗户向外望去，朝臣可以看到正在上演的海战；索尔德河在那里扩展成一个大水池，最终变成了一个"水上剧场"的舞台。

列奥纳多就如何设计王子的宫殿给出了一些基本建议。宫殿前应该开辟出一个广场。宫殿内要规划大型的宴会厅，主人可以通过专属于自己的门进入大厅，在此之前客人不会看到他。跳舞的房间和宾客活动的房间要设计在一楼，"因为我已经认识到，如果设计在上层，房子有可能会倒塌并且有可能会造成伤亡"。楼梯也要足够宽敞，这样穿戴好参加舞会的蒙面人就不会挤在一起，而且他们的服装也不会被弄坏。

从罗莫朗坦到埃斯科里亚尔修道院的计划最后并没有完成。通过挖掘运河使卢瓦尔河和索恩河相连，继而连接里昂和布卢瓦，自由城与新的官邸，这一计划最终也是纸上谈兵。将罗莫朗坦改造成理想城市，以此来纪念弗朗西斯一世的想法也是如此。列奥纳多建议规范城市中迷宫般的小巷，利用预制构件来建造新的住宅楼。而喷泉则可以为新建的广场增色不少。新运河输送的水会给磨坊提供动力，水闸一开，街道上的泥浆和排泄物就会被淹没和清理掉。新的皇宫将与这一充满几何美感的纯粹城市主义融合为一体。这可真不愧是列奥纳多的想法。实施这一计划自然耗资巨大。

运河项目最后一次让我们想起了列奥纳多作品中的一个主题。这些项目本应有助于控制水这一可怕元素，通过强行将水引入渠道，用水坝驯服洪流，把水锁在水闸里。这样做能带来许多好处：舒适的交通路线，海关收入，以及抽干沼泽地或让荒地变得肥沃的机会。然而，在接下来的几年里，弗朗西斯一世把精力投向了其他项目。不出所料，人们会认为他的首席建筑师参与了尚博尔城堡的设计，该城堡于1519年开始建造。但是我们没有证据能证明这一推测。列奥纳多人生末端的一幅炭画画的也许就是计划为罗莫朗坦建造的一尊骑马纪念碑。

在法国的宫廷中，列奥纳多同样有打发时间的差事。他的机械狮子还出场进行了几次表演。1518年5月，为了王室夫妇的长子，未来的布列塔尼公爵弗朗西斯三世的洗礼仪式，以及洛伦佐·迪·皮耶罗·德·美第奇与国王的一个侄女马德莱娜德·拉图尔·德韦涅的婚礼，昂布瓦斯举行了庆祝活动。城堡中的庭院为丰富多彩的骑士马上比武提供了舞台场所。这一次，设计者再次使用了诸多充满寓言意味的设计。国王的纹饰纹章是一只火焰状的蝾螈，旁边写着"我滋养，我扑灭"。根据《自然史》一书和亚里士多德的说法，爬行动物能抵挡火势，并彻底将其扑灭，就像正义之士一样挺身而出。无数的石制蝾螈爬上了弗朗西斯一世的建筑，同时也让人注意到，这位主人是公正的统治者。纹饰纹章的设计者可能是列奥纳多，因为他熟悉《博物学者》中的童话故事。也许他还为新娘设计了一个徽记。上面绘有一只银鼬和"宁死也不玷污自己"的字迹，这是在向马德莱娜德致敬，我们似乎能记起，几十年前，人们猜测切奇利娅·加莱拉尼也获得过相同的赞誉。

显然列奥纳多也参与其中，在一幕城堡的争夺战中，一个鼓足气的气球被巨大的撞击声击落，最后降落在城堡的庭院中。很明显，他在美景宫用充气的肠子制造娱乐的法子在此有了实际的用途。正如曼托瓦的特使斯塔齐奥·加迪奥向自己的国家报告时所说，观众对这一"制作精良而富有想象力的新鲜场景"充满热情。也许列奥纳多创作的一些描绘穿着戏服的人的画作能够让我们重温这场盛宴。至少，其中一幅描绘了一名犯人的画作加盖了法国的水印。

1518年6月的一个夜晚，人们耳边响彻着对久逝的米兰时光和伟大的洛伦佐时代的回忆，波利齐亚诺的《天堂篇》上演——也应用了列奥纳多设计的一个舞台装置。一片缀满了金质星星的人造天空覆盖在舞台上方。400支火炬点亮了月亮和太阳、行星和黄道十二宫。夜色似乎被驱散了。就这样，列奥纳多凭一己之力战胜了黑暗。不知何时，火焰熄灭了，这时，天上的繁星和花园里的萤火虫在黑暗中闪烁着光芒。

访问昂布瓦斯

阿普利亚人安东尼奥·德·贝蒂斯是红衣主教阿拉贡的路易斯（1475—1519）的一名教士。1517年5月至1518年3月，当他的主人穿越意大利北部、德国、弗拉芒和法国，为未来的神圣罗马帝国的皇帝查理五世（1500—1558）提供帮助时，他也在随行之列。他的游记之所以有趣，不仅因为其中记录了与列奥纳多的会面。游记对家庭文化、饮食习惯、服装和风俗习惯的记录表明，他是现存的文艺复兴时期最令人印象深刻的文化的记录者之一。我们读到了用鼠尾草、丁香和迷迭香调味的葡萄酒，读到了巨大的卷心菜、绿色的香草奶酪和女人的坏牙——根据德·贝蒂斯的说法，这是过度食用黄油和啤酒导致的。此外，这位旅行者还注意到宗教改革前北方狂热的宗教信仰，他认为，这与意大利宽厚的信仰方式大为不同，同时视这种具有包容度的宗教环境为面向世界的文艺复兴文化发展的先决条件之一，这也是非正统派的代表人物列奥纳多得以成就自己的重要前提。

特别有意思的是，德·贝蒂斯的文字中出现了"时代之眼"这一概念。这是艺术史学家迈克尔·巴克森德尔描述的一种文艺复兴时期意大利时兴的感知事物的方式，人们通过这一感知方式来判断事物是否值得描述，是美是丑，出众或平庸。就像来自芬奇镇的那个男人一样，记录者德·贝蒂斯对一切技术都很感兴趣。他写到武器的制造，写到喷泉、泵站和风车，还记下了某些建筑方法，例如，斯特拉斯堡大教堂外墙建造技术上的特殊性。像列奥纳多一样，他对桥梁、运河、枪炮和防御工事感兴趣，同样痴迷于机械时代的艺术、钟表和管风琴，他成功的城市规划理念也让人联想到列奥纳多的思想：宽阔的鹅卵石街道、美丽的广场和干净的环境。

就像列奥纳多的笔记一样，他的作品中也很少见到画家的名字。

对德·贝蒂斯来说，他们也不过只是工匠而已。他对《根特祭坛画》的描述中讲道，它是由一位名叫"罗伯特"的大师创作的，此处指的是休伯特·范·艾克，而他的弟弟（扬·范·艾克）最终完成了这一作品。在布鲁塞尔的时候，他对《人间乐园》赞叹不已，但没有提到这幅画的创造者耶罗尼米斯·博斯。安东尼奥在布鲁塞尔的一个地毯制作工坊里观看了一幅缂织壁毯的制作过程，画面描绘的是《使徒行传》中的场景，但他同样没有提到作者拉斐尔的名字，这些缂织壁毯是利奥十世为装饰西斯廷教堂而委托制作的著名缂织壁毯系列。在当时的米劳（现在是因斯布鲁克的一个区），大家参观了一间铸造厂——当时正在为马克西米利安皇帝的墓碑制作铜像。列奥纳多肯定会对这样的工作坊非常感兴趣。而就像其他旅行者和艺术家签订的合同内容一样，德·贝蒂斯也格外注意价格以及珍贵的颜料和建筑材料。他知道，布鲁塞尔的缂织壁毯每件价格高达2000达克特金币。而在奥格斯堡，他注意到，最近完工的富格尔墓葬小教堂花费了23 000个弗罗林金币。在"富豪"雅各布·富格尔的宫殿里，他惊叹于铜质的屋顶，并提到了外墙壁画所使用的昂贵材料，即金色和蓝色涂料。他再一次让人失望地没有提及相关艺术家的名字。

在法国鲁昂，德·贝蒂斯遇到了查理一世的对手，列奥纳多的资助者弗朗西斯一世。他形容这个法国人是一个开朗、友好、相貌标致的人——虽然鼻子有点大。马西米利亚诺·斯福尔扎也在这座法国北部城市加入了阿拉贡人的随行队伍。他随这支队伍一起去了巴黎，也就是他的流放地。这支队伍最终在1517年10月10日抵达昂布瓦斯。

德·贝蒂斯对此处的描写虽然不多，但却很生动，同时也保存得很好。这座城市的城堡并没有被用作堡垒，而是布置有舒适的房间。从那里可以看到美丽的风景。

接下来，且让我们来说说德·贝蒂斯与列奥纳多的难忘会面。"在一座城堡建筑中，主人随我们和其他人一起去见佛罗伦萨人列奥纳多·芬奇先生。"德·贝蒂斯形容他为"这个时代的杰出画家"，一位年逾古稀的老人。列奥纳多向红衣主教展示了三幅画作："一幅是某位佛罗伦萨女子逼真的画像——应已故的朱利亚诺·德·美第奇的要求所作"，然后是"年轻的施洗者圣约翰"，第三幅是"位于圣安妮怀里的圣母和儿子"。这三幅画作都是"完美的画作"（还未完成的《圣母子与圣安妮》事实上则并不尽然）。但人们已经不能指望列奥纳多更多更好的作品了，因为他的右手因瘫痪而无法工作。他给自己找来了一个米兰学徒——他的能力非常出色。这里指的是弗朗切斯科·梅尔齐。"虽然说列奥纳多先生已经不能再像以前那样优雅地绘画了，"安东尼奥继续说道，"他仍然有能力画素描和教别人画画。这位高尚的人对解剖学理解透彻，并且还通过插图加以展现（比如对肌肉、神经和静脉的描绘以及内脏之间的连接部分），这样一来，人们对男女的身体都能有所了解。就这一点而言，列奥纳多可谓首开先例。我们在前面的部分已有所见证。据列奥纳多所言，他解剖过不止30具男女老少的尸体。他还说自己写了无数卷关于水的本质、不同机器和其他事物的著作，全都用意大利语写成。如果这些作品能够出版，将会是集趣味性和实用性于一身的佳作。"除了杂费和住宿之外，列奥纳多每年还从法国国王那里得到1000斯库多的抚恤金，他的学生则得到300个斯库多。安东尼奥·德·贝蒂斯就写到这里。10月11日下午，红衣主教和他的随从出发前往布卢瓦。

这位阿普利亚人为我们提供了一张列奥纳多独特的特写。画面中，列奥纳多看起来真的是一位白发苍苍的老翁了，他的身体满是沧桑岁月的痕迹。德·贝蒂斯对年龄的估计通常比较准确。究竟是芬奇的右臂真的瘫痪了，还是这位来访者误解了他的左撇子的特征，我们不得而知。不管怎么说，列奥纳多还是拥有画素描的能力。但在此期间，他的视力已经每况愈下。我们从他后期的创作风格就能看出这一点——他还有一副眼镜。他最后的一些作品绘制于带有透明水印花纹的法国纸上，阿尔卑斯山以南的地区没有这样的纸。这些作品包括用浓重的笔触描绘的关于世界末日和耶稣复活的场景。

汤要凉了！

正如列奥纳多几十年前所想象的那样，世界末日是冷酷的。天空中没有一道彩虹，"最终审判"的神端坐其上。"河水将枯竭，大地上再无细枝嫩芽破土而出，田野上也不会再有摇曳的谷物。所有动物都会死亡，因为再没有清新的绿草，狮子、狼等靠掠夺为生的动物也将失去维持生存的食物。而在经过一番抵抗后，人们将会被迫放弃自己的生命，人类将最终从地球上消失。于是，肥沃的结满果实的大地将永远荒凉、干涸和贫瘠，因为水的汁液被封闭在大地的胃里……而寒冷、稀薄的空气最终也会随着火的燃尽而消失。世界的表面将被烧成灰烬，这就是世间的终结。"宗教不能带来任何慰藉。列奥纳多记录了奥特朗托大教堂的一位主教墓上的一首中世纪的排律诗："我们被承诺欺骗，被时间背叛，死亡嘲笑我们的悲伤。恐惧的生活什么都不是。"

列奥纳多曾写下一篇关于几何问题的文章，最后一行文字下标注的时间是1518年6月。在马上要收尾时，他突然用"等等"一词和"因为汤要凉了"这句话结束了这篇笔记。列奥纳多的传记作者们爱不释手地描绘了可能发生的小场景。我们看到眼前的这位老人蹲在书桌前，正在与抽象的数学问题做斗争，这时已经是正午时分了。然后，以女仆玛杜丽娜提醒的声音作为传播媒介，日常生活打破了围绕在他身边的数字和图像世界。"汤要凉了！"列奥纳多一开始可能并没有理会，而是继续专注于自己的研究。"大师，汤要凉了！"玛杜丽娜再次喊道，声音更大了，她催促着，尊敬中带着责备的语气。列奥纳多再也无法集中注意力，耸耸肩站起身来，走到桌前。奇怪的是，他写下了让自己中断演算的原因。他仿佛是想道歉，因为自己又没能按计划完成一件事。

关于冷掉的"汤"的说法提醒我们，就像我们希望用比作曲家更高明的技巧为交响乐创作终章一样，为人生画上圆满句号的愿景与现实毫无关系。人们口中的"人生"只是由思想、行为、喜怒哀乐组成的一堆粗制滥造的乱麻，通常会在某个地方戛然而止，并不是在达到目标后才圆满结束的。必须做的一切还没有完成，要说的话还没有说，生命就画上了休止符。约翰·戈特弗里德·索伊默用"而现在"这样的语句结束了自己的自传《在1802年漫步去锡拉库扎》。也许所有的人生故事的结尾都大致相同。

所以，对一个所思所想超越了自己时代的人来说，以简单的一句"汤要凉了！"作为人生的结尾，让人不禁唏嘘感叹。他是王者的画家，同时也是绘画艺术中的国王。我们很愿意用那碗微热的汤及其所象征的美好生活作为我们故事的结尾。但列奥纳多还有几个月的时间，而这几个月自然笼罩着病魔的阴影。在临死的时候，列奥纳多是否还记得自己在1487年到1490年间的鼎盛时期所提炼出的那种智慧呢？"一日充实，一夜安眠；一生充实，含笑安息。"

列奥纳多遗嘱上的日期是1519年4月23日。不到两个星期后，也就是5月2日，他的大限之期来临。瓦萨里提供的关于芬奇最后几小时的信息有相互矛盾之处。瓦萨里在第一版《传记》中说，列奥纳多眼含热泪论及天主教，最后又重新回到了基督教信仰的怀抱中。在第二版中，第一版中讲到的争论和皈依仅仅是一种想要了解"天主教教义和我们善良神圣的基督教教义"的愿望。于是，列奥纳多哭泣着、忏悔着宣布了自己的信仰。"虽然他无法站起来，但他靠在朋友和仆人的怀里，离开了床，虔诚地接受最神圣的圣礼。经常探望他的国王来到了他的身边，于是他虔诚地直起身来坐在床上，讲述病痛带来的不幸，同时还称自己不得体的艺术作品侮辱了上帝和世间之人。"当死亡伴随着猛烈的痛苦宣布自己的到来时，弗朗西斯一世起身抱住列奥纳多的头，向他表达自己的厚爱，也想以此减轻他的痛苦。"他无比神圣的灵魂仍在国王的臂膀上沉重地呼吸着，他知道，这是自己所能享有的最高礼遇。他终年67岁。"

瓦萨里这位行会不知疲倦的代言人所希望的正是如此：这位画家死在国王的怀抱里！而事实上，1519年5月初，弗朗西斯一世并不在昂布瓦斯，而是在巴黎以北的圣日耳曼昂莱。但后人还是很乐意地相信了这个美丽的故事。让·奥古斯特·多米尼克·安格尔（1780—1867）根据瓦萨里的描述将这一场景绘制成画。就像他的画一样，关于列奥纳多传奇的其他版本也讲道，列奥纳多就这样随着"最神圣的"死亡而重生了。

列奥纳多的遗嘱非常符合基督教教义。皇家公证员纪尧姆·博罗在克卢履行了自己的职责。昂布瓦斯的教士担任见证人，唯一的遗嘱执行人是弗朗切斯科·梅尔齐。列奥纳多将自己的灵魂交付"上帝，光荣的圣母玛利亚，我们的主，圣米迦勒与所有有福的天使和极乐的天堂"。他希望自己的墓能安放在佛罗伦萨昂布瓦斯城堡中。他的遗体将由那里的牧师在高级教士和方济会修士的陪同下抬到那里。小教堂举办了三场"大弥撒"，圣格雷戈里奥则举行了30场"小弥撒"。圣但尼和方济会中也举行了类似的庆祝活动。列奥纳多向上述四座教堂各捐赠了10磅大蜡烛。祭典期间，由60只手举着的火把将被点燃。执行人梅尔齐酌情送给火炬手一些好处。列奥纳多还将70个斯库多遗赠给昂布瓦斯医院的穷人和圣拉扎尔的麻风病人。他对善行的信仰显然从未动摇。这位遗赠人并不知晓路德的宗教改革。这对类似用金钱洗刷罪行的行为提出了质疑，并与此同时在德国掀起了一场风暴。

遗嘱中还有一些关于留给仆人的遗产的内容。巴蒂斯塔·德·维拉尼从列奥纳多那儿得到了家具和生活用品，还有圣克里斯托法诺运河的收入及米兰葡萄园的一半。至于另一半，列奥纳多留给了"他的仆人"萨莱，那里的一所房子也将永远属于他。通过这种方式，列奥纳多对为他提供"优质舒心的服务"的两人表达了谢意。玛杜丽娜得到了一件上好的黑布毛皮内衬长袍、一件披风和两个达克特。他在佛罗伦萨的亲兄弟继承了他的400个"埃居奥索莱伊"。梅尔齐得到了列奥纳多去世时拥有的所有金钱，还有他的衣服。此外，他还收下了"上述遗嘱人目前拥有的所有书籍，以及其他与其艺术和画家活动相关的设备和素描"。他大概还将从弗朗切斯科叔叔那里继承的不动产留给了他，但遗嘱中并未具体列出。在给瑟·朱利亚诺和列奥纳多其他继兄的信中，梅尔齐提到了菲耶索莱附近的一处庄园，这可能就是属于弗朗切斯科的遗产。

姑且不论梅尔齐这封信的风格如何，但其中的内容无疑让人们想起了一段真挚的友谊。"我想你应该知道你的哥哥列奥纳多大师的死讯，他是我最好的父亲。他的死带给我难以言说的痛苦。只要肉身尚在，我就有足够的理由一直不快乐，因为他每天仍然在向我输送温暖的爱意。每个人都会因为失去这样的至亲而感到痛苦，他不再受自然界力量的支配。愿万能的上帝赐予他永恒的安息。"

蒙娜丽莎的姐妹

自昂布瓦斯出发后的途中，安东尼奥·德·贝蒂斯曾在弗朗西斯一世的城堡布卢瓦看到过另一幅与列奥纳多有关的画："某位伦巴第女士的油画，仿如自然天成。"我们这位少言寡语到让人绝望的目击者并没有透露画中人是谁，也没有提及创作者。据推测，他看到的有可能是《美丽的费隆妮叶夫人》（彩图15）。最有力的证明是，这幅画在枫丹白露停留过后，才最终进入现在的卢浮宫。也许在1500年左右，该作品就作为战利品来到布卢瓦。当时这座城堡的一份物品目录提到了一幅"画在木头上的一个穿着意大利服装的女人的肖像"。是否能将它确定为"费隆妮叶"尚不清楚。

到这里，德·贝蒂斯的记录还没有引起什么大的争议。但接下来他补充了一句话，引来众多学者长篇大论。这幅画"非常漂亮"，但"在我看来，它没有瓜兰达夫人的画漂亮"。在正文旁边有一个旁注解释道："伊莎贝拉·瓜兰达女士。"

此处提到的瓜兰达几乎是一个幽灵。据悉，她出生于1491年，是卡拉布里亚公爵的朝臣拉涅里·瓜兰达和比安卡·加莱拉尼的女儿。比安卡·加莱拉尼据说是切奇利娅·加莱拉尼的一个表妹，也就是人们推测的"抱银鼠的女子"。1514年，伊莎贝拉已是寡妇，同时也是一个孩子的母亲。文学史教授卡罗·卫芥想把她认定为诗人恩尼亚·伊尔皮诺（1495—1520）曾在《歌本》中赞美过的"伊莎贝拉"，由"著名而高贵的芬奇"所画的一幅肖像。卫芥认为，列奥纳多在罗马为他的赞助人朱利亚诺·德·美第奇画了一幅这位伊莎贝拉的肖像画，这也证实了安东尼奥·德·贝蒂斯所说的，"某个佛罗伦萨女士"的肖像确是受美第奇的委托所作。卫芥是最出色的列奥纳多史料研究专家之一，根据他的说法，列奥纳多还有一幅失传的《蒙娜丽莎》：伊尔皮诺歌颂过的"伊莎贝拉"。

伊尔皮诺的诗篇表达了传统的对画家和女人的赞美。诗中赞美伊莎贝拉是"现世的圣母"：她拥有明亮的额头，"用爱编织出美丽、优雅话语"的嘴唇，"充满热情的双眼"，优雅迷人的颈项。"那位杰出的画家，描绘过那么多端庄面纱下的美人，他战胜了艺术，也战胜了自己。"当然，一切艺术都无法描绘出具有永恒之美的灵魂。"要想画出美丽黑纱后的倩影，我们首先需要天堂的创造之神。"

不过，伊尔皮诺的诗指的是不是神秘的瓜兰达的画像，我们尚不确定。显而易见的是，诗篇确实以"伊莎贝拉"为原型。有人认为，在打磨这些诗句时，诗人脑海中浮现的是今天在卢浮宫展出的《蒙娜丽莎》，若想推翻这一观点，我们似乎还真找不到有力的证据。在1513年到1516年，这幅画像很可能藏于列奥纳多在美景宫的工作室里，伊尔皮诺或许就是在那儿见到了此画。诗中提到的面纱证明不了什么。因为蒙娜丽莎的头发也被细密的织物包围着。此外，这种配饰绝不只是寡妇的专利，正如一本1461年的关于女性礼仪的书所说，而纱也可以作为"婚纱"。

那么到底为什么伊尔皮诺会认定焦孔多是"伊莎贝拉"呢？有人认为，"伊莎贝拉"（Isabella）是"Elisabetta"的一种变体写法。在

"秕糠学会"的字典中，"Elisabetta"既有"丽莎"（Lisa）这种缩写方法，也有"伊莎贝拉"这一缩写形式。因此，这首诗既可能是写给丽莎·焦孔多的，也可能是诗人误以为的另一个伊莎贝拉，比如阿拉贡的伊莎贝拉、伊莎贝拉·德斯特，或者伊莎贝拉·瓜兰达。列奥纳多在焦孔多还是一个12岁的孩子时就开始创作她的这幅画像了，伊尔皮诺不一定知道这一点。

乔瓦尼·保罗·洛马佐的一番话，或许可以支撑卫芥提出的"蒙娜丽莎"在意大利南部有一个姐妹的假设。在自己的绘画论著中，洛马佐提到了列奥纳多所画的女性，列奥纳多"以春天的方式来装点"她们，"比如焦孔多和蒙娜丽莎的肖像，他……以一种奇妙的方式来表现微笑的嘴唇"；在《绘画殿堂的理念》中，他谈到了一幅"那不勒斯蒙娜丽莎"的肖像。这两件作品当时都在枫丹白露。当然，洛马佐是通过瓦萨里或他的米兰同胞梅尔齐才知道两幅画作的。此外，他在30岁时已经失明。现存的列奥纳多所绘的肖像画中，没有一幅是"按照春天的方式"来表现女性的。如果我们按字面意思来理解，就至少需要再想象一幅失传的"列奥纳多"之作，除非我们确定正在寻找的肖像是一个"裸体蒙娜丽莎"，而这幅名画的变体已经有多个版本。

如果我们可以确定洛马佐提到的两幅《蒙娜丽莎》分别是"焦孔多"和"美丽的费隆妮叶"，那就真的绝妙无比。也许后一幅画描绘的是阿拉贡的伊莎贝拉，她确实是那不勒斯人。在弗朗西斯一世时期，那幅"费隆妮叶"装饰了枫丹白露城堡的"浴室"。最晚在1642年，作为俗称为"伊奥孔德的蒙娜丽莎"的画作，它被挂在枫丹白露的"画柜"

中。从此，这幅画和安东尼奥·德·贝蒂斯在克卢看到的芬奇的其他画作一起，后来都进入卢浮宫。最终也进入枫丹白露的《施洗者圣约翰》的灵感源自巴克科斯（图60）。长期以来，人们都认为这是一幅"列奥纳多"的真迹，但那其实只是一件工作坊的产品。

图60：列奥纳多·达·芬奇（工作坊），《施洗者圣约翰》（约1513—1518），油彩，木板，后转印到亚麻画布上，177厘米×115厘米，巴黎，卢浮宫博物馆

问题是，安东尼奥·德·贝蒂斯的旁注"伊莎贝拉·瓜兰达"到底是什么意思。一个可能（虽然不是很令人满意）的答案是，这位作者当时可能听错了名字。来访者是否误解了老列奥纳多喃喃自语的一句"焦孔多"，记下的却是"瓜兰达"，当他在1521年誊写下自己报告的副本时，里面写的是被诗人所歌颂的著名美女伊莎贝拉·瓜兰达吗？由于我们对德·贝蒂斯的生平了解得并不比瓜兰达的要多，所以想要把一个人和另一个人联系在一起就像和鬼魂捉迷藏一样困难。因此，我们不如就让安东尼奥接着旅行吧，他经过米兰，在那里看到了"大师芬奇的《最后的晚餐》"，然后又前往费拉拉，最后抵达罗马。1518年3月16日，他和他的红衣主教一起抵达此地。他的进一步命运我们并不清楚，我们连他的死亡年份都不知道。

然而，列奥纳多的画作从克卢到枫丹白露的具体路径，我们可以相当有把握地重建。此外，我们还可以解释清楚为什么萨莱在列奥纳多的遗嘱中只获得了一块土地，以及为什么遗嘱中没有提到任何油画。一份米兰的财务主管于1518年记录的支出报表给我们提供了解释。它证明了"皮特埃罗·奥普雷诺的儿子，画家萨莱先生"因"交付国王的画作"收获了2600多个里弗尔。这笔钱相当于1400斯库多。显然，觉得自己时日不多的列奥纳多已经把画作送给了萨莱。萨莱又似乎马上给这些画作镀了银。1524年，萨莱在米兰暴毙，据说是被箭矢射死的。马西米利亚诺·斯福尔扎在流亡巴黎时向他支付的款项，这不禁让人怀疑，萨莱在法国人占领的米兰充当了斯福尔扎的代理人，他也因此被揭发和清算。在这之前的一年，他与某位比安卡·卡尔迪罗利结婚。如果说美丽的萨莱或许真的是列奥纳多的情人，那么他显然同时也知晓与女人的情事。这场婚姻给他带来了1700斯库多的彩礼。

萨莱死后第二年拟定的一份财产清单又让人充满困惑。除了家庭用品和贵重物品，清单上还记下了米兰政府欠他的债务——卖掉"列奥纳多真迹"获得的收益也许让他拥有足够多的钱，因此可以借给米兰。红宝石戒指可能是列奥纳多送的礼物。不过，最重要的是，清单中提到了十几幅油画：一幅《勒达与天鹅》、一幅《圣安妮》、一幅《圣约翰》，还有更多其他作品。它们加在一起的价值应该有727斯库多。其中提到的两幅女性肖像画值得关注。其中一幅估价为100斯库多，另一幅80斯库多。后者标有"la honda"字样，后来被用淡一点的墨迹画掉，但有可能是同一人所为。抄写员插入了正确的称呼："焦孔多"（la Joconda）。这是我们第一次见到这个神奇的名字。

这里指的不太可能是《蒙娜丽莎》的原作。此外，我们还必须解释萨莱通过哪些画作在1518年获得了超过2600里弗尔的收益，这几乎是清单上画作总价值的两倍。不仅如此，我们还不知道《蒙娜丽莎》是如何从米兰最终来到枫丹白露的。对清单所列的作品最有可能的假设是，这份清单中的作品指的是列奥纳多画作的复制品，或按照他的草图创作的变体。

现实世界中出现了许多与清单列出的画作相关的作品，首先是2012年在马德里普拉多博物馆的库房中发现的《蒙娜丽莎》的早期复制品。就像前面所说的那样，梅尔齐和萨莱在此也被认为是这幅画可能的创作者。由于我们无法确定这两位艺术家的所有作品，因此也就不能给出肯定的答复。梅尔齐最有可能的作品还包括一幅保存在柏林的《维尔图努斯和波摩纳》，以及圣彼得堡的《佛洛拉》。她微微地笑着，目光投向一株象征生育的楼斗菜。从这两幅图画可以看出，梅尔齐是一个有才华的艺术家。但他不是列奥纳多。

有人还认为，萨莱和梅尔齐也可能是"焦孔多"一个奇特版本的创造者：堪称裸体版蒙娜丽莎的《蒙娜瓦娜》，其中几个版本流传了下来。一幅在卢浮宫的库房里休息，另一幅在冬宫的墙壁上微笑着，第三幅则出现在尚蒂伊的一幅大幅素描上（图61）。关于"裸体蒙娜丽莎"的猜测最终被引向奇特的结论。难道萨莱就是画中那个雌雄同体的裸体女人的模特原型吗？而"蒙娜丽莎"（Mona Lisa）是否可以被解读为"蒙萨莱"（Mon Salai），也就是"我的萨莱"的一个字谜呢？那么，"吉奥康达"其实是个男人吗？我们还是对这种类型的论调保持沉默吧……

总而言之，排除其他猜测，我们可以认为以下说法是最符合资料记录的结论：《蒙娜丽莎》画于1503年至1516年，朱利亚诺·德·美第奇在死之前不久还希望能得到它。作为列奥纳多当时的赞助人，他被误认为是这幅作品的委托人。1518年，它被萨莱卖给了法国的弗朗西斯一世。更重要的是，画中描绘的人很可能正是那位"蒙娜丽莎"，也就是佛罗伦萨商人弗朗切斯科·德尔·焦孔多的妻子丽莎·格拉迪尼。

图61：弗朗切斯科·梅尔齐（？）或贾可蒙·卡坡蒂（？），《蒙娜瓦娜》（约1515），黑色粉笔，棕色纸张，72.4厘米×54厘米，尚蒂伊城堡，孔代博物馆

列奥纳多的头颅

如果我们相信圣弗洛朗坦教堂的记录，列奥纳多的尸体是在死后

几个月才下葬的，时间是8月12日，一个星期二。一条记录记载道，在这一天，"米兰的高尚之人，国王的第一位画家，工程师和建筑师，国家机械师，米兰公爵的前绘画总监列奥纳多·达·芬奇大师"下葬。或许是因为墓地还没有准备好，列奥纳多的尸体可能经过了防腐处理。然后，在60支火炬的簇拥下，送葬队伍从克卢出发走了很短的一段路，来到了城堡庭院西端的圣弗洛朗坦教堂，葬礼最终在此举行。这时弗朗西斯一世正住在巴黎附近的科贝伊。所以，送葬队伍中应该并没有他的身影。

在宗教战争期间，昂布瓦斯遭到了破坏，列奥纳多的最后安息地可能幸存了下来。法国大革命时代和法兰西帝国时代则终结了这一切。1806年，法国大革命中的杰出人物，拿破仑时期的名人，城堡的主人罗歇·迪科开始拆除这座教堂。教堂最后被拆得什么都不剩。石头被变卖了，被发现的棺材里的铅也被卖掉了。半个世纪后，时任美术监察长的作家阿尔塞纳·乌赛呼吁寻找这位举世闻名的逝者的遗体，他的遗体一定就藏在昂布瓦斯的地下。就连拿破仑三世似乎也有意为自己的国家赢回这块文化遗产。他们在被拆毁的教堂圣坛周围四处寻找。有传闻说，这里应该是列奥纳多的坟墓。乌赛说，除了"在这座教堂的圣地里，在安息于此的伟大人物的身边"，列奥纳多还能躺在哪里呢？乌赛当时还并不知道，圣弗洛朗坦教堂的档案中有一则说明提到，列奥纳多其实被埋葬在十字形回廊中。

乌赛讲述了寻找列奥纳多墓葬的过程，起初人们并不抱希望。因为孩子们会拿着出现在圣弗洛朗坦教堂外的骷髅头当保龄球玩，直到园丁可怜这些骨头才把它们埋起来。出乎所有人的意料，1863年8月底，发掘人员发现了一些东西。"在清除了一把土和一些树根之后，我们看到了一张带着死亡威严的巨大面孔，"乌赛写道，"他的头枕在手上，好像在睡觉一样。这是迄今为止在这个位置发现的唯一一副骨架，而这个位置以前未曾为死者预留，而对一个似乎厌倦了研究的思想家来说，这个地方却很熟悉。他美丽的额头似乎还陷于沉思中。"这一定是那个"脑中装有世界"之人的头骨！保罗·瓦乐希说，这是一颗"可怕的头颅"。挖掘者甚至还发现了头发、腐烂的衣服和凉鞋。死者的头颅旁有一个碗，装有香料和药的残渣。圣人的尸体不应该腐烂，而是会散发着可爱的香味，所以这位死者显然被香味包围，据说16世纪米开朗琪罗的尸体就散发着香味。"所有观看的人都相信，"乌赛说，"然而没有人敢说出：'这就是列奥纳多·达·芬奇。'"一位园丁发现了墓志铭的碎片。上面写着"LEO"和"INC"两个词，还写着"EO...DUS...VINC"，破译之后，除了"LEONARDUS VINCIUS"，即列奥纳多名字的拉丁语写法外，还能有其他可能吗？乌赛把头骨带到了巴黎，拿破仑三世皇帝亲自看了看。1874年，这颗头颅与骨架的其他部分一起被埋在昂布瓦斯城堡的圣于贝尔礼拜堂。

与此同时，乌赛还为列奥纳多写了一本狂热的传记，内容包括寻找这位英雄墓葬的报告。他的故事展现了中世纪传说的所有元素，这些元素与那具神奇圣髑的奇妙发现过程交织在一起。事实上，最晚从19世纪开始，芬奇就成了世俗宗教的偶像之一，世俗宗教崇尚的是艺术及其创造者，这一切并不是巧合，当时传统的基督教上帝正在失去自己的影响力。每个时代都需要自己的圣人。对一些人来说，其中一位圣人就是列奥纳多，直到今天依然如此。有时，几枝花朵或一朵玫瑰会在写有他名字的那块朴素的墓碑上慢慢凋零，乌赛和他的助手们在1863年找到的那具无名氏的尸骨就在墓碑下安眠。

在列奥纳多传记的一个注解中，乌赛也难为情地隐藏着刚才那段我们引用过的资料，即列奥纳多墓葬的位置是在十字形回廊里，而不是在教堂的圣坛里。这位作者显然是在发掘活动结束后才知道的，他现在应该知道自己找错地方了。因此，他建议自己和读者不如干脆相信"列奥纳多·达·芬奇在这里"这句话。之所以说在昂布瓦斯城堡庭院中发现的骨头是这位大师遗骨的剩余部分，是因为他的体格和头部的特殊性能帮助辨认。这位死者身材高大，而他那威风凛凛的头骨也满足了列奥纳多崇慕者的期待。如果一个脑袋的腔体曾经包含了整个宇宙，那它看起来不就应该是这样的吗？

在这一论点的背后，我们得以发现一种受古代面相学观念启发的逻辑。阿尔塞纳·乌赛正是这种观念的追随者之一。这门起源于古代的"科学"的主要论点很简单：认为一个人的外表一定是他性格的反映。瓦萨里就已经在自己所知道的列奥纳多的外貌特征与他的作品之间建立起联系。他在芬奇的生平描述一开始就说道："由于神的影响，人们会看到最伟大的天赋像雨点般落在人的肉体上"，这些天赋"很多时候是以一种自然的方式传送给人类，但有时又是以超自然的方式神奇地作用于肉身：它们是美、迷人之物和艺术，每一种方式都是如此之神圣，以至于超越所有其他生命。可见，他们的能力是上帝赐予的，而不是通过人的技艺获得的。人们在列奥纳多·达·芬奇身上就能看到这一点，除了从未获得人们充分赞美过的身材之美外，他的每一个行为都无限优雅。而他的能力也是如此无穷无尽，无论遇到什么困难他都能轻松解决"。他懂得最愉快的谈话，所以他捕获了人们的心。即使是和动物打交道，他也是最有爱心和耐心的人。他在市场上买了鸟，只是为了能够让它们重新飞翔，重新获得自己失去的自由。因此，在瓦萨里的眼里，使列奥纳多成为让后世钦佩的超自然天才的是来自星星的力量和上帝的恩赐。"在他身上，多种力量与技巧完美结合；他的精神和勇气堪比帝王的威严，气度非凡；他声名远播，因此，他不仅在自己生活的时代受到人们的赞扬，后世的人们更是对他欲罢不能。"

根据面相学的规律，这位擅长描绘微笑的天才大师以及"晕涂法"的魔术师本人必然也无限优雅。当然，我们也想知道他的模样到底如何，但如果我们清醒地想一想，会发现这并不重要。如果他的具体形象呈现在我们眼前，就会更容易形成一种媒体理论所说的"存在感"。日常生活时时刻刻都在下沉。而我们却也时刻都在被尘埃之外的星空之事感动着、吸引着，只因为几句话或几张照片就心怀恐惧或者燃起兴趣的火花。所以，让我们试着去找找列奥纳多的画像吧。

3.他是怎样的一个人？
模拟画像

他唯一真实的自画像于1492年左右在米兰旧宫完成。在这幅速写中，芬奇把自己的影子画在一扇圆拱窗的平面上，而且画了两次（图62）。他描出了轮廓，在基本完成后又描摹了一遍。由此，他似乎回到了一切艺术的起点。因为按照老普林尼的说法，绘画的起点就是描摹影子。列奥纳多也只是用笔对影子的形式和大小问题进行了探究，包括射到地面上的光点。

图62：列奥纳多·达·芬奇，《列奥纳多的影子》（1490或1492），
羽毛笔和墨水，15厘米×22厘米（整张纸尺寸），巴黎，法兰西学会图书馆

他并没有留下一张栩栩如生的自画像。因此，人们可以任凭自己的想象猜测他的外貌。据说年轻时的列奥纳多曾担任过韦罗基奥的《大卫》像的模特。这座青年青铜雕像约铸造于1475年，与列奥纳多的《三博士来朝》右侧边缘的人物遥相呼应，因此，人们最终视这一

形象为这位画家的自画像。另外，如果继续沿用这种让人起疑的方法来推测芬奇的外貌，另一《大卫》像也会很容易被认作他的形象，这便是安东尼奥·德尔·波拉约洛的《大卫像》（图63）。这与韦罗基奥的雕像和《三博士来朝》边缘的人物代表的是同一个人物意象。这幅画大约绘制于1472年，正是安东尼奥与列奥纳多一起在托斯卡纳乡村散步的时候。研究波拉约洛的行家艾莉森·赖特认为，显而易见，画中描绘的《旧约》中的英雄是一个年轻的佛罗伦萨人。那为什么列奥纳多不能是他的原型呢？《大卫像》被绘制的时候，他试图学习老一辈大师的艺术，所以可能与这些大师有过接触。

图63：安东尼奥·德尔·波拉约洛，《大卫像》（截图，约1472），油彩（？），白杨木木板，46厘米×34厘米，柏林国立博物馆，画廊

据说，从那幅约绘制于1490年的举世闻名的《维特鲁威人》中（图16），我们大致可以看到成熟的芬奇形象。的确，人们确实会相信这位运动员那坚定的，甚至有点阴森的面部表情像极了列奥纳多的表情，而列奥纳多的确也像画中的维特鲁威人，同样身体训练有素，据说他强壮如牛，能把铁质的马蹄像铅制物体一样轻易弯曲。布拉曼特大约在同一时间绘制的壁画也为这一人物身份的鉴定提供了论据（图64）。壁画按照古典时期传统描绘了微笑着的哲学家德谟克利特和他哭泣着的同行赫拉克利特。根据卡罗·佩德雷蒂的说法，布拉曼特用壁画中一个开朗的光头形象来代表自己，同时赋予自己的朋友列

图64：多纳托·布拉曼特，《赫拉克利特和德谟克利特》（1490或1492），亚麻布上的湿壁画，102厘米×127厘米，米兰，布雷拉画廊

奥纳多以忧郁的特征。这幅壁画原本位于米兰的兰佐内别墅里，这是加斯帕罗·维斯孔蒂的财产，列奥纳多曾与他有过交往。然而，洛马佐在自己的绘画论著中提到这幅画像时，却对两位哲学家的这种隐藏身份一无所知。

到目前为止，最成功的列奥纳多画像是都灵皇家图书馆的一幅红色粉笔画，这幅画从19世纪初开始就为人熟知，描绘的是一位留着胡子和长发的老人肖像（图65）。他被浓眉遮住的眼睛和微微低垂的嘴

图65：未知艺术家，《一位大胡子男人的肖像》（1490—1515，或1800），
纸张上的红粉笔画，33.3厘米×21.3厘米，都灵，皇家图书馆

角仿佛在诉说着严肃、严厉、知识与智慧。直到今天，决定列奥纳多在人们心中模样的一直是这位受人尊敬的老翁的形象。然而，我们既不能证明这幅画像是列奥纳多本人所画，也不能确定画中人是他。据说这幅画创作于1490年至1515年。艺术史学家汉斯·奥斯特甚至提出了一个自作聪明的论点，他认为这幅画是由伦巴第画家和蚀刻家朱塞佩·博西（1777—1815）在19世纪初创作的，博西是列奥纳多的崇拜者及其作品的研究者。

不过，都灵的玛士撒拉还有一个兄弟：拉斐尔笔下的柏拉图，于1510年至1511年绘制于梵蒂冈使徒宫中的《雅典学院》中的主要人物（图66）。年轻的乌尔比诺公爵和列奥纳多之间的关系我们并不清楚。两人可能于1504年秋至1506年春在佛罗伦萨相遇过。当时列奥纳多算起来是在52岁到54岁。不过，《雅典学院》中的柏拉图显然年龄更大一些。如果我们想将此处的柏拉图视作一种达·芬奇的隐藏身份，那就需要大胆的辅助假设。我们最迟要在1510年之前让拉斐尔绘制一幅与都灵的老人画像相似的草图，或者安排拉斐尔与列奥纳多的见面。但并没有任何史料可以证实这一切推测。更为可信的假设是，无论画中的形象是受到失传的模板启发而作，还是彼此有直接关系，拉斐尔的壁画和列奥纳多的素描都代表了哲学家或学者的理想形象。在这种情况下，无论是都灵老人像还是罗马的柏拉图，都与列奥纳多无任何关系。本来如此健谈的瓦萨里在描述《雅典学院》时也并没有提到画中的柏拉图具备列奥纳多的容貌特征。瓦萨里是狂热的佛罗伦萨爱国者，如果画中的柏拉图真的和列奥纳多有关联，他一定会说拉

图66：拉斐尔，《雅典学院》，截图：柏拉图（1510或1511），
湿壁画，罗马，梵蒂冈，使徒宫

斐尔对列奥纳多怀有同样的敬意。最后，他还告诉我们，在拉斐尔的
壁画中，欧几里得被赋予了布拉曼特的特征，一个年轻人则被赋予了
曼托瓦的费德里科二世的相貌，"他当时在罗马"。而且他也认出了
画面右侧边缘拉斐尔的自画像。即使是到了18世纪，人们也对列奥纳
多在《雅典学院》中所谓的存在一无所知。再晚一些时候，人们之所
以认为画中的柏拉图隐藏着列奥纳多的形象，大概只是依据都灵的老
人像这一不太站得住脚的根据。而如果根据拉斐尔的画像继续视这位
老人为芬奇的自画像，那就等于是在循环论证。

　　但还有另一幅画被认为是列奥纳多本人的肖像画：温莎城堡中一

幅刻有"列奥纳多·芬奇"字样的红粉笔画,据说是弗朗切斯科·梅
尔齐的作品(彩图29)。如果这幅作品的创作年代在1515年至1518
年,那这幅草图必须是另一件早期模板的一个副本。因为画中的人物
肯定不是1517年安东尼奥·德·贝蒂斯见到的那个明显"年过七旬"
的老人。也许这幅画复制了瓦萨里去瓦普里奥的别墅拜访梅尔齐时看
到的"幸福的列奥纳多"。瓦萨里可能将一幅类似的画像作为列奥纳
多另外两幅画像的范本:旧宫利奥十世室中的壁画(图57)和他在列
奥纳多传记中"生平"这一部分第二卷前的木刻画(图67)。在这两

图67:克里斯托福罗·科廖拉诺(?)、乔尔乔·瓦萨里,
《列奥纳多·达·芬奇的画像》,木版,23.2厘米×15.8厘米,
出自1568年的《艺苑名人传》,佛罗伦萨,第二卷,开本一

幅画中，芬奇的年龄都比"梅尔齐素描"中的形象的年龄大得多。也许无论是在旧宫还是在书中，我们看到的仍然不是列奥纳多本人，而是一个"睿智的老学者"的类型画，类似于米开朗琪罗在1495年至1505年之间所作的一幅画中的形象（图68）。在书中的木刻画中，列奥纳多戴着一顶贝雷帽，这是除胡须之外古典学者的标准配饰。

图68：米开朗琪罗·博纳罗蒂，《哲学家或学者》（截图，1495或1500），羽毛笔，棕色和灰色墨水，33.1厘米×21.4厘米（整幅画大小），伦敦，大英博物馆

温莎城堡的皇家收藏目录在解释这幅"梅尔齐肖像"时，以英国人惯常的乏味口吻说道："这是列奥纳多·达·芬奇（1452—1519）唯一可靠的存世肖像画。"然而人们大概可以看出，事实仍然如雾里看花。尽管如此，我们还是要谨慎评论：库存编号为RCIN 12 726的这幅画是最不太可能表现列奥纳多相貌的作品。于是，我们以它为基础创作了一张模拟画像。苏黎世法医研究所用最现代的方法为我们提

供了帮助（见附录）。为了更接近文字资料的记录，我们给梅尔齐笔下的列奥纳多剃了个光头（图69），并且让他年轻了一点。"阿诺尼莫·加迪亚诺"写道，芬奇样貌美丽，体形匀称。"他漂亮、饱满、卷曲的头发梳理得井井有条，一直垂到胸口。"证据表明芬奇很晚才开始蓄胡。在1490年左右，这样的毛发并不太符合当时的风潮。我们

图69：弗朗切斯科·梅尔齐（？），《列奥纳多·达·芬奇》（彩图29），
编辑版（莎拉·施泰因巴赫，苏黎世）

把列奥纳多头发的颜色描绘为栗色，因为他在同一时间曾写下如何将头发染成这种颜色的配方：取一点坚果，煮熟，用梳子蘸一蘸汤，用这把梳子梳理一下头发，然后让头发在太阳下晒干。

对上述所有推测的综合考虑参见本书的图示（彩图30）。列奥纳多·达·芬奇的形象也许就是如此。重塑工作也许会提醒我们，那个早已蒸发在神话中的人物曾经是一个真正有血有肉的人，而不仅是一个影子。

艺术史上的哈姆雷特

"他的形象像一朵云一样变化多端，"肯尼斯·克拉克这样评价列奥纳多，"他是艺术史上的哈姆雷特，我们每个人都必须在心中重塑他的形象。"没错。我们的列奥纳多只是他无数个形象中的其中一个。他除了是理性主义者，还是魔术师，除了是朝臣以及沃尔特·佩特所称的"世界末的颓废主义者"，还是时代的反叛者。每天早上都会记录下自己思考的保罗·瓦乐希在总是在笔记中涂涂画画的列奥纳多身上发现了自己的影子。宗教批判哲学家奥古斯特·孔德将他和提香放在自己日历的同一天上，这一天，历史上的伟大人物取代了圣人，而尼采钦佩的是芬奇的"非教条主义精神和超越基督教的目光"。他认为自己根据都灵素描中的老者形象凭空想象出了列奥纳多的另一个身份："啊！那就是查拉图斯特拉啊！我猜就是他！"

事实上，我们认识了这样一个人物，他的世界观和宗教信仰与天主教教义背道而驰。他的身旁没有地狱的裂缝，他不想通过祈祷升入天堂，而是希望借助飞行器。瓦萨里写道："他拥有一种异教徒的精神，不信奉任何宗教，认为做哲学家比做基督徒要好得多。"但这句话只出现在《艺苑名人传》的第一版中，也就是1550年出版的"托伦蒂纳版"中。在第二版"吉翁蒂娜版"中，作者将这句话删掉了，从而使这位受人敬仰的同胞的形象蒙上了一层阴影。这个时候，宗教异己分子将受到比1500年左右更严格的审判。在德国，宗教争论刚刚升级为第一次武装冲突；在法国，宗教战争如火如荼；在特伦特的宗教会议上，旧教会正在为即将到来的战斗做准备。列奥纳多临终前的皈依故事，简直太符合当时的进程了。

我们对他撰写遗嘱时的实际情况一无所知。难道其中所有虔诚的表达方式和神的旨意都由别人向公证人口授，而这位临终之人并没有实际参与遗嘱的起草吗？还是说在死期来临之时，人类对惩罚和地狱之火的终极恐惧也让这位老人无所适从？这位人生最后一段旅途被60支火炬照亮的男人几年前曾用一个谜语来评论这种仪式："被埋葬的死者。老百姓会在那些已经失去了视力的死者的最后一段路上燃起火光。愚蠢的人类啊，可怕的愚蠢啊！"

就像哈姆雷特一样，列奥纳多也向我们展示了自己的多面性。而那个写下"想一日致富之人，必将一年内被绞死"这句格言的人，和想发明一种每小时能生产4万根针、年利润达6万达克特的机器的是同一个人。这位温和的素食主义者从不伤害一只跳蚤，但却服务于像卢多维科·斯福尔扎或恺撒·博尔吉亚这样的刽子手。那位谴责屠杀人类，视战争为"完全兽性的疯狂"的人文主义者，却发明了能实现魔鬼幻想的武器。列奥纳多指责发明了毒药的炼金术士，但自己却研发了一种制作含砷水果的方法，这是一种博尔吉亚政治风格必不可少的道具。他甚至可以说是生物战的先驱。他建议把排泄物、白菜和萝卜全部放进一个玻璃瓶里。经过一个月的发酵，臭气弹就可以投入使用了，它不仅可以烦扰敌人，还可以消灭敌人，因为臭气在当时被认为是一种致命的气息。

列奥纳多是一个"以国家为未来的人"，但人们对其性格的猜测只有一半是真的。他的思想仍然与传统紧密相连：盖伦的医学、托勒密的宇宙学、亚里士多德的物理学，以及中世纪的力学。和许多前辈一样，他坚信黄道十二宫星座的力量会激发风靡全球的潮流。有时，他会通过与一个虚构的"对手"讨论来阐明自己的论点——这也是很正常的学术研究方法。有时候他会触及事物的界限，偶尔又会越过这些界限。当然，他不一定能完全理解先人们的工作内容。

列奥纳多在许多方面都与他的同时代人不同。作为一个艺术家，只有少数人能和他平起平坐，作为发明家则几乎没有人可以，作为全才的他则完全没有对手。他完全意识到了这一点。他在《马德里手稿》的一页上写道："读者，如果你喜欢我，就读我的作品吧，因为我是世间罕有的生命存在。""只有少数愿意重复类似行为的人才拥有对这一职业的耐心。来吧，来见证所有这一切对自然的研究创造的奇迹吧。"

列奥纳多十分"与众不同",他是同性恋,而且是私生子。不过他似乎也并没有吃亏。16世纪的人已经谈到了他对男性的偏爱。其主要证人是洛马佐,他在自己的《梦之书》中讲述了一个奇怪的故事。列奥纳多在故事中被一个他所爱的米兰美女拒绝。他在东方的魔法森林中游走,多次变换性别。变成女人后,他对变成男人的女人产生了欲望。在故事中的另外一处,洛马佐让列奥纳多与雕塑家菲狄亚斯进行了一段虚构的对话。当芬奇提到他"一生比谁都爱的萨莱"时,菲狄亚斯问他:"你有没有和他玩过佛罗伦萨人非常喜欢的那个'后面'的游戏?"列奥纳多的回答是:"那简直太频繁了!""记得他当年可是个漂亮的年轻人,当时的他可只有15岁左右。"他说这样的话是不是一点都不觉得羞愧呢?列奥纳多为自己辩护道,这是一种能够调动古典阳刚之气的密码:"为什么要羞耻?对伟大的艺术家而言,还有比这更值得称道的吗?你要知道,男人之间的爱是一种美德。通过各种友情表现,男人和男人从小就团结起来,日后就会成为更坚定的朋友。"当洛马佐写下这些句子时,列奥纳多早已离开人世。佛罗伦萨人无忧无虑生活的那个时代早已过去。现在,在信仰斗争的黑暗时期,男性之爱会受到比伟大的洛伦佐时期更为严厉的惩罚。

我们所发现的列奥纳多最自由、最不可理喻的想法,也可能只由他本人透露给了最亲近的人。如果那些敬畏上帝的人了解到,他们的画家让灵魂在肉体死亡后与世界灵魂相结合,上帝应由大自然或"第一推动者"来代替,他们会有什么反应?他的"第一推动者"出现在一个模棱两可的预言中。"人们会听到一些人凄惨的尖叫,响亮的、刺耳的哭声，嘶哑的、暴烈的声音，这些人在酷刑下被剥去衣服，最后被剥得一丝不挂；这一切都是因为那个转动一切的推动者。"列奥纳多给出了这个谜语的答案："推动者"只是丝绸纺轮。我想听众们一定笑不出来了。

矛盾的是，这位"异教徒"用圣人的形象为自己赚取了一大半的生活费。同时，这位创作了《最后的晚餐》的画家曾经把画中所描绘的救赎事件变成了一个幽默谜语的主题。"在欧洲的各个地方，大量民众都在为一个死在东方的人哀叹。"这指的是什么呢？耶稣受难日！[1]至少在列奥纳多后期的作品中，玛利亚、安妮、基督和门徒的头上都没有光环。伦敦版《岩间圣母》中的圣光是17世纪才补充上去的。同样也是这位列奥纳多，在后来终于住进了教皇的宫殿，他在一个暗指僧侣的谜语中嘲讽道："很多人会因为生活的贫穷和商品的匮乏而放弃贸易和工作，他们会希望生活在荣华富贵之中，住在象征着凯旋的建筑物里，并且宣称这是使自己成为上帝之友的方法。"

一则"寓言"暗示了列奥纳多与自己虔诚画作中人物之间关系的破裂。"人要对那些听不见、睁着眼睛却看不见的人说话；对他们说话，但并不会得到回答。要向有耳不闻的人求恩，要为瞎眼的人点灯。"这个谜语的答案是："被人们敬拜的圣人画像。"列奥纳多的另一篇文字又为圣像辩护，理由很简单，其存在使劳累而危险的朝圣

---

1. 耶稣受难节在复活节前的星期五，而复活节（Ostern）一词和东方（Osten）一词很像。

之旅变得没有必要。画中所描绘的神灵会喜欢这些图画，因而也就会爱那些表达崇敬的人，并"根据聚集在自己面前的人的信仰"赐予恩典和救赎之礼。列奥纳多显然并不一定把自己算在其中。

就像列奥纳多的讽刺画一样，他的一些人生故事和他设计的谜语都说明，这位大师对滑稽戏很有鉴赏力。但有时，作为一个对人类堕落有所了解的人，他也会显得尖酸和阴郁。他的很多故事都在这样安慰着大家：强者难逃厄运，捕猎者会落入陷阱，凶手会被杀害。但故事的结局却不一定是好的。跟踪老鼠的黄鼠狼被猫吃了。当老鼠通过向朱庇特供献祭品的方式来庆祝自己重获自由时，猫却扑了上去，用"野兽的爪子和牙齿"夺取了它的自由和生命。

我们还需面对忧郁的列奥纳多这一形象。他在1480年左右自己人生过半的时候写道：时间消耗了一切，这一时期自己的命运正摇摆不定。"让人羡慕的年龄啊！你用岁月的牙齿摧毁了一切，一块块地啃食着，让一切慢慢受死！当海伦娜对着镜子看到岁月在自己脸上刻下的皱纹时，她哭了，心想：'为什么我被掠夺了两次？'"这句经常被引用的话的语境不详，但却也能表明，独自一人的列奥纳多有片刻的不甘："正如我在过去的日子里告诉你的那样，你知道我没有任何——朋友。"另一方面，他写下的一句格言是："说一个伤心人的好话和说一个好人的坏话性质相同。"

我们一次又一次地看到一个双面的列奥纳多，他是道德家，同时也是享乐主义者和花花公子。普拉蒂娜的《论荣幸的享受》是他的藏书之一，书中提供了食谱，并教导人们世俗的快乐并不可耻。

据说列奥纳多喜欢美酒，热爱音乐，同时一直保持着优雅的生活方式。然而对于作为我行我素之人或叛逆者形象的列奥纳多，我们却找不到任何资料记录。在面对高于自己的人时，他会表现出应有的尊重。他说自己是他们"最低级的仆人"，称他们为"阁下"或"我最光荣的主人"。一位目击者提供了一幕他作为"朝臣"的典型场景。当红衣主教和随行人员来到圣玛利亚感恩教堂观看列奥纳多创作的《最后的晚餐》时，这位画家急忙从脚手架上下来，向这位尊贵的客人致敬。"他们就在那里谈论了许多话题，尤其是关于绘画的卓越性。"也就是说，他们讨论了不同艺术形式之间的比对（Paragone）。他们还将现在的画家与古典时期的画家进行了比较。这样一来，这就是一段相当有意义的宝贵时光了。

列奥纳多一定是一个巧舌如簧的谈判伙伴。瓦萨里说，他能把每一个无论多么强硬的意见都变成"是"或"不是"的回答。正如我们所看到的那样，他接受了所有最大胆的项目。人们为他准备了豪华的公寓，他也得到了体面的报酬。在对16世纪艺术家收入的统计中，他排在米开朗琪罗之后，罗索·菲奥伦蒂诺之前，位居第二。不仅是21世纪最昂贵的画，17世纪最昂贵的画中也至少有一幅是他的作品，那是一幅"裸体的维纳斯，背后是迷人风景"，也许这是列奥纳多工作室根据《勒达与天鹅》创作的一个版本。

列奥纳多将画家风格化，从而使自己成为万物之主。"如果他想看到让自己坠入爱河的美丽之物，他就是创造这一切的主人；如果他想看到让自己害怕的，或愚蠢、或可笑、或仁慈的怪物，他就是它们的主人和上帝……如果他想要谷地，如果他希望从高高的山巅上看到宽阔的平原，然后看到海平线，他就是这一幕幕场景的主宰……宇宙中作为生命、现实，或作为想象存在的一切，都会首先出现在他的脑海中，最终经由他的双手呈现出来。"通过绘画，这位艺术家创造出了属于自己的现实。就像列奥纳多在《绘画论》中所说的那样，他把自己变成了"第二自然"。这位画家的双手技艺如此出色，可以通过极短时间内对眼前之物的观察创造出"比例的和谐"。

到了这里，我们已经非常接近列奥纳多旺盛的创造力和狂热的完美主义背后的动因了。在一个不完美的世界里，他想要实现不可能实现的完美，也就是乌托邦。至少从天主教教义来看，作为无神论者的他始终努力朝着心中的天堂迈步。艺术和科学的现实完全取决于其创造者的气质。一切都很美，按照列奥纳多写下的法则运作。列奥纳多或清醒、或宿命地看待现实以及其中的恐惧和渴望。那么，他是如何看待远离自己大脑的工作室之外的世界的呢？他在《大西洋古抄本》中一页边缘上涂鸦的文字可能有所暗示，上面简洁而又神秘地写着："哀怨、仇恨、愤怒、崇高、成功、残杀、谋杀。"

一个创意之人的心理

我们可以用众多古典神话中的形象来描述列奥纳多。西西弗斯的形象只是其中之一。列奥纳多是天才的建造者代达洛斯，同时也是他的儿子伊卡洛斯，他就像从切切里山上飞向太阳的"大鸟"一样，最终面对的仍然是失败。列奥纳多同时代的人已经将他形容为新的菲狄亚斯和第二个阿佩莱斯，而弗洛伊德则试图让他戴上俄狄浦斯的面具。又或许他更接近尤利西斯，一位明智的、永恒的探索者。当然，最后尤利西斯还是找到了回家的路，回到了伊萨卡岛，但列奥纳多则没能回到家乡。

对一切事物不眠不休的研究也许让列奥纳多不断同自己内心的恶魔作战。民间心理学会认为他罹患ADHS，即"注意力缺陷障碍"。但即便对活着的人而言，这种病症也不容易察觉。列奥纳多的笔记至少表明，他有"过度专注"的倾向。他对自己最感兴趣的问题投入深入而持久的热情。但这位"狂想家"往往无法将丰富的见解结构化。他自己也对自己摆下的烂摊子感到绝望。"这将是一个没有秩序的集合，"他在《阿伦德尔抄本》的第一页上写道，"由我在此抄写的许多页纸汇编而成，希望有人能根据主题有条不紊地进行排序。但我还想到，同样的事情我也许重复了好几遍。所以，读者啊，不要责备我，因为事情千头万绪，而我的记忆力有限，自然也不能说：'我不想写下来，因为我以前说过了。'"

艺术家列奥纳多也面临着与学者类似的问题。"阿诺尼莫·加迪亚诺"知道"他的设计稿非常漂亮，但最终并未付诸实践，因为他对自己永远不满意"。他口才很好，是个难得的里拉琴演奏家，是个能干的滑轮设计师。"但他的心灵从未平静下来，始终在思考创作和发明。"瓦萨里认为自己知道这其中的原因，"说实话，我们可以认为，他伟大而不凡的创意受到了过多思虑的阻碍。总希望精益求精，总想要完美无缺，这是根本的原因。"列奥纳多自己曾说："一个不怀疑的画家不会赚得太多。"

要达到他制定的标准，哪怕只是差不多的水平，也是完全不可能的。列奥纳多让人吃惊的并不是所画数量之少，而是他根本没有完成任何作品。他的代表作是真正意义上的"上层建筑"。萨巴·迪·卡斯蒂廖内（1480—1554）评价道，他本可以成为新一代的阿佩莱斯，"但如果要献身绘画，他也必须致力于几何学、建筑学和解剖学"。

在列奥纳多给画家的建议中，有一条说道：要寻求孤独，躲避同伴们的喋喋不休，尤其是当一个人忙于应对"不断出现在脑海和眼前"的"思考和观察"，并要赋予记忆以实质内容时。"当你一个人的时候，你就完全属于自己。"在列奥纳多看来，欧洲绘画之父乔托似乎已经在这方面很成熟了。他并不满足于模仿他的师父契马布埃的作品。在自己成长的孤寂山间，他曾在石头上画出山羊和其他动物嬉戏的动作。也许，在列奥纳多身上，如果我们能观察到心理学上所说的"心流"，那他就能专注于自己的兴趣了，那是一种完全沉浸在自己的世界，忘记了地点和时间，同时也感到快乐的心理状态。也许列奥纳多真的发现了这样的时刻。然而，游戏不得不重新开始。"最大的幸福会成为不幸福的原因，"他知道，"完备的智慧将是愚蠢的原因。"

我们可以引用哲学家卡尔·波普尔对列奥纳多的评论。他研究的不是某一个学科，而是具体的问题。他永远在思考问题。他对肌肉力量的来源很感兴趣：很多人认为其力量来源是空气，但却不可能。那是什么呢？他讨论了为什么狗会互相闻屁股，并想知道向空中发射的箭筒是否会比在筒内发射的箭制造出更多的噪声。他用亚里士多德的一句话指出："好人天生就想了解事物。"他继续探索着。"描述云是如何构成的，云是如何散开的，什么原因导致水蒸气上升……描述啄木鸟的舌头和鳄鱼的下巴……问比亚吉诺·克里维利的妻子，当阉鸡被灌醉了之后，如何繁殖后代。"列奥纳多一次又一次地敦促自己去想这些问题。比如在关于宇宙学的文章中，他就提醒自己："我首先要说明的是太阳与地球的距离。"有时候，列奥纳多无限的好奇心最后真的成了科学，当然不总是这样。

他对"科学"这一概念的理解也相应宽泛。科学涉及一切可能的知识，无论是现在的还是过去的，也可以是未来可能出现的知识。在老普林尼的基础上，他解释了为什么海水是咸的。他写下了对水滴的物理学观察，描绘了树枝和叶序的排列，并在夜间观察了动物的眼睛，找出视力和瞳孔大小之间的关系。他的一些错误结论甚至也很精彩。他试图理解为什么眼睛和透镜不同。他不知道促成视网膜影像的是大脑，所以才会认为瞳孔的功能就像针孔照相机一样，反转的过程在眼睛里进行。

偶尔有人认为，列奥纳多刻意把自己塑造成神秘的形象，是有意识地在构建自己的神话，这相当于一种个人的媒体顾问。但是没有证据能证明这一点。他寻求宣传的机会，希望能名扬天下。他的许多笔记中都提到了出版项目和想法的草案。许多设计图都是如此细致，可能确实曾作为木刻师的范本；印刷术早已传到了米兰，但列奥纳多并不认为木刻版画适合复制他微妙的解剖图。因此，他开发了一种革命性的新蚀刻工艺，用于复制图片和文字。这比威廉·布莱克的发明早了几个世纪。列奥纳多最后没有发表他的研究成果，这当然和他很多作品未完成的原因一样——达不到自己的高标准。因此，怪物一般巨大的出版计划最后并没有付诸实践。《莱斯特手稿》包含了15卷关于水的物理学著作的大纲，关于解剖学的内容则有120卷。一篇关于力学元素的文章似乎也已经遗失，卢卡·帕乔利还提到了另一篇由列奥纳多完成的关于绘画和运动的文章。

列奥纳多许多关于曲流的文章让我们想起了他未完成的众多画作。不知道这是否跟他看草图时的情况差不多？难道不能再让人物转一下头吗？在那里摆出不同的姿势？衣服呢……或许颜色也要改一下？还是……当最终为弗朗切斯科·斯福尔扎立碑的计划失败时，他不甘心地指出："墓志铭。如果我做不到……如果我……"有时他只写道："告诉我应该怎么办。"或者只是："告诉我，告诉我，告诉我……"

有时，通过这些文章，我们能了解到，列奥纳多如何在挣扎着寻找答案。在几页纸上，他超过43次列出了对重力本质的探索。"重力是一种自然力，它产生于剧烈的运动……重力实际上是某种要求……重力是某种想要逃离的推力或渴望，它使一种元素被输送到另一种元素中并被封闭其中……重力是某种力量……"他的研究常常突然改变方向或中断，抑或按照黑格尔在《美学讲义》中的说法，以"思索的彻底性"形成分支，流溢进各种无拘无束的丰富细节之中。最后，句子的碎片成了令人印象深刻的清晰段落，比如他对力的定义。"力是一种精神能量，是一种无形的力量，它由突然出现的力量产生，经生命体输入无生命体中，并赋予其生命……减速使力变大，加速使力变小。力量因力而生，因走向自由而死。"

列奥纳多总是能让我们观察到他思考的过程。他希望画家的心灵就像镜子的表面一样，颜色随物体颜色的变化而变化。"如果在忙于研究一个对象并进行描述时，另一个对象突然出现并妨碍了工作——就像受到某事困扰一样，他必定会先处理难度更大的对象，把其中的每一个点都解释清楚，然后再去追问另一个对象。"突然产生的想法会催促你，让你想要保存下来，写下来，画下来。列奥纳多透露，在上床睡觉前，他会回忆一下自己的研究，在脑海中形成一定的印象。值得注意的是，他这里所说的要记下的不是头脑中出现的想法，而是"形式表面的线条"，即具体的形象。在阿尔贝蒂思路的基础上，他写道："即使是云彩、墙上的污渍或不同颜色的大理石，也能激发出美丽的创造。"丢勒曾坦言自己脑海中"充满了人物形象"，和他一样，列奥纳多一定也觉得自己脑海中充满了图画。比如我们可以想象得到，那幅巨大的洪水全景图被囚禁在他体内，但是无法呈现出来。卡斯蒂廖内提到在"哲学"（这里指的也是博学的意思）世界中形成了自己风格的"世界上最早的画家之一"时，指的一定是列奥纳多。在知识的海洋中，他发现了"太多的想法和新的幻想"，以至于不知道如何用自己熟悉的艺术进行描绘。

列奥纳多汹涌的思想洪流表明，在工作中应尽可能多地准备备选方案。绘画是自由的，按照列奥纳多的说法："而凡是有自由的地方，就没有规则。"《三博士来朝》以及《纺车边的圣母》都可以体现这样的思想，只有准备好同时表现不同的场景才是明智的选择。例如，《涅普顿》（图43）或一匹似乎有8至10条腿的不听话的马（彩图16）。在《绘画之书》中，列奥纳多强烈推荐了这类图画体现的画法。"历史画的创造者啊，不要像许多不同画家所做的那样，用实线画出人物的四肢，他们总认为每一笔小小的炭笔线都是有效的。"即使是诗人，最后也会毫不犹豫地删去一些诗句，以便用更好的诗句替代。"因此，画家们，只需粗略地设计一下人物的肢体，首先要更多地注意故事中人物的情感动作，而不是肢体的美感和质量。你必须要明白，如果这种'不加修饰'的构图符合人物的意图，而你也会更加满意，那它就能与其所有部分完美相称。"完美的形态源自混沌。在列奥纳多之前，没有画家能如此前后一致地实践这一过程。

当列奥纳多把沸水中的谷物之舞或蜡烛的光芒也称为"美丽"的形象时，他就在物理学与艺术之间架起了一座桥梁。毕达哥拉斯的洞察力一定吸引着他，毕达哥拉斯认为音乐的音程可以用数字关系总结和表现出来。显然，让眼睛愉悦的东西也会让耳朵愉悦。列奥纳多认为，即使是气味也可以形成让人愉快的味道，但人们并没有记录下其中的和谐比例。晚期的列奥纳多认为，甚至是两次心跳之间的间隔也遵循音乐的和谐规律。那么，地球上的一切美丽事物，是否都由一种以度量和数字为序的宇宙绝对之美统治？

列奥纳多大约创作于1518年的一幅炭笔素描描绘了一位"风景中的女子"（图70）。她是否代表了但丁《神曲》中的人物玛苔尔达？在《神曲·炼狱篇》结尾的歌声中，她第一次见到但丁就微笑着引领他穿过伊甸园连绵不断的春天。但丁由此登上了繁星。有人认为这幅

图70: 列奥纳多·达·芬奇，《手指向一片风景的年轻女子》（《玛苔尔达》，1518），黑色粉笔，21厘米×13.5厘米，温莎城堡，皇家图书馆

画是列奥纳多的最后一张画作。这位大师就用这样一个描绘着通往天空之路的梦境与我们告别了。但根据但丁的说法，他首先喝下的是忘川之中的水，然后才是忆涧中的水。他喝下的第二口水会让他恢复对所做的每一件善事的记忆。这种不无争议的解释为列奥纳多的一生画上了一个过于圆满的句号，圆满到让人无法相信。

神秘之美

蒙娜丽莎一定知道公路蓝调，你从她的微笑就能知道。

——鲍勃·迪伦，《乔安娜的幻想》

1963年2月，在总统夫人杰奎琳·肯尼迪的邀请下，《蒙娜丽莎》来到纽约大都会博物馆展出，数万人排队等候参观。在时任法国文化部部长的作家安德烈·马尔罗的陪同下，这位"焦孔多"乘坐"SS法兰西"号大西洋邮轮的豪华舱前往美国。一支警察护卫队负责保护她的安全。丽莎就像一位女王一样登场了。微笑的她在几天内就吸引了纽约一半的观众。如今，餐厅、咖啡馆和建筑纷纷以她的名字命名。她成了漫画和戏仿的对象，马塞尔·杜尚的《现成品艺术》就以蓄着山羊胡的《蒙娜丽莎》打头阵。与此同时，人们对达·芬奇的崇拜也跨越了各种形式的束缚。列奥纳多的肖像被用作纸币和邮票的装饰，他的《维特鲁威人》在意大利的1元硬币上伸展躯体，他的名字也在罗马的机场出现。米兰、佛罗伦萨等城市也为他立碑。我们每个人的心中都有这位大师的位置。为了纪念他，右心室的一种结构"隔缘肉柱"被命名为"列奥纳多柱"。列奥纳多在全世界的名气似乎与他流传下来的作品数量相矛盾：虽然传世有数以千计的画作，其中包括一些最优秀的艺术作品，但公认是他亲笔所作的只有十几幅。即便是这些作品，其中也包括未完成的，还有的只是部分残余。他生前没有发表过一篇文章，他的发现和发明也没有带来任何直接的影响。建筑设计稿没有付诸实践，青铜骑马雕像也从未被铸造，而那只"大名鼎鼎的鸟"也从未从切切里山飞起来。然而，列奥纳多"用所有作品的奇迹和名声填满了宇宙"，人们对这位大师的热情已经持续了半个多世纪。从在互联网上的表现来看，他的名气甚至比米开朗琪罗还要大。

要如何解释这一切呢？也许，问题的关键恰恰在于列奥纳多的实际产出和他留下的暗示内容之间的张力。他的一些文字和图画让我们猜测，令人敬畏的作品即将诞生。列奥纳多表现得像一个思想家和有远见卓识的人，而人们常忽略的一点是，他其实是一位杰出的工匠，而且经常是一个失败者。他的许多技术图纸都描绘得非常精确，可以立即付诸实践，其他一些图画则无从解释。他几乎掌握了机械制造的所有基本要素，其中最重要的就是一种当时其他文化还几乎一无所知的革命性构件：螺丝。然而，他的大部分发明都没有经过实践检验。若想使自己设计的作品得以付诸实践，经常还需要进一步改进。列奥纳多的发明有些微不足道，有些则意义重大。最后，在创造列奥纳多神话的过程中，彭佩奥·莱昂尼和一些他书面遗产的所有者起到了不小的作用，因为他们通过这些作品制造了可怕的混乱，从而极大地增加了关于列奥纳多的谜题。

任何试图接近列奥纳多的人，都会走进他所描述的那个洞穴比喻之中。漆黑的山洞里可能藏着"奇妙的事物"。在外面的阳光下，人们只能猜测，而在隐隐约约的猜测中，那"奇妙的事物"显得已超越生命本身，就像亚里士多德失传的《诗学》第二卷，贝多芬的《第十交响曲》，或者是一幅完成的《安吉亚里之战》。以现存的各种资料为依据，人们往往在提炼出应有的内容之时充分发挥自己的想象。关于列奥纳多的资料越少，关于他的谜题就越多。而且，谜题本身往往比答案更有趣。列奥纳多的全部作品既是一位学者和工程师的作品，同时也是一位艺术家的作品，因此必然会体现出未完成作品之美。在画面没有完成的地方，或者是文字遗失的地方，都会留下让人思考和想象的空间，而且，未完成的作品越出人意料，我们的思索就越是能无限绵延。

伟大作品的碎片是未实现的承诺，是未完成的、无法实现的完美。所以列奥纳多的遗产是人们不断研究、质疑和写作的对象。他的作品最外面有一层看不见的"清漆装饰层"，由神秘主义者和小说家的谈话和议论，鉴赏家和艺术学者的闲言碎语，以及期刊上的报道组成。其中还夹杂着一些有关这些作品的逸事，包括他的遗产在后世的命运，比如1911年8月22日到23日的夜里，《蒙娜丽莎》被劫；1987年，《伯灵顿府草图》被枪击。

2017年，《救世主》在东方以惊人的价格——4.5亿美元——被拍卖，这也成为"清漆装饰层"的最后一个元素。这幅画在拍卖前展出时，拍摄者在人们毫不知情的情况下记录下了公众看到这幅画的反应。我们可以看到敬畏的眼神，惊讶地张开的嘴巴，湿润的双眼，甚至还有祷告的双手。当然，他们知道自己面对的是一件无价之宝。但仅凭这一点很难解释观众近乎宗教般的情感。就像所有伟大的艺术一样，列奥纳多的作品闪烁着一种光晕，用瓦尔特·本雅明的话来说，这种光晕有"一种独特的，无论离得多近都显得有距离感的外观"。其辉煌来自原作的历史。列奥纳多涂鸦的每一张纸上，他的每一幅画中，都隐藏着这位画家的部分生命，人们因此始终保有鲜活的记忆，他的作品和后人对他的讨论将他塑造成现世的神。这样一来，他的遗产变成了圣髑。就像圣髑通过传奇故事、圣徒传说和登上祭台的过程获得神奇的能量一样，列奥纳多的作品也是如此。一切将纸、木头、画布和颜料转化为一种神奇的崇拜。任何修复师都无法除掉这层闪闪发光的清漆。人们无法将列奥纳多与其作品分割开来，因为最上层的"釉料"已将他封印在自己的作品之中。

瓦乐希关于列奥纳多的著名文章以这样一句话开始："一个人身后所留下的就是他的名字所唤起的梦想。"就列奥纳多而言，这一梦想始终在延续。我们的想象力将从他作品的空白处起飞，无论是米兰、佛罗伦萨、高加索山脉，还是闪闪发光的柏拉图的理念，都会制造留白，随后，我们就会像列奥纳多一样，突然中断一切，结束想象的飞翔。话在说了一半后戛然而止。

附　录

关于列奥纳多·达·芬奇的面部重建工作

格利特·舒勒博士（苏黎世法医研究所）

在日常交往中，面部可能是人体最迷人的部位。面孔除了能提供关于主人最重要的身份信息之外，还会帮助人们决定是否将其主人存储在记忆中，判断能否将其与一个名字或一个熟悉的环境联系起来。识别面孔的能力是人类进化的遗产。根据在大脑神经中的位置，科学家推测人在出生时就已经拥有这种能力。虽然对人类面孔的识别能力是在个体发展过程中才变得更专业化的，但作为天赋能力之一，这种能力一般不需要花费很大的精力就能掌握。

所以，人体面部的重要性就不言而喻了——在人的身份认证领域尤其如此。现在，根据规范的安全标准，个人的身份证件上都印有一张正面照。对法医而言，人的面部也意义重大。随着数量的不断增加，照片已不仅是追踪罪犯的手段，也是刑事诉讼中证明和评估证据不可或缺的组成部分。

在这一背景下，获得历史人物外貌特征的愿望代表着人类的一种需求。在法医学领域，模拟画像是获得无法确定身份的人的视觉印象的成熟工具。模拟画像是对人类图像记忆的一种绘画呈现，在犯罪学领域拥有悠久传统，并且有很多成功的案例。一般必须考虑的是个人有效外貌的成功艺术转换——能否很好地捕捉被重构人的实际外貌——取决于两个因素：一方面，取决于目击者（记得其面部形象的人）的记忆力和描述能力；另一方面，取决于模拟画像绘图师的表现能力。一般来说，每个人的肖像画都是一种模拟，比如，据推测由弗朗切斯科·梅尔齐创作的列奥纳多·达·芬奇的肖像（彩图29），艺术家已经根据自己的记忆进行了绘画重建。《梅尔齐肖像》是我们重建列奥纳多面部的基础。

今天的模拟画像大多数都是由图像处理程序以数字方式制作的。根据目击者的设定，通过照片记录下的真实个体脸部的不同部分会遵循拼贴原则拼凑出全新的面貌。这样一来，我们也就能把梅尔齐的记忆图像转化为人的形态和相应的"目标人物"形象。

就列奥纳多的这幅肖像（彩图30）而言，我们使用的重建方法与今天常用的制作模拟画像的方法完全相同。以这幅被认为由弗朗切斯科·梅尔齐创作的剪影图作为面部形态信息，辅以历史上可验证的对列奥纳多外貌的最可能假设，我们得以重塑其面貌。从16世纪的资料我们可以知道，列奥纳多有一张美丽的面孔。根据当时的风气，我们还可以认为他剃了头。不确定的是头发的颜色，但一个迹象表明，列奥纳多曾将他的头发染成栗色。只有耳朵的形态没有可靠的依据，于是便只能通过平均形状来塑造。根据所有这些设定和面部形态学与类型学方面的考虑，一个列奥纳多·达·芬奇的摄影写实形象最终呈现在我们面前。

　　模拟画像是在犯罪学的背景下使用的，目的是启动刑事诉讼，通常用不同灰度来呈现，并且应尽可能模糊，以不清晰的面部轮廓为主来进行构建（图71）。这种图像留有一定余地，以便更多人对犯罪事

图71：1490年左右的列奥纳多·达·芬奇，模拟画像
（图像拼贴：格利特·舒勒，苏黎世）

实提供可能的信息。反映信息的人数越多，得到真正能澄清犯罪事实的信息概率就越大。模拟画像画师最重要的技艺在于，根据证人的证词在描绘人物时找到最佳的中间地带，使之与必要的发挥空间之间保有一定的留白。今天，我们几乎不可能找到亲眼见过列奥纳多的人，为了不使人们的想象力过于固定，我们也在这里用灰度和高斯模糊的方法重现了他的面部模拟图。

一日充实，一夜安眠；

一生充实，含笑安息。